Friedrich Spielhagen

Die schönen Amerikanerinnen

Friedrich Spielhagen

Die schönen Amerikanerinnen

ISBN/EAN: 9783743366084

Hergestellt in Europa, USA, Kanada, Australien, Japan

Cover: Foto ©ninafisch / pixelio.de

Manufactured and distributed by brebook publishing software (www.brebook.com)

Friedrich Spielhagen

Die schönen Amerikanerinnen

Die schönen Amerikanerinnen.

Novelle

von

Friedrich Spielhagen.

Dritte Auflage.

Leipzig,
Verlag von L. Staackmann.
1873.

Erstes Capitel.

Bad Tannenburg liegt, wie Jedermann weiß, mitten in dem.... Walde, an einer Stelle, wo das Terrain, welches bisher aus der Ebene in anmuthigen Hügeln emporstieg, einen ersten Versuch macht, sich zu schrofferen Tannen= und Fichtenhöhen aufzuschwingen. Die uralte, epheu= umrankte Burg, in deren drohenden Schatten sich vor Zeiten die niederen Dorfhütten zusammengedrängt haben mögen, und deren wohlerhaltenes Hauptgebäude jetzt als Dépendance des Kurhauses benutzt wird, ist auf einem isolirten Hügel erbaut; das Kurhaus liegt unmittelbar am Fuße des Schloßhügels in der Linie der Hauptstraße des Dorfes, über deren letzten Häusern schon die Berg= tannen rauschen. Ein munterer Bach, dessen reine Wasser die zahlreichen Dorfgänse kaum zu trüben vermögen, eilt plätschernd in wohlgemauerter Rinne die ziemlich jäh ab= fallende Straße hinab. Das Dorf nimmt sich jetzt mit seinen weißgetünchten, meist zweistöckigen, zum Fremden= besuch wohnlich eingerichteten Bauerhäusern und den großen Kurgebäuden, die wiederum von dem alten Schlosse auf dem Hügel überragt werden, gar stattlich aus; die Gesellschaft, die sich hier, besonders aus den Nachbar=

ſtädten, aber auch von weiter her in den Sommermonaten zuſammenfindet, iſt verhältnißmäßig ſehr zahlreich; das Bad prosperirt zuſehends, und Doctor Kühleborn, der intelligente, kahlköpfige Eigenthümer, Director und Badearzt, reibt ſich jedes Jahr vergnügter die feinen weißen Hände.

Für mich war der mir bis dahin unbekannte Ort durch einen beſondern Umſtand merkwürdig geworden. Ein ſehr lieber Freund, noch von der ſeligen Schulzeit her, hatte hier vor ein paar Jahren durch eine wunderliche Verwickelung von Umſtänden, die beinahe romantiſcher Natur waren, ſeine Frau gefunden, und ich, ſein Freund, hatte (ſelbſtverſtändlich mit jener Discretion, durch welche ſich die Herren von der Feder ſo vortheilhaft von den übrigen Menſchen auszeichnen) die Geſchichte ſeiner Brautwerbung und Frauerwerbung zu einer Novelle verarbeitet, über die ich mich beinahe mit meinem Freunde entzweit hätte. Mein Freund behauptete, daß ſich die Sache ganz anders zugetragen und er all' das thörichte Zeug, das ich ihm in den Mund gelegt, nicht einmal gedacht, geſchweige denn geſagt, oder gar geſchrieben habe. Aber von dem Umſtande, daß die Augen ſeiner Frau, von denen ich in der Novelle ſchon ſo viel Weſens gemacht, in Wirklichkeit von noch tieferem Blau und noch größer und ſchöner ſind — davon ſagte er kein Wort, und bewies mir dadurch nur, — was ich übrigens ſchon längſt wußte — daß es keine ungerechteren Kritiker eines Kunſtwerks giebt, als die, welche dem Künſtler als Modell geſeſſen haben.

Dem ſei nun, wie ihm wolle, — Tannenburg war

mir seit jener Zeit merkwürdig, ja lieb geworden, und es
bedurfte keiner großen Ueberredungskünste von Seiten
eines anderen Freundes, der sich in diesem Augenblicke
zu einer Kur dort aufhielt, um mich zu bewegen, meine
kleine Familie in einem ziemlich tristen Soolbade der
Ebene auf ein paar Tage allein zu lassen, und das von
mir mit jener holden Unbefangenheit der gänzlichen Nicht=
kenntniß geschilderte Lokal nun wirklich kennen zu lernen.
Dieser Freund war — was ich dem Leser nicht als be=
sonders merkwürdig mittheilen will, aber doch auch nicht
zu verschweigen brauche — nicht nur mein, sondern auch
jenes Freundes Freund, denn auch er hatte auf denselben
Schulbänken — aber immer einige Bänke tiefer — ge=
sessen. Er gehörte, wie Jener, zur glücklichen Minorität
der mit erb= und eigenthümlichem Grundbesitz ausgezeich=
neten Menschen und sein Gut war nur durch einen schmalen
und seichten Meeresarm von dem des Andern getrennt.
Auch ähnelten sie sich, wie in ihrer Lebensstellung, so auch
in ihrem Aeußern. Wenigstens waren Beide hochge=
wachsene, schöne Männer mit hellen Augen, denen man
auf den ersten Blick ansah, daß sie die Visirlinie einer
Büchse mit unfehlbarer Sicherheit finden würden. Weiter
freilich ging die Aehnlichkeit nicht. Der abwesende Freund
war eine weitaus bedeutendere Natur; aber er hatte auch
von dem wenig beneidenswerthen Vorrecht bedeutender
Naturen: das Leben ernst zu nehmen, in früheren Jahren
einen unbequem ausgedehnten Gebrauch gemacht; der An=
wesende war, was die Leute einen guten Jungen oder
später einen guten Kerl zu nennen pflegen; aber ich hatte
ihn nichtsdestoweniger, oder vielmehr: gerade deswegen

immer sehr lieb gehabt, denn ich war in Sachen der Freundschaft stets der Ansicht, welche die vortreffliche Frau Primrose in Sachen ihres Hochzeitkleides hatte: daß man bei der Wahl vor Allem auf die Tugend der Dauer=haftigkeit sehen müsse.

Um so mehr fiel es mir heute, nachdem wir über eine Stunde in dem Kurgarten gesessen hatten, auf, daß ich die Conversation nicht nur fast allein führte — denn daran war ich in unserem Umgange gewöhnt, — sondern daß ihm offenbar das sorgfältige Signalement, welches ich von dem jüngsten meiner Kinder gab, wenig Theil=nahme abzugewinnen vermochte, ja, daß seine Aufmerk=samkeit bei einer eingehenden Erörterung der Vortheile und Nachtheile des französisch=deutschen Handelsvertrages für den internationalen literarischen Verkehr auf Null sank, und in seine hellen Augen ein Schatten fiel, der nicht von dem Abend herrühren konnte, welcher allerdings schnell hereinbrach.

Ich versuchte es noch mit dem Liebig'schen Kinder=pulver und verfiel allmälig, als auch das nicht anschlug, ebenfalls in ein Schweigen, das dem Orte und der Stunde auch wohl mehr entsprach, als angeregtes Gespräch. Die Sonne mochte seit einer halben Stunde hinter den Schloß=berg gesunken sein, doch war die Luft, obgleich wir uns schon im Anfang des Herbstes befanden, sommerlich warm und erquickend zugleich. Durch die bereits etwas ge=lichteten Kronen einer Gruppe prächtiger Bäume uns gerade gegenüber schimmerte eine matte Stelle, den herauf=kommenden Vollmond verkündend. Von der Dorfstraße her, die zwischen dem Kurhaus und dem Kurgarten hin=

lief, ertönte das Geknarr eines mit zwei Kühen bespannten Wagens, und das Hot und Hü des Führers. In dem Kurgarten wurde es still; ein paar Damengruppen, die hier und da zerstreut in den Lauben und unter den Bäumen saßen, schienen sich zum Aufbruch zu rüsten; auf dem Rasenplatze vor uns zeigten sich ein paar schöne Kinder, die sich zu haschen begannen; ein Herr, welchen ich schon seit einiger Zeit beobachtet hatte, wie er, sich in einem Gartenstuhl schaukelnd, bald die Wolken seiner Cigarre aufwärts in die blaue Abendluft blies, bald den Kopf herabbeugte und sich etwas in ein Büchelchen notirte, erhob sich und kam, das Büchelchen in der Hand über den Rasenplatz, winkte meinem Freund und sagte: Es ist Zeit!

Ich werde heute einmal aussetzen.

Der mit dem Taschenbüchelchen trat näher: Haben Sie Dispens?

Das nicht; ich dispensire mich selbst. Darf ich die Herren mit einander bekannt machen?

Sind Sie ein Verwandter des Dichters? fragte ich, nachdem wir uns begrüßt und der Kreisrichter Lindau sich nachlässig in einen Gartenstuhl an unserer Seite hatte sinken lassen.

Er selber; antwortete dieser mit leichter Neigung des ausdrucksvollen Kopfes.

Ah! das ist mir ja eine angenehme Ueberraschung!

Ganz auf meiner Seite! sagte der Dichter mit einem liebevollen Blick auf die überaus langen, künstlich zuge=spitzten Nägel der Finger seiner weißen wohlgepflegten Hand.

Sie werden hier, in diesem stillen Winkel, wenig Anregung zu „neuen Liedern und Tänzen" finden, fürchte ich.

Sie sagen das vom Standpunkt des Novellisten; mit uns Lyrikern ist das anders. Wer gern tanzt, dem ist bald aufgespielt; und er machte eine Bewegung, das perlengeschmückte Notizbuch, das er auf den Tisch gelegt hatte, in die Seitentasche seines Rockes zu schieben.

Diese Bewegung hatte etwas Zögerndes.

Ich möchte wetten; Sie haben da soeben eine neue Melodie aufgezeichnet.

Der Dichter warf aus seinen langgeschlitzten Augen einen schnellen forschenden Blick auf mich, und sagte, indem er das Büchelchen, anstatt es in die Tasche zu stecken, auf seinen Schooß sinken ließ:

Brüder in Apollo sind einander Aufrichtigkeit schuldig. Ich fürchte nur, daß Herr—

Bitte, thun Sie, als ob ich nicht zugegen wäre! sagte mein Freund in einem etwas unhöflichen Ton, der mich veranlaßte, eifriger in den Dichter zu bringen, uns mit dem jüngsten Kinde seiner Muse sofort bekannt zu machen.

Lindau zog den Silberstift aus dem Perlenbuch, öffnete es, aber, wie es schien, nur der Form wegen. Denn er schloß — nachdem er noch einmal wohlwollend auf seine Fingerspitzen geblickt — die Augen und recitirte mit leiser, monotoner Stimme, indem er schärfer, als nöthig oder angenehm war, Rhythmus und Reime hervorhob:

> Die Sonne ging zur Rüste,
> Es sinkt herein die Nacht;
> Und drüben über dem Berge
> Erglänzt des Mondes Pracht.

> Du schöne, goldne Sonne!
> Wie lachte mir dein Glanz;
> Wie war durchglüht mein Herze
> Von deinen Strahlen ganz!
>
> Du lieber Mond, du holder!
> Wie labet mich dein Schein;
> Wie wallt dir fromm entgegen
> Die ganze Seele mein.

Hier machte mein Freund eine ungeduldige Bewegung; Lindau schien aus einem Traum aufzuwachen und fuhr mit etwas erregter Stimme fort, indem er meinen Freund durch die gesenkten Wimpern fixirte:

> Ich kenn' zwei braune Augen,
> Darin die Sonne thront;
> Und kenn' zwei blaue Augen,
> Aus denen scheint der Mond.
>
> Fragt nicht, ob Mond, ob Sonne
> Mein Herz zumeist begehrt —
> Sie haben mir alle beide
> Den armen Sinn bethört.

Lassen Sie diese Verse nicht drucken, Lindau; sagte mein Freund.

Weshalb nicht? fragte der Dichter, der das Perlen=buch nun wirklich in die Tasche gesteckt und sich erhoben hatte.

Weil fünfundsiebzigtausend Dichter Sie des Plagiats beschuldigen würden.

Lindau zuckte die Achseln. Ein feines Lächeln spielte für einen Moment in dem nicht allzudichten Schatten seines blonden Schnurrbarts.

Und doch, was gäben Sie darum, sagte er: wenn Sie eben diese Verse englisch in gewisse Ohren lispeln könnten.

Wollen Sie schon fort? fragte ich.

Ich muß noch vor dem Abendbrod ein Sitzbad neh=
men, erwiederte der Dichter, indem er höflich den Hut
zog, und dann, die Hände auf dem Rücken, sich gemäch=
lichen Schrittes in der Richtung des Kurhauses entfernte.

Das wird Sie abkühlen! rief mein Freund ihm nach.

Ich finde, lieber Egbert, daß Du im Laufe der Jahre
eine bedenkliche Einbuße an Deiner früheren Höflichkeit
erlitten hast, sagte ich erstaunt.

Was hat der Mensch nöthig, uns seine elenden Verse
vorzuleiern, rief Egbert, heftig den Spazierstock, den er
zwischen den Knieen hielt, in den Sand stoßend, seine
elenden Verse!

Die Verse hätten besser sein können, ohne klassisch zu
sein, erwiederte ich; aber ich erinnere mich nicht, daß Du
früher so empfindlich warst.

Und wenn der Mensch noch etwas dabei empfände,
fuhr Egbert fort, ohne mich zu hören; aber freilich, es
ist sein Glück, daß er nichts dabei empfindet; sein Glück;
ich könnte ihm jeden Knochen im Leibe — patz; es ist
kindisch, daß ich mich über einen solchen Maulhelden noch
aufrege. Da läuft schon wieder so ein Laffe.

Ein junger stutzerhaft gekleideter Mann kam sehr
schnell durch den Garten, nach allen Seiten suchende Blicke
werfend.

Sie können mir gewiß sagen, ob sie schon zurück sind?
rief er, zu Egbert gewandt, über den Rasenplatz herüber.

Thut mir leid! brummte Egbert.

Wer sind sie? fragte ich, während der Stutzer wei=
ter eilte.

Egbert wurde roth, antwortete aber nicht, sondern blickte eifrig nach den schönen Kindern auf dem Rasenplatze, zu denen jetzt ein halberwachsenes, nicht minder schönes Mädchen getreten war, welches die kleineren spielend zu uns hintrieb, während ein paar Damen, — eine kleine, sehr brünette junge Frau mit feurigen schwarzen Augen, die Mutter der Kinder, und eine noch kleinere, sehr alte, überaus häßliche Dame an uns vorübergingen.

Die häßliche Dame erhob schalkhaft drohend den Zeigefinger ihrer schwarzbehandschuhten Hand und sagte mit einer meckernden Stimme:

Sie werden sich erkälten mit Ihrem Rheumatismus, und noch dazu umsonst! Louis hat mir gesagt, daß sie nicht vor neun Uhr zurückkommen können.

Die alte Dame winkte und kicherte und nickte, und machte dann einen tiefen Knix, der für mich berechnet war. Die Kinder sprangen an die junge Frau heran. Das kleinste, ein schwarzhaariges, schwarzäugiges Mädchen von fünf Jahren, rief: Mutter! Mutter! sie wollen mir nicht glauben, daß sie mir heute Jede einen Kuß gegeben haben.

Die Gruppe entfernte sich: Und sie haben mir doch einen Kuß gegeben! rief die Kleine noch immer. Die Eine und die Andere, die viel schöner ist als die Andere!

Aber um Himmelswillen, Egbert, wer sind diese geheimnißvollen sie, von denen hier alle Welt spricht, als ob sie niemand anders bedeuten könnte, als eben nur sie? rief ich.

Egberts Gesicht hatte noch lebhaftere Farben angenommen. Laß uns gehen! sagte er kurz.

Der Garten war beinahe leer; nur in dem einen Wege dicht am Ausgang stand eine Gruppe von Damen, die wir passiren mußten. Die Damen schienen sich sehr angelegentlich zu unterhalten; als wir in ihrer Nähe waren und Egbert mit einem flüchtigen Gruß vorüber wollte, wandte sich die eine mit Lebhaftigkeit zu ihm und rief:

Wir haben das Kränzchen jetzt zusammen: Frau Oberpostdirectorin von Dinde, die beiden Fräulein Coschwitz, Herr Plätzer, Herr Schwätzer, vielleicht auch Fräulein Kernbeißer und Frau Herkules. Frau Oberpostdirectorin von Dinde — sie machte eine Handbewegung nach einer neben ihr stehenden Dame — wird den Vorsitz übernehmen. —

Nimmermehr! rief die Oberpostdirectorin in dem Tone tiefgekränkter Bescheidenheit; der kommt Ihnen zu, Frau Justizräthin. —

Sie werden uns nicht im Stiche lassen, lieber Baron! rief eine andere.

Ich bedaure, meine Damen, sagte Egbert, dem die ganze Scene unendlich peinlich zu sein schien; aber ich würde bei meinen äußerst mangelhaften Kenntnissen gleichsam nur das fünfte Rad am Wagen sein.

O, wir fangen ganz klein an: mit dem Vicar of Wakefield; sagte Frau Justizrath Scherwenzel in ermuthigendem Tone.

Bedaure dennoch! rief Egbert, indem er mir, der ich bescheiden ein paar Schritte vorausgegangen war, nacheilte, und seinen Arm in meinen Arm legend, mich aus dem Garten zog:

Thu' mir den Gefallen und laß uns machen, daß wir fortkommen; ich glaube, die Menschen hier sind alle verrückt geworden.

Wir gingen die Dorfstraße hinab, — vorüber an der Directorwohnung, wo von dem zierlichen, weinlaubumrankten, säulengetragenen Balkon einige Herren durch Operngucker nach der Post hinüberschauten, vor welcher der eben angekommene Wagen neue Gäste ablud; vorüber an den letzten Häusern, die immer kleiner wurden und endlich aufhörten. Dann begann die Chaussee wieder zu steigen, ganz allmälig, bis zu einer Stelle, wo an der Wegseite unter ein paar hohen, dickstämmigen Platanen eine Bank angebracht war. Hier nahmen wir Platz. Ich blickte eifrig auf das Dorf hinab, dessen weiße Häuserwände und dunkle Schieferdächer jetzt das Licht des Mondes umspielte, der in voller Pracht über dem hohen Walde hinter dem Dorfe heraufgestiegen war. Die dunkle Silhouette der Berge setzte sich scharf von dem hellen Hintergrunde des Himmels ab. In den tiefer liegenden, von leichtem Nebelflor überschleierten Feldern und Wiesen in unserer Nähe zirpten die Cicaden, und ein Rebhuhn lockte seine Brut. Es war sommerlich warm, kein Lüftchen regte sich; ich erging mich im Lobe der schönen Nacht und der über alle meine Erwartung lieblichen Landschaft während mein Gefährte stumm und in sich gekehrt an meiner Seite saß.

Ich wandte mich lächelnd zu ihm und sagte: Nun Egbert, gestehe: ist es die Sonne oder der Mond, — sind es die braunen, oder die blauen Augen, die Deinen Sinn verrückt haben?

Egbert erhob sich sehr schnell, als wollte er sich entfernen; und setzte sich dann wieder, ohne ein Wort zu sprechen. Ich legte meine Hand auf seinen Arm und sagte in jenem milden Beichtigerton, der Balsam ist für ein wundes Herz:

Der Teufel soll mich holen, mon cher, wenn ich weiß, welche Tarantel Dich gestochen hat. Hast Du mich deshalb aus der süßen Ruhe stiller Familienfreuden hiehergesprengt, um mir zu zeigen, daß Du der Mann bist, liebenswürdige Kurgäste beiderlei Geschlechts grob zu behandeln und mir hernach den Rest meiner guten Laune durch seufzerreiche Schweigsamkeit vollends zu verderben? Sprich, Unglückseliger, was Dir fehlt, oder ich associire mich für die übrige Zeit meines Hierseins mit dem Poeten, und lese mit der Justizrath Scherwenzer, (Scherwenzel, oder wie die gute Dame heißt, den Vicar of Wakefield! Noch einmal und zum letzten Mal: sind es die braunen, oder die blauen Augen jener geheimnißvollen sie oder sind sie es alle beide?

Die blauen sind es, die blauen! rief Egbert, abermals aufspringend und die Arme nach dem Monde ausstreckend.

Ich hatte hier offenbar nicht blos das vollste Recht, sondern auch in der That die größte Lust in ein schallendes Gelächter auszubrechen, aber ich bezwang mich und sagte ernsthaft:

Egbert, ich bitte Dich, rege Dich nicht unnöthig auf! Setze Dich lieber wieder her, und erzähle mir nun, als ein Freund dem besten Freunde, was giebt es? was hat es gegeben? was wird es geben?

Ein Unglück, rief Egbert, der offenbar nur die letzten Worte gehört hatte; ganz zweifellos ein Unglück; denn ich habe auch nicht die mindeste Aussicht, jemals — noch dazu, da ich nicht drei Worte — aber Du weißt ja gar nicht um was es sich handelt, und kannst also gar nicht —

Weißt gar nicht, kannst gar nicht, närrischer Kerl! Ich kann Alles, wenn ich Alles weiß! Also her zu mir, und erzählt! Alles der Ordnung gemäß, wie Polyphem seine Schafe melkt!

Damit zog ich den Widerstrebenden zu mir nieder auf die Bank und er erzählte nicht ohne manches Stocken und Zögern:

Es mag nun etwa vierzehn Tage her sein, als ich Doctor Kühleborn eines Abends eilfertiger als gewöhnlich die Straße hinab traben sah. Ich wollte ihn, ich weiß nicht wonach, fragen, trabte hinter ihm her und holte ihn dicht vor der Post ein. Er ließ mich natürlich nicht zu Worte kommen, sondern rief: begleiten Sie mich und helfen Sie mir eine Familie empfangen, die sich heute hat anmelden lassen. Sie verstehen ohne Zweifel englisch?

Alles wird mir jetzo klar — murmelte ich. .

Du sagtest?

Nichts, bitte fahre fort!

Weshalb, Doctor? fragte ich. Er erwiederte nichts, hatte auch kaum Zeit dazu, denn in diesem Augenblicke kamen zwei Wagen — eine offene Chaise und ein Gepäckwagen mit Posthornklang und Peitschenknall herangerollt und hielten vor der Post still. In der Chaise saßen vier Personen: ein stattlicher Herr und eine corpulente Dame im Fond, zwei junge Damen auf dem Rücksitz. Ich stand so, daß ich besser die beiden Letzteren sehen konnte, oder vielmehr nur die Eine, oder vielleicht frappirte mich die wunderbare Schönheit dieser Einen so, daß ich nur sie sah. Nun, Du wirst sie ja morgen auch sehen und mir recht geben: so etwas Liebliches, Holdes, Wunderbares hat noch nie existirt, so lange die Welt steht. Sie ist der Inbegriff, — mit einem Worte: es ist nicht auszusagen, wie schön sie ist.

Gehen wir also weiter! sagte ich; wir stehen noch immer vor der Post!

Ja so! der unglückselige Mensch von Doctor rief mich, während er, den Hut in der Hand, mit denen im Wagen sprach, heran, und ich Einfaltspinsel muß denn natürlich folgen, als ob ich nicht hätte ahnen können, was mir bevorstand. Kühleborn nämlich, mit dessen Englisch es auch nicht weit her ist, und der, der Himmel verzeihe es ihm, sich nun einmal in den Kopf gesetzt hatte, daß ich ihm würde helfen können, stellt mich vor: Herr Egbert, Mister Egbert! und stößt mich mit dem Knopf seines Stockes in die Seite, und raunt mir mit der verlegensten Miene von der Welt zu: reden Sie doch mit ihnen und sagen Sie ihnen: ich hätte im Kurhause die Zimmer für sie in Bereitschaft! — Nun denke Dir meine Lage. Alle die Augen starr auf mich gerichtet: der Alte unter seinen buschigen Brauen, die Alte unter ihren grauen Locken, die jungen Damen unter ihren breitrandrigen Stroh=hüten: Alle mich anblickend, und ich nicht im Stande, ein Wort hervorzubringen! nein, nicht ein Sterbenswort, und wenn ich zur Strafe dafür auf der Stelle hätte zehntausend Klaftern tief in die Erde sinken sollen, was ich bei Gott am liebsten gethan hätte. Wie lange diese höllische Situation gedauert hat, weiß ich nicht; ich weiß nur, daß sie nicht lachte, sondern mich mit ihren schönen sanften Augen mitleidig ansah, und daß ihre Wangen sich rötheten, als wollte sie sagen: armer Junge, ich kann mir ungefähr denken, wie Dir zu Muthe ist. Und dabei stellte es sich nun doch heraus, daß mir das ganze Unglück hätte erspart werden können, denn der alte Jaguar kann sich gar wohl deutsch verständlich machen, wenn er die Herablassung hat, es zu wollen. Ich aber hatte meine Lection im Englischen weg und drückte mich von dem Wagen fort, wie ein Esel, ein horrender Esel, der ich bin!

Egbert hatte sich in die größte Aufregung hineingesprochen und schlug mit seinem Stocke zornig auf die Erde. Ich fand selbstverständlich die mir so lebhaft geschilderte Situation unendlich viel mehr komisch als tragisch, hütete mich aber wohl, meine Empfindungen zu äußern. Im Gegentheil! es lag eine Welt voll Theilnahme in dem Ton, in welchem ich jetzt sagte:

Armer Junge! ich kann es mir denken! es muß gräulich gewesen sein. Aber hoffentlich hast Du seitdem Gelegenheit gehabt, Dich vor der Schönen in besserem Lichte zu zeigen.

Gelegenheit! rief Egbert. Was heißt Gelegenheit, wenn man zum blödsinnigen Schweigen verurtheilt ist. Ich sehe sie jeden Tag, aber das ist Alles!

Und dies Alles ist viel; auch Blicke reden.

Besonders wenn man in Erinnerung jener verdammten Introduction die Augen nicht aufzuschlagen wagt.

Und Du verstehst wirklich gar kein Englisch?

Ist es uns vielleicht auf der Schule gelehrt worden? und wo hätte ich es später lernen sollen?

Freilich, freilich! aber erzähle weiter. Wie leben die Engländer? wie heißen sie? interessiren sie sich ebenso für die Gesellschaft, wie diese sich für sie zu interessiren scheint?

Es sind keine Engländer, sagte Egbert; sondern Amerikaner aus den Südstaaten, die der Krieg vertrieben hat. Mister Cunnigsby nennt er sich, Mr. Augustus Lionel Cunnigsby, und ich kann Dich versichern, man sieht dem Kerl förmlich die Sclaven an, die er Zeit seines Lebens zu Tode geprügelt haben mag. Er ist so stolz wie Lucifer, und kann man es ihm verdenken, wenn alle Welt sich vor ihm in den Staub wirft!

Thut das alle Welt?

Nun freilich! Du kennst ja unsere guten Deutschen! Wenn Jemand nicht innerhalb der Grenze ihres Zollgebietes, sondern am Mississippi geboren ist und dann die Güte hat, hierher zu kommen, und in jeder Beziehung zu thun, als ob sie gar nicht auf der Welt seien, als höchstens, um ihm die Stiefeln zu putzen — so ist das Factum so merkwürdig, daß sie aus dem Augenaufsperren und Mundaufreißen gar nicht herauskommen. Und nun laß ihn noch einen halben Kopf größer und einen halben Fuß in den Schultern breiter sein, als sonst die Menschen, oder gar einen ungewöhnlich braunen Teint und dunkle Augen haben — so regt sich der alte Leibeigene von gestern in dem Pfahlbürger von heute und drückt sich vor dem großen Herrn scheu auf die Seite. Was kümmert sie es, daß der Mann Zeit seines Lebens ein ganz gemeiner Sclavenzüchter gewesen ist, daß an jedem Goldſtück, das er ihnen zuwirſt, der Schweiß, vielleicht das Blut der unglücklichen Opfer ſeiner brutalen Habgier klebt, — ſie müſſen ſich vor ihm in ihrer Erbärmlichkeit proſtituiren — es iſt einmal gemeine Natur — ſie können nicht anders.

Du übertreibſt, Egbert! und das in der gröblichſten Weiſe.

Keineswegs! und Du würdeſt mir recht geben, hätteſt Du, wie ich, die letzten vierzehn Tage dieſe Menſchen beobachtet. Kaum daß noch ein anderes Wort geſprochen wird, außer über die Amerikaner. Wie ſie leben, wie ſie ſich anziehen, gehen, ſtehen, ſprechen — Alles iſt der koſt= bare Text zu unendlichen Commentaren.

Mein Gott, die guten Leute ſind müßig; ſie ſind froh, einen Unterhaltungsſtoff zu haben! und dann! Tannenburg iſt kein Homburg oder Baden=Baden. Was dort ein Stern ſein würde unter tauſend Sternen, glänzt hier wie die Sonne am Himmel. Das Ungewöhnliche zieht überall die Blicke auf ſich. Dafür ſind wir Menſchen.

Sag' lieber: dafür ſind wir Deutſche. Ich kenne fremde Länder freilich nicht wie Du, aber hältſt Du es für möglich, daß in dem jämmerlichſten engliſchen Bade= ort eine reiche deutſche Familie, die dort erſchiene, eine ſolche lächerliche Senſation erregen, daß man eine ſo kindiſche, ſich ſelbſt wegwerfende Abgötterei mit ihr treiben würde? Und das heute, heute, nachdem wir eben den ruhmreichſten Krieg geführt! Schlachten geſchlagen haben, die die Welt erſchüttern! heute, wo die ganze Welt athem= los darauf lauſcht, was Deutſchland demnächſt ſagen und thun wird!

Egbert! rief ich lachend; auch Du! wie? ich glaube, ich habe noch Deinen Brief in der Tasche, in welchem Du uns Beide glücklich preist, daß wir nichts mit einem Kriege zu thun hatten, den nicht die Völker, den nur die Fürsten gewollt haben, der folglich auch nur den Fürsten zu gute kommen wird!

Das ist unsere Sache! erwiederte Egbert eifrig; unsere eigene häusliche Angelegenheit, die die Anderen nichts angeht. Den Anderen sollten und müßten wir zeigen, daß wir von jetzt an in unseren eigenen Schuhen stehen wollen und stehen können, gleichviel, ob die Schuhe nach unserem Geschmack sind, oder nicht. Aber —

Aber die Justizrath Scherwenzel und die Oberpost= directorin von Dinde sind doch nicht die deutsche Nation!

Egbert lachte. Nun ja, rief er; aber es ist und bleibt doch ärgerlich! Da tragen sie jetzt natürliche Blumen im Haar, die alten Schachteln, weil die schönen Amerikane= rinnen es thun! Und nun diese neueste Blamage mit dem englischen Kränzchen! Ist es nicht zu arg! nur um die heilige Brahminensprache in Paria=Demuth doch auch unter sich radebrechen zu können, oder es gar so weit zu bringen, daß, wenn Doctor Kühleborn sie mit dem Stocke in die Seite stößt, sie nicht mit stummem, offenem Munde dastehen, wie — komm! es wird kühl, wir wollen zurück= kehren!

Wir fingen an, langsam die mondbeschienene Chaussee nach dem mondbeschienenen Dorfe hinabzusteigen.

Egbert war wieder schweigsam geworden. Ich suchte mir, was ich soeben gehört, zurecht zu legen, und wun= derte mich, daß ich eine Scheu empfand, den Freund abermals auf die blauen Augen, die es ihm offenbar angethan hatten, zu sprechen zu bringen. Ja, ich ertappte mich darauf, wie ich mich mit eben diesen mystischen Sternen in die zierlichste englische Conversation, die in meiner Macht stand, vertiefte.

Höre, Egbert, sagte ich, wie wär's, wenn ich Dich englisch lehrte? nach der besten Methode; Du sollst reißende Fortschritte machen.

Pah! erwiederte Egbert; wer sagt Dir denn, daß ich es lernen will! um mich lächerlich zu machen, wie die Anderen? um derselben Ehre gewürdigt zu werden, wie der Laffe, der Bergfeld —

Der junge Stutzer, der vorhin so eilig durch den Garten lief?

Derselbe. Er ist ein Kaufmann aus Berlin, glaube ich — ein windiger, fader, hohler Gesell, wie nur einer! Sie haben ihn früher Alle zum besten gehabt; jetzt ist er der große Mann; die Damen alt und jung reißen sich um ihn; die Männer lauschen auf ihn, wie auf ein Orakel. Weshalb? weil er, wie es scheint, der Einzige in der Gesellschaft ist, der englisch sprechen kann und deshalb der Ehre gewürdigt wird, der Alten den Shawl tragen, für die jungen Damen Stühle herbeiholen zu dürfen, und was dergleichen Ritterdienste mehr sind.

Und Lindau, der Mann der Sonne und des Mondes?

Spricht auch nicht englisch, und ist verdammt, aus der Ferne mit seinem Perlentaschenbuch und Silberbleistift, seinem Battisttaschentuch, blonden Handschuhen und gelbem Schnurrbart zu coquettiren. Wohl bekomm's ihm!

Und sind sie, oder ist sie wirklich so schön?

Du wirst es ja selbst sehen; erwiederte Egbert kurz.
Wir gelangten in das Dorf. Die Häuser warfen breite Schatten, zwischendurch lag das Mondlicht blendend auf der chaussirten Straße. Aus vielen Fenstern schimmerte Licht; vor den Thüren in dämmrigen Lauben saßen Kurgäste; auf den Trittstufen der Häusertreppen kauerten Dorfmädchen, die halblaut sangen. Zwischendurch rauschte und plätscherte der Bach in seiner steinernen Rinne. Als wir uns dem Kurhause näherten, kam aus einer Seitenstraße ein Wagen, der wenige Schritte vor uns an der Thür eines Flügels des Kurhauses still hielt. Ein junger Mann, der in dem Schatten der Thüre gewartet haben mußte, sprang eilig die Stufen herab, öffnete den Schlag und war einigen Damen — drei, wie mir schien — und einem Herrn beim Aussteigen behilflich. Die hellen Gewänder der Damen schimmerten noch ein paar Augenblicke in dem Mondlicht und verschwanden dann in der Thür.

Egbert war mit einem plötzlichen Ruck stehen geblieben. Ich fühlte ganz deutlich sein Herz gegen meinen Arm schlagen, den ich unter seinen linken Arm geschoben hatte. Als der nun leere Wagen sich wieder in Bewegung setzte, athmete er tief auf.

Es ist lächerlich!

Er lachte aber nicht, und, sonderbarer Weise, ich auch nicht.

Du wohnst, soviel ich weiß, ebenfalls in diesem Flügel, sagte er; gute Nacht also!

Kommst Du nicht noch herauf in den Speisesaal?

Nein; ich habe Kopfschmerzen und will zu Bett gehen; gute Nacht also!

Er ging, aber nicht zu Bett, wie es schien, sondern vorerst einmal in den Kurgarten, vermuthlich, um in dem Schatten der Kastanien die heiße Stirn zu kühlen.

Auch mir war die Stirn heiß geworden; ich lag noch lange auf meiner Stube im Fenster, sah in die helle Mondnacht hinein, horchte dem Plätschern des Baches, dem Rauschen des Windes in den Bäumen, dachte darüber nach, wie närrisch doch diese Verliebten sind, und träumte, als ich mich endlich zu Bett gelegt hatte und eingeschlafen war, nicht von meiner Frau und meinen Kindern in dem zehn Meilen entfernten Soolbade, sondern von den schönen Amerikanerinnen irgendwo in meiner nächsten Nähe.

Zweites Capitel.

Ich war am nächsten Morgen noch nicht aufgestanden, als mir der Kellner Louis ein Billet von Egbert brachte. Das Billet lautete: Lieber Freund! Ich schäme mich meiner Kindereien von gestern und ich schreibe Dir, um Dich zu bitten, Gnade vor Recht ergehen zu lassen und mich nicht, wie ich es reichlich verdient habe, in gewohnter und beliebter Weise zu schrauben. Damit ich doch aber nicht ganz ohne Strafe ausgehe, habe ich eine Einladung zu einer kleinen Fuchsjagd bei meinem Freunde, dem Förster Winzig oben auf dem Nonnenkopf angenommen, die mich so ziemlich den Tag über in Athem halten und mir hoffentlich die Grillen vertreiben wird. Vielleicht kommst Du nach; der Weg ist nicht zu verfehlen, findest auch wohl Begleitung. Also sei nicht bös und grüße Deine Frau, an die Du ja doch wohl heute Vormittag schreibst (die Post passirt Tannenburg Punkt zwölf, die zweite Post geht erst in der Nacht) ohne aus der Schule zu plaudern.

Nun das ist nicht übel, sagte ich.

Befehlen? sagte Louis, der schon in der Thür war.

Nichts; also Herr Egbert ist auf die Jagd gegangen?

Nicht daß ich weiß, sagte Louis, an der Thür um=
kehrend und seine eine Hand nachläſſig auf die Kugel des
unteren Bettpfostens ſtützend, während die andere mit
einem Tellertuch, das geſtern ſaubrer geweſen war, leiſe
wehte. Miſter Egbert machten im gewöhnlichen Anzug,
mit einem Stocke, den er von mir hat — ich habe ſehr
gute und ſehr billige Stöcke, very fine, mein Herr, viel=
leicht ſind Sie noch nicht verſehen — doch ſchon? well! —
eine halbe Stunde nach den Amerikanern fort.

So, sagte ich, die ſind auch ſchon wieder unterwegs?

Nach dem Eiskopf, Miſter Bergfeld begleitet ſie;
wenn Miſter Egbert, der über die Helenenquelle gegangen
iſt, ſich beeilt, wird er noch vor ihnen auf dem Nonnen=
kopf geweſen ſein.

Heuchler! ſagte ich.

Befehlen! ſagte Louis.

Ich meine, wie kann —

Noch vor ihnen da ſein? — ſehr gut, mein Herr!
Die Steinmannsſtraße — das iſt die Chauſſee, mein
Herr, — macht einen ſehr großen Bogen, wegen der
Steilität', mein Herr! über die Helenenquelle iſt es drei=
mal ſo nahe. Very near, Sir!

Und Louis wedelte mit dem Tellertuch und zupfte,
mit einem Blick in den ihm 'gegenüberhangenden Spiegel,
an ſeiner ſchwarzen Cravatte.

Sie ſind kein geborener Engländer, Louis? ſagte ich.

Louis lächelte glückſelig.

Von wegen meines Engliſch, mein Herr? bitte um
Entſchuldigung! das lernt ſich ſo, mein Herr; ein ordent=
licher Kellner muß Sie alle Sprachen ſprechen, mein Herr;

bin nicht immer in solchem kleinen Nest gewesen, mein Herr; habe in Wien conditionirt, drei Jahre lang, im Kaiser-Franz-Hotel, mein Herr. Auch in Wien gewesen, mein Herr? sehr schön! war dann in Venedig, nur sechs Monate: parlate italiano? Viele Engländer und Amerikaner dort. Kommt mir jetzt sehr zu paß, mein Herr! wüßte nicht, was man in Tannenburg jetzt ohne mich anfangen sollte.

Es wird hier wohl nur noch englisch gesprochen?

Louis zuckte verächtlich die Achseln.

Möchten gern, mein Herr! aber, du lieber Gott, das lernt sich nicht über Nacht. No haccent, Sir, no haccent! wie wir im Englischen sagen. A little water, Louis! rief Frau Justizrath Scherwenzel gestern bei Tisch. Die Misses Cunnigsby haben so gelacht, mein Herr! Man muß nämlich sagen: glass of water, please, mein Herr! Sonst nichts zu befehlen, mein Herr?

Danke, nein!

Very well, Sir!

Louis zwinkerte mit seinen verschwollenen Aeugelein, als wollte er sagen: wir verstehen uns! und eilte dann, im Vorübergehen noch einen Blick in den Spiegel werfend, tellertuchwedelnd hinaus.

Großer Gott, in welche Narrenanstalt bin ich hier gerathen, sprach ich während des Ankleidens bei mir selbst. Das muß hier in der Luft, oder im Wasser liegen. Wenn ich das gewußt hätte, würde ich in meinem „Vergnügungscommissar" die Farben viel stärker aufgetragen haben. Und dieser Egbert, dieser Schwindler von einem Egbert! Fuchsjagd! fürwahr! Nicht ganz ohne Strafe ausgehen...

warte! ich will Dir Deine Heuchelei einträuken, Deine
schändliche Heuchelei! Diese Amerikanerinnen müssen ja
die reinen Circen sein! As fair in form, as warm, yet
pure in heart, love's image upon earth, without . . .
Herr des Himmels nun fange ich auch schon an. Ich
will meine Sünden beichten; das soll meine Strafe sein!

Aber war es die herbstliche Morgensonne, die warm
und golden in mein Zimmer schien, war es der dumpfe
Klang fallender Kegel, der irgendwoher aus dem Kur=
garten zu mir drang, war es eine Unruhe in meinem
Blut oder meinen Gedanken — ich kam in dem Briefe
an meine Frau nicht über die ersten vier Zeilen hinaus
und warf die Feder verdrossen hin. Die Post geht ja
überdies erst Mittags von hier weiter!

So verließ ich denn mein sonniges Zimmer und be=
stieg den Burgberg, den ich wie einen alten Bekannten
begrüßte und ungefähr so fand, wie ich es erwartet
hatte: ellendicke Mauern aus zum Theil unbehauenen
Quadern, Spuren von Festungswerken, wohlverwahrtes
Eingangsthor, enger Burghof, feuchter Schatten, behag=
licher Sonnenschein, zwischen sanft im Winde schaukelnden
Epheuranken liebliche Blicke in's weite Land! Darüber
ein herrlicher blauer Himmel, an dem nur hier und da
ein weißes Wölkchen langsam nach Westen segelte, und
aus dem Burghofe herauf das Lachen und Jubeln von
Kindern, denselben schönen Kindern, die gestern vor uns
auf dem Rasenplatze gespielt hatten.

Auf der Bank vor der Thür zu dem bewohnbaren
und bewohnten Theile der Burg saßen zwei Damen, in
denen ich die dunkeläugige Mutter der schönen Kinder

und ihre überaus häßliche, mir als Fräulein Kernbeißer bezeichnete Begleiterin von gestern Abend erkannte. Ich mußte, als ich aus der Burg kam, an ihnen vorüber. Man grüßte freundlich, hatte bereits erfahren, wer ich war; Fräulein Kernbeißer schrieb viel für die Albums der Novellenzeitungen; die zierliche kleine Frau, Frau Herkules, wie ich jetzt erfuhr — Gattin jenes unlängst verstorbenen Gelehrten, dessen Grammatik der Zulukaffern= sprache ein so großes und gerechtes Aufsehen erregte — selbst als Schriftstellerin thätig — sie ist die Verfasserin der reizenden „Blätter aus dem Tagebuche eines sechs= jährigen Mädchens" —

Ciel, wie dies merkwürdig ist! rief Fräulein Kern= beißer; wie sich die schönen Seelen doch immer zusam= menfinden! Jetzt fehlt uns nur noch Lindau —

Um Gotteswillen, lassen Sie diesen Menschen fort, rief Frau Herkules; ich fürchte mich vor ihm. Er blickt immer so höhnisch aus seinen langgeschlitzten Augen; man sieht, daß er nichts auf der Welt liebt, als —

Seine bewunderungswürdigen Fingernägel, wagte ich zu ergänzen.

O, Sie spottsüchtiger Schalk! rief Fräulein Kern= beißer, und kicherte und nickte und zwinkerte mit den rothen Aeugelein, daß ich in heimlichem Entsetzen meinen Stuhl einen halben Fuß weiter von ihr fortrückte. — Ihnen hätte ich das nun gar nicht zugetraut! Aber die Médisance scheint Euch Männern von heute so nothwendig zu sein, wie das Rauchen. Diesmal indessen werden Sie wohl recht haben. Man erzählt sich ja gräßliche Ge= schichten von dem Lindau — der wahre Lovelace — seine letzte Affaire mit der Gräfin Ruppenheim — das ist ja ein Skandal, ein positiver Skandal! Und dann seine grauenhafte Selbstüberschätzung! seine lächerliche Verachtung der Schriftstellerinnen! Ich will nicht von mir reden, — was sind am Ende meine kleinen lyrischen Versuche? Aber eine so geniale Schöpfung —

Ich bitte Sie, Liebe! sagte Frau Herkules mit schüchternem Erröthen.

Ihr Tagebuch ist ein geniales Werk! rief Fräulein Kernbeißer; ein grenzenlos geniales Werk! Fragen Sie —

O gewiß, ohne Zweifel! sagte ich mit höflicher Verbeugung.

Aber Hochmuth kommt vor dem Fall, fuhr das alte Fräulein fort; die Gräfin Ruppenheim ist ihm nicht gut genug gewesen; jetzt zeigen ihm die Amerikanerinnen, daß es noch Mädchen giebt, für die er nicht existirt, positiv nicht existirt. Ich möchte sie küssen, die Mädchen, für die Verachtung, mit der sie sein absurdes Coquettiren strafen. Küssen möchte ich sie!

Ich schob meinen Stuhl noch einen halben Fuß weiter zurück. Der Gedanke, von dieser Habichtsnase und diesem wackelnden Knochenkinn geküßt zu werden, konnte in den gesündesten Nerven ein Gefühl von Seekrankheit hervorrufen.

Sie sind sehr schön, diese Amerikanerinnen? sagte ich zu Frau Herkules gewandt.

Daß Sie sich nur selbst in Acht nehmen mögen! erwiederte statt ihrer die Habichtsnase.

Ich bin verheirathet, mein Fräulein, und Vater von vier Kindern, entgegnete ich.

Als ob das ein Grund für Euch Männer wäre, Euch nicht zu verlieben! sagte die kleine Frau mit einem sentimentalen Aufschlag der großen dunklen Augen.

Dann werden Sie ja um so besser über Ihren Freund wachen können, sagte die Habichtsnase und wackelte vergnüglich. Ich kann Sie versichern: es thut Noth, daß sich Einer seiner annimmt. Es ist ja ein Jammer, zu sehen, wie ihm die Liebe zusetzt. Doctor Kühleborn theilte mir im Vertrauen mit, daß er seit der letzten Wägung zehn Pfund verloren hat. Ich begreife unsere jungen Männer nicht.

Nun, ich weiß nicht, meinte die kleine Frau, für diese holden Geschöpfe könnte ich, glaube ich, auch schwärmen.

Das verstehen Sie nicht, Liebe! sagte das alte Fräulein, indem sie sich ihren Shawl über die schiefen Schultern zog; wenn wir schwärmen, so ist es für die Schönheit als solche; wir wollen hier, wie überall, nichts für uns. Bei den Männern ist das anders. Für sie ist die Schönheit des Leibes, oder gar der Seele nur ein Vorwand; im Grunde seufzen sie nach der schönen Mitgift, nach ein paar Reitpferden, Jagdhunden, Maitr... nun, ich möchte nicht gern für böswillig gehalten werden. Ich sage nur: was kann Ihr Freund in diesem Falle hoffen?

Mein Freund ist sehr wohlhabend, sagte ich.

In der That, sagten die beiden Damen zu gleicher Zeit! Sieh, sieh, wer hätte das gedacht! Er ist so einfach, der Herr Egbert, fuhr die mit der Habichtsnase fort, so sehr einfach! Freilich, wenn er reich ist, läßt sich schon eher davon sprechen. Wie hoch schätzen Sie sein Vermögen?

Ich nannte irgend eine Summe, und mußte wohl in der Eile etwas hoch gegriffen haben, denn die Damen sahen sich wieder an und sagten, abermals wie aus einem Munde: wer hätte das gedacht!

Und er ist unabhängig? fragte das Fräulein.

Ganz und gar; Eltern todt, Brüder nie gehabt, Schwestern reich verheirathet.

Die Habichtsnase nickte nachdenklich. Nun, nun, sagte sie; das sieht schon besser aus; indessen: nicht Jedem würde ein solcher Schwiegervater conveniren. Wer weiß, wie der Mann sein Geld erworben hat! oder wie es drüben — Fräulein Kernbeißer wies mit ihrem Sonnenschirm in die morgenhelle Landschaft — mit ihm steht! Warum ist er herübergekommen? und lebt hier in diesem Winkel! Wer sich verbirgt, pflegt es nicht ohne Grund zu thun. Vielleicht, wer weiß es, ist er einer der Mörder des Präsidenten Lincoln!

Um Gotteswillen! kreischte die kleine Frau Herkules.

Warum nicht? fuhr die Andere fort; ist Alles schon dagewesen! Und eines Morgens haben wir die Polizei hier! und ein paar Wochen oder Monate später trägt der saubere Herr seinen Kopf noch etwas höher! und die alte Dame machte mit ihrem Sonnenschirme eine bezeichnende Bewegung.

Ich schob meinen Stuhl abermals zurück, und wäre dabei um ein Haar von der hochgemauerten Terrasse, auf der wir uns befanden, in den Burghof unter die spielenden Kinder hinuntergestürzt. Die kamen jetzt die Treppe hinaufgestürmt. Sie hatten sich halb verwelkte Astern in die Haare gesteckt und das kleinste Schwarzauge rief: Mutter, Mutter; wir wollen Amerikanerinnen spielen; und ich will die Andere machen, und Ella sagt, sie will die Andere machen.

Und ich will auch die Andere machen, weil ich schönere Augen habe! rief Ella.

Nein, ich habe schönere Augen; rief die Kleine und fing an zu weinen; Ella lachte höhnisch; die Anderen schrieen dazwischen; der Lärm wurde immer größer. Die Verfasserin der Blätter aus dem Tagebuche eines sechsjährigen Mädchens sah unbeschreiblich hilflos in den Aufruhr. Das alte Fräulein schalt; ich empfahl mich eilends und blickte, während ich den Burgberg hinabstieg, noch ein paar Mal scheu zurück, ob die mit den rothen Augen und der Habichtsnase mir nicht auf den Fersen sei.

Auf dem Platze vor dem Kurhause stand Doctor Kühleborn, in, wie es schien, verdrießlichem Gespräch mit einer alten Aufwärterin.

Es ist Ihre Schuld, hörte ich ihn rufen; bitten Sie sich ein andermal den Schlüssel aus.

Die alte Frau ging fort, Doctor Kühleborn begrüßte mich, der ich ihm schon gestern vorgestellt war. Nicht heiter, wie mir däucht, Herr Doctor, an diesem heitern Morgen? fragte ich.

O, es ist auch ärgerlich, sagte der Doctor, eine Prise zur Nase führend; Sie müssen nämlich wissen, daß bei der alten Einrichtung in dem Kurhause keine Partoutschlüssel existiren, sondern Jeder, wenn er überhaupt verschließen will, was nebenbei gar nicht nöthig ist, den Schlüssel an den Thürpfosten hängt. Nun nehmen die Amerikaner regelmäßig die Schlüssel mit, und am Abend, wenn sie zurückkommen und finden die Zimmer nicht in Ordnung, giebt's einen Heidenlärm.

Das ist allerdings sehr ärgerlich, sagte ich; können Sie ihnen nicht in's Fenster steigen?

Möchten sich wohl bei der Expedition betheiligen? sagte der Doctor mit schlauem Lächeln. So einen Blick in ein unaufgeräumtes jungfräuliches Schlafgemach, he!

Und Doctor Kühleborn berührte sanft meine Rippen mit dem goldenen Knopfe seines Stockes.

Ich bin verheirathet, Doctor; sagte ich; und habe —
Hätten Ihre Frau Gemahlin mitbringen sollen, sagte der Doctor eifrig. Soole? was? können hier auch Soole baden, können Alles baden, was Sie wollen. Und wo haben Sie solche reine Luft, wie in Tannenburg? und solches Wasser! destillirt! Da sprechen Sie von Fichtenau! Guter Gott, man könnte lachen, wenn man sich nicht ärgern müßte. Reminiscenzen an unsere Klassiker! Du lieber Himmel, als ob einem eine Schiller'sche Ballade das Zipperlein, oder ein Monolog aus dem Faust den Rheumatismus kuriren könnte! A propos Rheumatismus! Es geht Ihrem Freund seit vierzehn Tagen schlecht, sehr schlecht; der Rheumatismus, den ich glücklich aus den Gliedern fort hatte, hat sich jetzt auf das Herz geworfen.

Und der kleine Doctor lächelte schlau und bohrte mir den Knopf seines Stockes in die Seite.

Sie meinen — sagte ich.

Der Doctor zwinkerte mit den Augen und sagte geheimnißvoll: Verlassen Sie sich auf meine Beobachtungsgabe; ich bin nicht umsonst seit dreißig Jahren Badearzt;

habe während dieser Zeit mindestens sechzig Ehen zu
Stande gebracht; gehört mit zum Geschäft; Bäder müssen
sich aus sich selbst rekrutiren; der junge Nachwuchs wächst
einem wieder zu; so ein Herzfehler bei einem Kinde ist
mir manchmal schon ein alter Bekannter vom Vater oder
der Mutter her. Aber diesmal ist der Fall schwierig.
Ihr Freund ist scheu; die Amerikaner sind stolz; er spricht
kein englisch; sie wollen nicht deutsch lernen. Und doch,
wenn es gelänge! es wäre ein Triumph, ein richtiger
Triumph! Bad Tannenburg, September 186*: heute ver=
lobte sich hier Miß Ellen Cunnigsby, Tochter des sehr
ehrenwerthen Mr. Augustus Lionel Cunnigsby aus Loui=
siana, Vereinigte Staaten, mit Herrn Egbert, Rittergutsbe=
sitzer et cetera, et cetera. Geschmackvoll arrangirte
ländliche Feste, an welchen die munteren Dorfbewohner
aus ehrerbietiger Ferne freudigen Antheil nahmen et
cetera, et cetera — o! ich würde es auf meine Kosten in
sämmtliche deutsche und diverse englische und amerikanische
Blätter bringen; es würde ein immenses Aufsehen er=
regen; die Fichtenauer würden bersten vor Neid.

Doctor Kühleborn sah sich auf dem leeren Platze scheu
um und fuhr mit gedämpfter Stimme fort: Sie müssen
mir helfen, wahrhaftig, das müssen Sie. Sie sprechen
ohne Zweifel englisch; ich werde Sie vorstellen; Sie
müssen den Dolmetscher, den Vermittler spielen und her=
nach machen Sie eine hübsche Geschichte daraus! He!

Und der Jünger Aeskulaps berührte mit seinem
Stabe spielend meine sechste Rippe.

Aber ich denke, sagte ich, es ist schon ein Freier da
in Person —

Des jungen Kaufmanns Bergfeld? Hm! glaube nicht daran. Hat kein Vermögen, so viel ich weiß, und ist, unter uns gesagt, ein grüner Junge. Man läßt sich seine Dienste gefallen, faute de mieux; voilà tout! Und überdies: es sind ja zwei da. Er macht der ältesten den Hof: Miß Virginia, der mit den braunen Augen. Ihr Freund schwärmt für die blauen. Aber da seh' ich Frau Geheimrath von Pusterhausen kommen. Sie wird mir sagen wollen, daß ihre Nerven heute wieder in einer schrecklichen Aufregung sind. Entsetzliches Weib! Darf ich Sie ihr vorstellen? Nicht? Nun dann vielleicht heute nach Tische. Habe die Ehre!

Doctor Kühleborn ließ mich stehen; ich ging in den Kurgarten.

In einer großen, nach vorne offenen Bretterlaube saß eine Gesellschaft Herren und Damen, unter welchen letzteren ich die Oberpostdirectorin von Dinde erkannte und die Justizräthin Scherwenzel, welche aus einem Buche halblaut vorlas. Hinter ihrem Stuhl, das Tellertuch in der Hand, die krummen Beine übereinander geschlagen, mit der heitersten Miene überlegenen Könnens und Wissens auf die Gesellschaft blickend, stand Louis. Das englische Kränzchen war also eine Thatsache geworden.

Ich schlug einen anderen Gang ein, in dessen Hintergrund ich Herrn Lindau sitzend erblickte. Er hatte die Beine auf einen zweiten Stuhl gelegt. Das Perlenbuch in der einen, den Silberstift in der andern Hand, schien er mit hintenübergebeugtem Kopfe nach den poetischen Gestalten auszuschauen, die den blauen nach oben kreiselnden Wölkchen seiner Cigarre demnächst entschweben würden. Ich hätte um Alles dieses feierliche Zwiegespräch des Dichters mit seinem Genius nicht stören mögen und schlich aus dem Garten auf mein Zimmer, der Gefährtin meines Lebens von all' den Narretheiungen, so ich beobachtet, schuldige Rechenschaft zu geben.

Der Stoff war so ergiebig, daß ich bis Mittag nicht mit dem Briefe zu Ende kam, und auch noch den Nachmittag zu Hilfe nehmen mußte. Ich mußte lachen, als ich, die Zeilen noch einmal überfliegend, überall auf die schönen Amerikanerinnen traf — die schönen Amerikanerinnen, die hier alle Welt — und mich nicht ausgenommen — in Athem hielten, denen zu Liebe mein treuloser Freund mich in der schnödesten Weise verlassen, um oben in den Bergen ihnen irgendwo zu begegnen. Denn daß seine Fuchsjagd weiter keinen Zweck hatte, war ja sonnenklar.

Ich hatte mir von Louis den Weg nach dem Nonnenkopfe, wo ich Egbert zu finden hoffte, beschreiben lassen, und wanderte mit dem Stock, den mir der Schlaue bei der Gelegenheit als very fine aufgeschwatzt hatte, rüstig in die Berge. Der mit kleinen und großen Steinen übersäete Weg war sehr steil, und zum Theil den heißen Strahlen der Nachmittagssonne ausgesetzt. Ich versuchte es mit einem Pfade, der etwas seitwärts in den Tannen in derselben Richtung führte; und hatte diesen Pfad natürlich kaum eine halbe Stunde verfolgt, als ich mich überzeugen mußte, daß ich vom rechten Wege abgekommen sei. Doch ging es immer aufwärts, und darauf kam es an; war mir doch der Nonnenkopf als der höchste

Punkt des Berges bezeichnet! Und nun empfing mich ja auch der Hochwald, in den ich schließlich gelangen sollte. Ein prächtiger Wald! mächtige, zum Theil mit Moos bekleidete, vielhundertjährige Stämme, in deren schwarzen Häuptern es ehrwürdig rauschte; weicher, aus den modernden Nadeln so vieler Winter aufgehäufter, mit Moos oder Haidekraut übersponnener Boden, auf den der Fuß wie auf einen Teppich lautlos trat; hier und da eine Quelle, die den Steingrund bloßgelegt hatte; Waldesfrische und Waldesruhe; dann und wann ein Vogellaut, einmal das Rauschen der schweren Flügel eines Auerhahns, den der einsame Wanderer aufgeschreckt hatte, und wiederum tiefe Stille, bis aus weiter Ferne der Hornruf des Hirten, der seine Heerde heimwärts trieb, zu mir herüberklang.

Denn die rothen Sonnenlichter spielten nur noch in den höchsten Wipfeln, unten zwischen den mächtigen Stämmen wob der Abend sein dunkles Gespinnst; ich begann zu fühlen, daß ich nun schon drei Stunden lang, meist ohne Weg und Steg querwaldein herumgelaufen war. Doch vergaß ich Hunger, Durst und Müdigkeit, als ich, plötzlich zwischen den Bäumen hervortretend, mich am Saume des Waldes und zugleich am Rande einer tiefen, jäh abfallenden Schlucht fand und mir über die Schlucht hinaus auf die sich übereinanderschiebenden, im Abendlicht verdämmernden Bergreihen ein voller Blick in die herrlichste Herrlichkeit des Waldgebirges ward. Welche glanzvolle Pracht des lichtgrünen, von rosigen Wölkchen durchsegelten Abendhimmels! Welche anmuthige Schönheit der Linien dieser langhinsichstreckenden Berg=

rücken und ragenden Gipfel! Welches Weben der Schatten in den Gründen!

Da! war das nicht Hundegebell und die Stimme von Männern hinter mir in dem Walde?

Im nächsten Augenblicke hatte ich der Herrlichkeit, in der ich noch eben geschwelgt, gefühllos den Rücken gewandt und drängte mich eilig durch die Stämme nach der Gegend hin, von der ich die Stimmen vernommen. Es währte nicht lange, so hatte ich einen Pfad erreicht, und plötzlich stand eine Gestalt vor mir, die sich mindestens ebenso gut für den Geist des Waldgebirges, als für einen Menschen von Fleisch und Blut schickte; eine in Länge und Breite riesenhafte, unten in mächtigen Stiefeln steckende, oben in eine grobe graue Joppe gehüllte, mit Flinte und Jagdtasche ausgerüstete Gestalt, die ein paar mich wüthend anbellende Teckelhunde an der Leine führte.

He, Baumann! Nero! verdammte Thiere! wollt ihr Frieden halten! rief der Riese, als ich unwillkürlich vor den kläffenden, schnappenden Bestien ein paar Schritte zurückfuhr, und dabei fast über Egbert gefallen wäre, der nun auch zwischen den Bäumen hervortrat. Der treulose Freund versteckte seine Verlegenheit, mich hier zu sehen, hinter eine zärtliche Besorgniß für die Sicherheit meiner Waden: Kusch Dich, Baumann! stille Nero! Mein Himmel, wie in aller Welt kommst Du denn hierher?

Also wirklich auf der Jagd! sagte ich.

Ja, was meintest Du denn? sagte er.

O, ich meinte nur so, sagte ich.

Egbert wandte sich zu dem Riesen und stellte mich ihm vor. Der Unterförster, oder, wie man es dort nennt, Kreiser und Chausseeeinnehmer auf dem Nonnenkopf, Herr Hans Winzig reichte mir seine ungeheure Faust und machte einen Versuch, mir den Arm aus dem Gelenke zu schütteln, bei welcher Operation er fortwährend gutmüthig über sein ganzes großes, nicht unschönes Gesicht lächelte. Dann, nachdem sich auch noch die vagabundirende Jagdhündin Diana eingefunden und jägermäßig abgestraft war, setzte sich der Zug in Bewegung. Während wir auf dem schmalen Waldpfade hintereinander rasch dahinschritten, brach das Dunkel herein und der Mond schimmerte bereits durch die Wipfel, als wir auf eine Lichtung im Walde traten, wo neben der Chaussee, welche hier die Höhe des Bergzuges erstiegen hatte, ein kleines Gehöft lag. Dies war der Nonnenkopf. Ein paar halbnackte hübsche Kinder und eine kleine, ärmlich und freundlich aussehende Frau, die dem Riesen ungefähr bis zur Hüfte reichte, nichtsdestoweniger seine Gattin war, empfingen uns in der Thür. Bald saßen wir in dem kahlen Gaststüblein um den Tannentisch, auf welchem Frau Winzig ein frugales Abendbrod, aus Brot, Butter und Kornbranntwein bestehend, in geschäftiger Eile servirt hatte.

Ich fand den Aufenthalt in dem öden, von einer einsamen Talgkerze matt erhellten, mit dem abgestandenen Rauch schlechten Tabaks reichlich durchdufteten Gemach nicht so anmuthig, daß ich nicht, nachdem die Begierde der Speise und des Trankes gestillt war, zum ungesäumten Aufbruch hätte mahnen sollen; aber Egbert bat, noch ein wenig zu verziehen. Er fühle sich nach den Strapazen des Tages etwas ermüdet; überdies müsse der Mond noch höher steigen, um uns auf dem Heimweg durch den dunkeln Wald hinreichend leuchten zu können. In der That sah Egbert, was mir schon gestern aufgefallen war, blaß und angegriffen aus, und seine sonst so klaren, festen Augen hatten einen düstern, unsichern Ausdruck. Er dampfte mächtig aus einer kurzen Jägerpfeife, und trank dazu mehr als billig von einem abscheulichen Gebräu, das Frau Winzig unterdessen in der Küche bereitet und Herr Winzig uns als Grog präsentirt hatte. Dabei überließ er, wie gewöhnlich, mir die Kosten der Unterhaltung, die ich meinerseits auf den Riesen abzuwälzen suchte, der, wie es sich jetzt mit Hilfe des Grogs herausstellte, ein prächtiger Bursch war mit der ganzen harmlosen Jovialität und Gesprächigkeit seiner Landsleute.

Ja, sagte er, als ich mich mit bescheidener Neugier nach seinen Verhältnissen erkundigte, es geht unser Einem kümmerlich genug: viel Arbeit, geringer Verdienst, sechs Kinder und eine kränkliche Frau; indessen man muß zufrieden sein; es geht Anderen noch viel schlechter, und so lange der liebe Gott einem das Wenige gesegnet —

Was er bei Ihnen in höchst auffallender Weise zu thun scheint, sagte ich.

Der Riese legte seine ungeheure Faust auf den Tisch und lachte, daß das kleine Gemach erdröhnte.

Ei freilich! rief er, sie nennen mich überall auf dem Walde den starken Hans. Manchmal freilich ist es ein bischen unbequem, so groß und breit zu sein; ich habe mir schon hundertmal an unseren niedrigen Thüren den

Schädel beinahe eingerannt, und man will in kein Bett recht passen, so daß ich am liebsten auf der glatten Diele, und am besten im Walde schlafe — einmal aber ist es mir doch gut bekommen, daß ich mein Hauskreuz tragen konnte, ehe noch der Pfaff Ja und Amen dazu gesagt hatte.

Wie meinen Sie das? sagte ich, indem ich dem Riesen mein Glas zuschob.

Der leerte es auf einen Zug, wischte sich mit dem Aermel über den Mund und wollte eben anheben zu erzählen, als Egbert, der während dessen an das Fenster getreten war, sich zu uns wandte und sagte: Wir müssen aufbrechen, es ist die höchste Zeit.

Wollen Sie nicht warten, bis die hübschen Damen wieder zurückkommen? fragte der Riese.

Egbert antwortete nicht; der Riese, dem sein entsetzlicher Grog in den Kopf gestiegen sein mochte, steckte die Zunge in die linke Backe und wies mit dem Daumen über die rechte Schulter auf Egbert, der schon wieder am Fenster stand. Ich blickte ihn ob dieses Uebermaßes von Vertraulichkeit streng an, was aber keinen Eindruck auf seine umnebelte Fassungskraft zu machen schien, denn er schnitt nur eine noch groteskere Fratze, und schüttelte sich vor innerem Lachen, wobei ihm das Blut in beängstigender Weise in den dicken Kopf stieg. Ich fand nun auch, daß es hohe Zeit sei, aufzubrechen.

Die frische, kühle Waldluft that unendlich wohl nach der dumpfen Luft der Gaststube im Nonnenkopf. Der Mond schien glänzend vom blauen, fast wolkenlosen Himmel, einzelne Stellen der Chaussee lagen hell in seinem

Schein, das Meiste im Schatten der hohen Tannen. Wo sie weniger dicht standen, webte zwischen den riesigen Stämmen ein zauberhaftes Zwielicht, das, mit Elfen und Nixen zu bevölkern, gar nicht einmal einer Anstrengung der Phantasie bedurfte. Ich schwelgte in der Herrlichkeit der Nacht; Egbert ließ mich reden; er wünschte offenbar, daß ich ihm Gelegenheit zu einer Erklärung geben möchte, deren seine Fuchsjagd reichlich bedurfte, aber ich war entschlossen, ihm diesen Gefallen nicht zu thun.

Vielleicht war es Aerger über diese meine Mitleids= losigkeit, daß er jetzt, als ich auf den Riesen zu sprechen kam, dessen Geschichte ich gern gehört hätte, bitter zu lachen anfing und rief: Was lobst Du den Kerl? Ich bin überzeugt, er prügelt seine Frau, so oft ihm der Schnaps zu Kopf steigt, und ich glaube, das passirt ihm nur zu oft. Pah! Das Menschenpack ekelt einen ordentlich an, wenn man das mit ansieht! wenn man sieht —

O, rief ich in pathetischem Ton, indem ich wüthend mit meinem Stock auf das Tannicht an der Wegseite schlug; es ist eine nichtsnutzige, miserable, faule, erbärm= liche Welt! O des Jammers, des Jammers! O, o!

Bist Du toll geworden? rief Egbert.

Ja, ich bin es, rief ich, mich mitten auf den mond= beschienenen Weg stellend und zum Himmel gesticulirend, kannst Du es mir verdenken, wenn ich es bin! Ich habe diese Frau Försterin geliebt vor zwanzig Jahren, als sie noch keine sechs Kinder hatte, sondern vielmehr selbst ein schlankes Kind war und Gretel hieß. Ach, wie habe ich sie geliebt! Ich hätte ihr sämmtliche Sterne in ihr schimmerndes Gewand sticken und den Mond als Me=

baillon um den Hals hängen können. Und da mußte der ungeschlachte Riese kommen, und mir armen Jüngling meine Liebe rauben! O, o, o!

Um Gotteswillen, sei still! rief Egbert.

O, o!

Schweig, Unglücksmensch; ich bitte Dich, schweig!

Und dabei zog er mich mit kräftigem Arm von der hellen Chaussee in das Tannendunkel, so schnell, so leidenschaftlich, daß ich unwillkürlich still wurde und mit ihm in die Nacht hineinlauschte.

Ein Wagen kam auf der gerade an dieser Stelle etwas ansteigenden Chaussee hinter uns her; es dauerte nicht lange, so traten die Pferde und der Wagen in das Helle. In dem Wagen — einer großen, offenen Chaise — saßen nur zwei Personen; der Kutscher ging neben den Pferden. Die im Wagen waren, wie ich bei der großen Klarheit des Mondscheins deutlich sah, eine ältere Dame und ein älterer Herr, beide bis an die Nasen in Shawls gehüllt. Das Alles war ohne Zweifel nicht sehr merkwürdig und rechtfertigte durchaus nicht den festen Griff, mit welchem mich Egbert an der Schulter hielt; aber jetzt kam die Erklärung für unsere Banditenposition in Gestalt, oder vielmehr in den Gestalten zweier Damen in lichten Gewändern und eines sie begleitenden Herrn, die etwa dreißig Schritte hinter dem Wagen hergingen.

Ich weiß nicht, ob das Zittern von Egberts Hand, die noch immer auf meiner Schulter lag, sich auf mich fortpflanzte — aber mein Herz schlug lebhafter in der athemlosen Stille und meine Blicke hingen wie gebannt an den leicht dahingleitenden, hellen Gewändern und an den Gesichtern, besonders der einen Dame, die, allein an der Wegseite gehend, ganz nahe an uns vorüberkam: ein reizendes, wie es mir schien, etwas bleiches Gesicht, in dessen großen, nach oben gerichteten Augen das Mond=licht schimmerte, — an uns vorübergleitend, wie ein schönes Traumbild.

Die Chaussee lag wieder in ihrem stillen Scheine vor uns, das Geräusch der sich jetzt schneller bewegenden Räder erstarb in der Ferne; Egbert athmete tief auf, und ließ die Hand von meiner Schulter; wir traten unter den Tannen hervor. War es, daß eine Wolke über den Mond zog, oder war sonst ein Schatten herab=gesunken, aber es schien mir irgendwie in den letzten Minuten dunkler geworden. Wir gingen schweigend neben=einander hin.

Egbert, sagte ich, dies war hochromantisch; aber wie viel romantischer wäre es gewesen, wenn wir, anstatt, wie bängliche Kinder athemlos unter den Bäumen zu stehen, mit Juchheirassassa hervorgebrochen wären, die Alten aus dem Wagen geworfen, Dich und Deine Schöne hineingesetzt, den Pferden die Köpfe gewandt —

Du bist unerträglich! sagte Egbert.

Wohl möglich, sagte ich, aber recht hat er doch:

Und kenn' zwei blaue Augen,
Aus denen scheint der Mond!

Mensch, willst Du mich rasend machen! rief Egbert, indem er mich an beiden Schultern packte und schüttelte.

Du rasest schon, sagte ich.

Er warf sich an meine Brust und rief: Verzeihe mir! ich liebe sie; ich liebe sie!

Armer Freund, sagte ich, es sieht beinahe so aus. Und Du hast recht: es ist, so viel habe ich bemerken können, ein holdes, liebliches, liebenswürdiges Geschöpf.

Ja, das ist sie, rief Egbert; ein holdes, holdes Geschöpf und ich bin der unglücklichste der Menschen.

Ich wüßte nicht, warum, sagte ich; denn ich sehe durchaus nicht ein, weshalb Du das reizende Mädchen — wie heißt sie übrigens? —

Ellen — sagte Egbert.

Also weshalb Du die schöne Ellen nicht heirathen solltest, wenn Du nur willst. Aber freilich! Die Hände in den Schooß legen, im Stillen seufzen, die Augen nicht zu erheben wagen, und banditenmäßig im Hintergrund lauern — das wird Dich eben nicht so weit bringen. Da sieh den Hasenfuß von Kaufmannsknaben! Seine ganze Ausstattung ist sein bischen Englisch und seine edle Dreistigkeit, und damit spaziert und fährt er hin mit den schönen Mädchen wie ein junger Gott. Ich habe Dir gestern angeboten, Dich die Sprache Deines Engels zu lehren —

Und bis ich so weit bin, sagen zu können: ich liebe Dich, ist sie vielleicht schon drei Jahre verheirathet.

Wenn Du so langsam lernst — freilich. Indessen: ich hoffe, es soll schneller gehen. Bis dahin werde ich für Dich sprechen; ich werde ihr sagen —

Um Himmelswillen, mach' mich nicht unglücklich! Du sprichst von ihr wie ein Blinder von der Farbe.

Ich habe sie allerdings noch nicht bei Tage geschaut, indessen, ich glaube mich nicht zu irren, wenn ich behaupte, daß sie in der That blaue Mondscheinaugen hat, ein sanftes, zartes Gesicht, einen schlanken Wuchs —

Egbert seufzte tief.

Egbert, sagte ich, stehen bleibend, und des Gefährten Hand ergreifend und schüttelnd: Du sollst sie haben; Garantie wird nicht übernommen, Kosten möglicherweise bedeutende verursacht; aber haben sollst Du sie!

Egbert lächelte, weniger vermuthlich über meinen Scherz, als über die enge Copulirung des Subjectes du mit dem Objecte sie, die für Leute in seiner Situation immer etwas Berauschendes hat.

So stiegen wir die nach Tannenburg zu steiler sich senkende Chaussee hinab, und gelangten in das Dorf. Es war heute später, als gestern, und so war es auch stiller auf der Gasse. Nur vor dem linken Flügel des Kurhauses — ich wohnte in dem rechten — standen ein paar Bursche und Mädchen, die zu einem offenen Fenster in dem zweiten Stock emporschauten und auf eine gar nicht üble Tenorstimme lauschten, die zu den Tönen einer Guitarre sang:

> Gute Nacht! Die Sterne blinken
> Droben her in stiller Pracht;
> Und sie blinken und sie winken:
> Gute Nacht! gute Nacht!
>
> Gute Nacht! An deinem Kissen
> Halten Engel treue Wacht;
> Fromme Menschenherzen beten:
> Gute Nacht! gute Nacht!
>
> Schließ die milden blauen Augen,
> Die mir heut so lieb gelacht!
> Schlummre sanft, du einzig Holde:
> Gute Nacht! gute Nacht!

Es scheint, Egbert, sagte ich, daß er sich jetzt definitiv entschieden hat.

Egbert schwieg.

Denn siehst Du, Egbert, sich entscheiden ist Alles. Dann streicht man an der Geliebten Seite durch den mondbeglänzten Wald, oder wandelt wenigstens mit ihrem Schatten in den elysäischen Gefilden der Poesie.

Gute Nacht!

Gute Nacht.

Drittes Capitel.

Egberts Wunsch einer guten Nacht ging für mich nicht in Erfüllung; im Gegentheil: ich wandte mein schlummerloses Haupt hin und her auf dem Kissen, und als ich gegen Morgen einschlief, folgten mir die kühnen Entwürfe, die mich wach gehalten hatten, in meine Träume, wo sie dann noch viel kühnere und abenteuerliche Formen annahmen.

Nichtsdestoweniger erwachte ich kampfesmuthig und mit hellem Kopf, als Louis mir den Kaffee brachte.

Louis, sagte ich, werden die Amerikaner heute am Mittagstisch sein?

Yes, Sir, sagte Louis.

So richten Sie es so ein, daß Herr Egbert und ich in ihrer Nähe zu sitzen kommen.

Wird sich schwer machen lassen, sagte Louis achselzuckend; die neuen Gäste werden Sie immer, wie sie kommen, angereiht und rücken herauf, wenn alte fortgehen; nur die Amerikaner können Sie sitzen, wo sie wollen.

Warum die?

Louis würdigte eine so lächerliche Frage keiner Antwort.

Louis, sagte ich, dort auf der Kommode liegt einzelnes Geld, bringen Sie mir doch einmal davon einen Thaler.

Louis that, wie ich ihm geheißen, und lächelte verständnißinnig.

Nun stecken Sie diesen Thaler in Ihre rechte Westentasche und denken Sie darüber nach, wie Sie uns heute Mittag in der angegebenen Weise placiren.

Louis lächelte noch verständnißinniger.

Und noch eins, Louis! Sie reden mich über Tisch ein oder ein paar Mal englisch an, aber mit lauter Stimme, verstehen Sie!

Louis machte ein bedenkliches Gesicht.

Louis, Sie haben gesehen, auf dem Tische liegt noch mehr Geld, und in Ihrer Westentasche ist ohne Zweifel Platz für mehr als einen Thaler. Sie werden mich für geleistete Dienste erkenntlich finden.

Ich machte eine majestätische Bewegung mit der Hand, die Louis mehr als der Thaler zu imponiren schien, denn er verbeugte sich, sagte: Thank you, Sir! very well, Sir! und verschwand mit meinen Sachen auf dem Arme.

Noch war ich mit meiner Morgentoilette nicht zu Ende, als Egbert in's Zimmer trat. Er hatte augenscheinlich nicht besser, oder vielmehr noch schlechter geschlafen, als ich, denn er hatte tiefe Ränder unter den Augen und begrüßte mich mit einem äußerst matten Lächeln.

Theuerster Freund! rief ich ihm zu; diese Livrée der hoffnungslosen Verzagtheit kleidet Dich schlecht. Wie! hast Dein halbes Leben auf der Jagd zugebracht, und nun,

da es endlich einmal gilt, ein wirklich edles Wild zu
jagen, wird Dir das helle Auge trüb, irrt Dir die sichere
Hand und wanken Dir die starken Kniee?

Das ist etwas Anderes, sagte er.

Gar nicht, sagte ich; gelernt will Alles sein, vor=
läufig einmal englisch. Setze Dich, unsere erste Lection
beginnt!

Ich drängte ihn in einen Stuhl, nahm ihm gegen=
über Platz und schlug eines der wenigen englischen Bücher
auf, die ich glücklicherweise bei mir führte. Ganz nach
dem Basedow'schen System, sagte ich, nun gieb Acht!

Und er gab Acht, der arme Junge und quälte seine
Lippen und seine Zunge, um mir die Wörter möglichst ge=
nau nachzusprechen, und sein Gehirn, die Phrasen zu be=
halten; aber mit dreißig Jahren lernt sich eine neue
Sprache schwer, und der gute Egbert hatte sich Zeit seines
Lebens weder um neue noch um alte Sprachen einen
Deut gekümmert. Mehr als einmal wollte mir die Ge=
duld reißen, wenn er mit einer Hartnäckigkeit, die der
besten Sache würdig gewesen wäre: I am — ich bin;
thou amst — du bist conjugirte; aber bei I love — ich
liebe, thou lovest — du liebst, ging es entschieden besser,
als bei den Hilfsverben, und bewunderungswürdig war
die Consequenz, mit der ich ihn anschrie: Do you love
me? worauf er in kläglichem Tone: I love you tenderly!
erwiederte.

Ich war beinahe heiser und auf seiner ehrlichen Stirn
standen die hellen Schweißtropfen, als wir unsere erste
Lection, die beinahe drei Stunden gedauert hatte, be=
endigten. Es war die höchste Zeit, uns zu dem Mittags=

mahl umzukleiden. Da ich Egberts Widerspruch fürchtete, hatte ich ihm nichts von meiner Verabredung mit Louis gesagt.

Als ich absichtlich ziemlich früh in dem Speisesaale erschien, zog mich Louis auf die Seite und flüsterte mir zu, daß es ihm nicht möglich gewesen sei, meinem Wunsche wörtlich nachzukommen, denn Frau Justizrath Scherwenzel und Frau Oberpostdirectorin von Dinde, die Geheimräthin von Pusterhausen und die zwei Fräulein Töchter, welche alle in letzterer Zeit des Glückes der unmittelbaren Nachbarschaft der Amerikaner theilhaftig gewesen wären, hätten bei einem Versuch, sie herunterzurücken, ein solches Zetergeschrei erhoben, daß er davon hätte abstehen müssen. Doch habe er mir und Egbert die darauf folgenden Stühle reservirt; er hoffe, daß ich für dies Mal mit seinem guten Willen fürlieb nehmen würde.

Die wüthenden Blicke, mit welchen mich die genannten Damen, die schon Platz genommen hatten, auszeichneten, bewiesen zur Genüge, daß Louis in der That nicht weiter hatte gehen können; und die erschrockene Miene Egberts, der bald darauf erschien und sich in so fürchterlicher Nähe des Gegenstandes seiner Anbetung fand, söhnte mich mit dem Arrangement vollständig aus. Und dennoch waren die heiligen Stühle am Ende der Tafel noch leer, trotzdem die übrige, wohl aus hundert Personen bestehende Gesellschaft schon versammelt war, und, wie ich deutlich bemerkte, von Zeit zu Zeit ängstlich harrende Blicke auf die große Hauptthür warf, durch welche sie erscheinen sollten.

Und sie erschienen.

Voran Mr. Cunnigsby, der Mrs. Cunnigsby am
Arm führte; dann Herr, oder vielmehr, da er so hoher
Ehre gewürdigt wurde, Mister Bergfeld, an jedem seiner
weithin ausgehenkelten Arme eine der jungen Damen zur
Tafel leitend. Mr. Cunnigsby präsidirte, ihm zur Rechten
Miß Virginia und Mr. Bergfeld, auf der andern Seite,
uns schräg gegenüber, die Mutter und Miß Ellen.

Ich kann nicht behaupten, zu wissen, was für eine
Suppe ich bei dieser Mahlzeit gegessen, und ob das Rind=
fleisch, das der Suppe folgte, mit Senf= oder mit Capern=
sauce servirt wurde, denn all' mein Sinn war in meinen
Augen concentrirt, und ich mußte mir gestehen, daß diesen
Augen, so lange sie verständnißvoll in diese Welt blickten,
nichts Reizenderes erschienen war, als das junge Mädchen,
das mir in der Entfernung von wenigen Fußen gegen=
übersaß. Es war das Mondscheingesicht von gestern Abend
in Tagesklarheit übersetzt; eine unaussprechliche Lieblich=
keit der reinen, vornehm feinen Züge, besonders um den
reizenden Mund, den ein gewisser Zug von Schwermuth
nur noch reizender machte. Alles an diesem Geschöpf
schien vollkommen: das reiche, hellbraune Haar, das in
weichen, natürlichen Wellen das schöne Oval des Kopfes
umfloß und hinten im Nacken zu einem griechischen Knoten
verschlungen war, der weiße, schlanke Hals, die feinen
schmalen Hände, selbst das kleine, anliegende, feingerän=
derte Ohr, das man so selten zu sehen bekommt. Aber
das Allerschönste waren vielleicht ihre milden, blauen
Augen, über denen sich freilich die langen, seidenen
Wimpern nur ein paar Mal während der Mahlzeit hoben.
Das Mädchen war so bezaubernd, daß ich Egbert von

aller Schuld freisprach), ja mir eingestehen mußte, man brauche keineswegs vierzehn Tage lang so viel Holdselig= keit vor sich hin und wieder schweben zu sehen, um darüber mehr oder weniger von Sinnen zu kommen.

Es dauerte geraume Zeit, bis ich mich von der Trunkenheit, in die mich der Anblick des Mädchens ver= setzt hatte, so weit erholen konnte, auch auf die übrigen Mitglieder der Familie ein beobachtendes Auge zu wen= den. Die Mutter hatte ein rundes Gesicht, das früher vielleicht recht hübsch gewesen war, und dessen gutmüthig behaglicher Ausdruck mit den grauen Locken unter der Spitzenhaube und dem Kleide von schwerer, schwarzer Seide vollkommen harmonirte. Einen ganz anderen Ein= druck machte die Physiognomie des Paterfamilias: krauses, dunkles, leicht ergrautes Haar über einer hohen, nach oben und den Schläfen zu kahlen Stirn; buschige, schwarze Augenbrauen über dunklen, stechenden Augen, eine vor= nehme, römische Nase über einem streng geschlossenen, stolzen Munde, ein stark ausgearbeitetes Kinn, zu welchem der mächtige, ebenfalls schon ergrauende Coteletbart maje= stätisch herabstieg; die Gesichtsfarbe, ein Gelb, das die Tropensonne, die über Zuckerplantagen und Baumwollen= feldern brütet, bronzirt zu haben schien; ein Kopf, der einem römischen Imperator hätte gehören können, wenn man nicht zugab, daß er auf den Schultern eines Sclaven= züchters noch mehr an seiner Stelle war. Armer Egbert, seufzte ich unwillkürlich: ein solcher Schwiegerpapa ist in der That eine bedenkliche Zugabe.

Die andere Tochter, die auf derselben Seite des Tisches saß, wie wir, und die ich deshalb weniger deut=

lich sehen konnte, schien in Allem das Widerspiel von ihrer
holden Schwester, und mehr nach dem Vater geartet zu
sein. Sie war entschieden kleiner und voller als jene,
sehr brünett, mit blitzenden, dunklen Augen, die offenbar
ihr Spiel meisterlich verstanden, und blitzenden, weißen
Zähnen, über welchen sich die rothen, üppigen Lippen
selten schlossen, trotzdem sie sich vielmehr mit ihrem Vater,
als mit ihrem Nachbar, dem jungen Mercursohne, unter=
hielt, dessen albernes Gesicht ich nur sehen konnte, wenn
die beiden Fräulein von Pusterhausen neben mir — was
sie freilich oft genug thaten — die Köpfe zusammen=
steckten und kicherten.

Diese jungen Damen hatten augenscheinlich mit jenem
Scharfsinn ihres Alters und Geschlechts herausgebracht,
weshalb wir uns in ihre Nähe gedrängt hatten, denn sie
blickten bald den armen Egbert an und bald die schöne
Ellen und drückten dann wieder wechselseitig den Schwester=
mund auf das Schwesterohr. Durch dies Hinüber und
Herüber der Mädchen wurde ich selbst erst auf einen Um=
stand aufmerksam, der mir bis dahin entgangen war, daß
nämlich — so weit dies möglich — die Gesichter Egberts
und Miß Ellens denselben Ausdruck scheuer Verlegenheit
trugen, daß Beide kaum einmal von ihren Tellern auf=
sahen und doch eigentlich auf denselben nichts zu suchen
hatten, da sie die Speisen fast unberührt an sich vorüber=
gehen ließen. Die Schwestern von Pusterhausen mußten
ihre scharfsinnige Entdeckung der Mutter signalisirt und
diese wiederum ihren Freundinnen, Frau Justizrath Scher=
wenzel und Frau Oberpostdirectorin von Dinde die inter=
essante Mittheilung gemacht haben, denn wir kamen jetzt

unter ein Kreuzfeuer ärgerlicher und hämischer Blicke, das auch das Herz des Bravsten hätte einschüchtern können, besonders wenn er, wie ich, die halblaut gesprochenen Worte hörte: also er will wirklich Ernst machen, nun, Gott helf! Er wird dabei seinen dreisten Freund dringend nöthig haben.

Frau von Pusterhausen! Frau von Pusterhausen! bin ich zu dreist, wenn ich behaupte, daß Deine Gänschen von Töchtern aus dem nächsten Teiche sich mit den Schwänen vom Mississippi nicht messen können! Ist es Dreistigkeit, wenn ich über die undankbare Mühe, die Ihr Euch Alle gebt, den kleinbürgerlichen Anstrich Eurer Garderobe, Eurer Manieren, Eurer Sprache zu übertünchen, lachen muß! Ihr müßtet ja selbst lachen, wenn Ihr Euch nur einen Augenblick sehen könntet, wie Fräulein Emma die Stellung von Miß Virginia nachzuahmen versucht, die sich in ihren Stuhl hintenüberlehnt und sich dicht in den weichen, weißen Cachemirshawl hüllt oder wie Fräulein Käthchen jetzt die Stirn in die Hand stützt, wie Miß Ellen, oder wie Sie selbst, Frau von Pusterhausen, jetzt an Ihrem Zwirnsfaden von Uhrkettchen zupfen, gerade wie Mrs. Cunnigsby an der zolldicken Kette, die auf ihrem Busen so behaglich thront! Daß Ihr Euch natürliche Blumen in die Haare gesteckt habt, wie die amerikanischen Damen, darüber will ich nicht spotten, denn erstens ist es eine anmuthige Sitte, die meinen Beifall hat, zweitens werdet Ihr es sicherlich mit der Zeit zu einer größeren Fertigkeit in dieser Art des Putzes bringen, als Ihr heute an den Tag gelegt habt, und drittens sehe ich, daß fast alle Damen im Saal sich ebenso coiffirt haben. Dergleichen ist ansteckend; aber das kann ich Euch versichern, wenn ich ein Pflanzer aus Louisiana, oder, sagen wir, eine Frau oder ein Fräulein Pflanzerin wäre, ich machte nicht mehr Wesens aus Euch, als diese Amerikaner da am Ende der Tafel aus Euch machen.

Rinderbraten oder Hammelbraten, Herr? fragte Louis auf englisch, unserer Verabredung gemäß.

Keins von beiden, aber sorgen Sie dafür, daß die Thür geschlossen wird, es ist ein schauderhafter Zug hier, erwiederte ich, ebenfalls englisch und mit lauter Stimme.

Ich hatte meine Absicht erreicht. Sämmtliche amerikanische Augen (von einem halben hundert deutscher Sehwerkzeuge gar nicht zu sprechen) richteten sich in demselben Moment auf mich, während ich einerseits, um doch auch nicht müßig zu sein, Mr. Cunnigsby fixirte. Ich hatte die Genugthuung, daß der Sclavenhalter, nachdem er mich unter seinen buschigen Brauen wie einen armen Nigger, den er beim Reisstehlen ertappt, angestarrt hatte, zuerst den Blick abwandte, und die noch größere, daß er bald darauf Louis zu sich winkte, augenscheinlich um zu fragen: wer zum Teufel der Bursche da sei?

Nicht lange darauf wurde die Tafel aufgehoben. Der Sclavenhalter bot seiner Gemahlin wieder den Arm, und schritt hoch erhobenen Hauptes durch die weitgeöffnete Thür hinaus, hinterher die Töchter und Herr Bergfeld.

Was wolltest Du um Alles in der Welt mit Deinem Englisch? fragte Egbert ärgerlich; Du hast ja eine ordentliche Scene provocirt!

Laß mich nur machen, Schatz! erwiederte ich, indem

ich ihn in den Kurgarten zog, in welchem sich nach Tische die ganze Gesellschaft zu versammeln pflegte.

Auch die Amerikaner waren da, auf einer erhöhten Stelle des Gartens in dem dichten Schatten einer Platane. An einer anderen Stelle, in nicht allzugroßer, aber doch respectvoller Entfernung hatte das englische Kränzchen Platz genommen; die Debatten waren sehr animirt, Gegenstand der Tagesordnung schien meine Wenigkeit zu sein. Wiederum an einem anderen Baume saßen — zu meiner nicht geringen Verwunderung — Herr Lindau neben dem Fräulein Kernbeißer und der schwarzäugigen Frau Herkules, während die schönen, schwarzäugigen Kinder vor ihnen auf dem Rasen spielten. Vermuthlich verarbeitete die Habichtsnase heute mich mit demselben Wohlwollen, wie sie gestern Herrn Lindau zerhackt hatte. Herr Bergfeld strich mit seinem albernen Gesicht an uns vorüber. Ich grüßte und sagte zu Egbert: Willst Du nicht die Güte haben, mich dem Herrn vorzustellen?

Bin sehr erfreut, sehr! sagte der junge Dandy und wollte weiter.

Wir müssen uns, wie mir däucht, schon in Berlin irgendwo in einer Gesellschaft getroffen haben, sagte ich, ohne seine Eilfertigkeit zu beachten, mit kühner Stirn.

Sehr wohl möglich, sehr wohl möglich, bewege mich viel in Gesellschaft. Sprechen auch englisch, wie ich höre!

Nicht mit der Meisterschaft, die man Ihnen hier gewiß mit Recht nachrühmt, aber doch ein wenig, genug, um mich verständlich zu machen. Und, um nicht lange damit hinter dem Berge zu halten, Herr Bergfeld, ich wollte Sie um die Gefälligkeit bitten, mich mit Ihren amerikanischen Freunden bekannt zu machen.

Egbert ließ vor Schreck meinen Arm fahren, der Dandy machte ein verlegenes Gesicht.

Wie, Herr Bergfeld, rief ich, soll ich glauben, daß ein kühner, junger Ritter, wie Sie, in mir alten Familien= vater einen Nebenbuhler sehen kann? unmöglich.

O Gott, das ist es nicht; auf Ehre nicht! sagte der Dandy, der sehr roth geworden war. Im Gegentheil, ich wünschte sogar, daß einer oder der andere der Herren —

Sich mit Ihnen in das mühselige Geschäft, der Ca= valier dreier Damen zu sein, theilte? Habe ich Sie er= rathen? Gestehen Sie!

Allerdings, allerdings! sagte Herr Bergfeld, mit dem wehmüthigsten Blick auf einen Shawl, den er auf dem Arm trug und der für den Platz unter der Platane be= stimmt schien; man wird in Athem gehalten; aber das ist es nicht. Im Vertrauen, ganz entre nous, ich weiß selbst nicht, ob ich noch lange hier bleibe!

In dem kleinen Gesicht des jungen Mannes lag ein Verlangen, sich mittheilen zu dürfen, dem ich entgegen= kommen zu müssen glaubte.

Sie fürchten — verzeihen Sie die Indiscretion! — Sie fürchten, daß, wenn Sie länger bleiben, Herzen brechen! Miß Virginia? habe ich es errathen?

Herr Bergfeld erröthete abermals. Wenn Sie es denn wissen wollen: ja, oder auch nein: man kann nie= mals sagen, wie man mit dem Mädchen daran ist. Wir standen wirklich schon sehr gut mit einander, auf Ehre; aber seit vorgestern, wo Mr. Cunnigsby in Fichtenau ge=

wesen ist, weiß ich nicht mehr, woran ich bin. Man spricht fortwährend von einem Grafen, den er dort kennen gelernt hat, und der, ich glaube heute schon, hierher kommen wird. So etwas ist nicht angenehm, werden Sie mir zugeben; aber jetzt muß ich fort; bemerke, daß Miß Virginia nach uns herübersieht — freue mich außerordentlich, Ihre werthe Bekanntschaft gemacht zu haben —

Aber so erlauben Sie mir doch, Verehrtester, rief ich, indem ich, den verwunderten Egbert stehen lassend, den Arm meines neuen Bekannten ergriff; ich nehme keine Weigerung an; ich habe mir nun einmal in den Kopf gesetzt, die Bekanntschaft dieser Amerikaner zu machen.

Ich gestehe, daß, während wir auf die Gruppe unter der Platane zuschritten, mein Herz heftiger, als mir lieb war, schlug — nicht für mich — was hat ein Gatte und Vater von vier Kindern zu fürchten! — wohl aber für meinen Freund, dem ich das schöne Mädchen dort aus den Tatzen ihres grimmigen Jaguar-Vaters reißen sollte. Dennoch bewahrte ich die Haltung vollkommen; mein Hut verließ den Kopf nicht eine Sekunde zu früh oder zu spät und meine Verbeugung fiel mit mathematischer Genauigkeit in den für solche Gelegenheiten vorgezeichneten Winkel.

Daß der Empfang, der mir zu Theil wurde, für meine Eitelkeit besonders schmeichelhaft gewesen wäre, kann ich freilich nicht behaupten. Nur in den braunen Augen von Miß Virginia blitzte so etwas wie Neugier; aber Miß Ellen hob die blauen Augen nicht von der Tischplatte, Missis Cunnigsby blickte fragend auf ihren Gatten, ihr Gatte blickte stirnrunzelnd auf Herrn Bergfeld, Herr Bergfeld, der sehr verlegen aussah, blickte mich an mit kläglichen Augen, die deutlich sagten: Nun reden Sie doch wenigstens!

Ich habe mir das Vergnügen nicht versagen können, begann ich in meinem besten Englisch.

Amerikaner, Herr? fragte Mr. Cunnigsby, ohne mich anzusehen.

No, Sir!

Mr. Cunnigsby wandte sein stattliches Haupt zu mir, lächelte und sagte in gebrochenem Deutsch:

Sehr erfreut, Ihre Bekanntschaft zu machen; bitte um Verzeihung, wenn ich war etwas scheu; hielt Sie für einen Landsmann; habe schlechte Erfahrungen mit meinen Landsleuten gemacht; überdies der letzte Krieg — Norden und Süden — Bruderkrieg — verheirathet, Herr?

Yes, Sir!

O, bitte, sprechen Sie immerhin deutsch, ich sehr gut verstehe deutsch! Darf ich Sie machen bekannt mit meine Damen?

Sie sprechen gar nicht deutsch, Madame? wandte ich mich an Mrs. Cunnigsby.

Ein einfaches No Sir, war die Antwort.

Und die jungen Damen? fuhr ich fort, mich zu Miß Ellen wendend, die über ihre Arbeit gebeugt dasaß.

Ebensowenig, erwiederte der Vater an der Stelle der Tochter.

Das muß Ihnen den Aufenthalt hier einigermaßen erschweren, sagte ich zu Miß Virginia, die ebenfalls eifrig mit ihrer Arbeit beschäftigt schien.

Man hilft sich, wie man kann; erwiederte Mr. Cunnigsby.

Der trockene Ton, in welchem er das sagte, ließ das Vergnügen, welches ihm meine Unterhaltung gewährte nicht durchhören. Auch sah es fast so aus, als ob er mich so viel als möglich von der Gesellschaft seiner Damen ferne halten wollte, denn er stellte sich breit zwischen sie und mich, und fragte, immer in demselben trocknen Ton, von welcher Stadt ich käme?

Ich nannte Berlin.

Er blickte mich scharf mit seinen stechenden Augen an und fragte:

Kennen Sie unsern Gesandten dort?

Ich mußte es verneinen.

Oder — er nannte die Namen von verschiedenen Personen, die mir sämmtlich unbekannt waren.

Sind Sie in Baden-Baden gewesen?

Vor einigen Jahren.

Ah! Kennen Sie den Grafen Saros? Angenehmer junger Mann. Hatte das Vergnügen, ihn vorgestern in — wie heißt es doch — ah! Fichtenau zu treffen; langweilt sich dort ebenso, wie ich mich langweile hier; habe ihn überredet, nach hier überzusiedeln; erwarte ihn jeden Augenblick. Hoffe, noch sonst das Vergnügen zu haben.

Und damit machte mir Mr. Cunnigsby eine stattliche Verbeugung, die Damen nickten in ihre Arbeitskörbe und ich war entlassen.

Entlassen — und empört über meinen Mißerfolg, noch mehr über die Insolenz dieser Amerikaner. Wie? dieser Jaguar, dieser Sclavenzüchter, dieser Cottonlord, dieser Rebell — er wagte es, seine Unverschämtheit auch an mir zu probiren? mich kaum besser zu behandeln, als einen seiner Niggers? mich mit seinem erbärmlichen Deutsch zu regaliren? von der Gesellschaft seiner Damen auszuschließen, während er diesen Fant von einem Kaufmannsknaben der Ehre seines intimen Umgangs würdigt? Und diese fette Lady! sieht sie nicht aus, als ob sie ihr Leben lang auf einem Wollsack gesessen und Zuckerrohr gekaut hätte! und diese zimperlichen, hochnasigen Dämchen, die vermuthlich nichts gelernt haben, als sich in Hängematten zu wiegen, von Sclavinnen Blumen in's Haar stecken zu lassen, und schön auszusehen! Was schön! sie sind nicht einmal so schön! ich weiß nicht, wo ich über Tisch meine Augen gehabt habe. Diese Miß Virginia sieht aus wie eine hübsche Grisette, die ihre braunen Augen noch einmal zu Schaden bringen werden, und diese Miß Ellen ist zweifellos ein Gänschen, eine vollständige Gans. Ich werde dem Egbert —

Nun, Sie sind ja schnell zu hohen Ehren gekommen, sagte Fräulein Kernbeißer, als ich, um Egbert, der sich zu dieser Gruppe gesetzt hatte, abzuholen, herantrat. Wie finden Sie denn die jungen Damen?

Charmant, ganz charmant! sagte ich, indem ich mich in einen Stuhl sinken ließ; bezaubernd.

Doch schien die Unterhaltung nicht sehr lebhaft; meinte Frau Herkules.

Aber was verlangen Sie von einer ersten Vorstellung, gnädige Frau! Man kann doch nicht gleich von Sonne, Mond, Sternen reden!

Ich begreife diese Schwärmerei für unsere transatlantischen Schönheiten in der That nicht, sagte Lindau; man sieht sich bald an Feld und Wiesen satt, und an

Gänseblümchen doch am Ende auch). Da lobe ich mir unsere deutschen Frauen. Sie verhalten sich zu jenen, wie ein Original zu einer schlechten Uebersetzung, wie ein Flügel, von Meisterhand 'gespielt, zu einer Spieldose; und der Lyriker warf einen schmachtenden Blick in die schönen Augen der kleinen Frau Herkules.

Gott, ich möchte Sie küssen für diese Worte! rief das sanguinische Fräulein Kernbeißer.

Herr Lindau verbeugte sich lächelnd, indem er dabei die rechte Hand auf sein Dichterherz legte. Egbert hatte sich erhoben; ich folgte seinem Beispiel; wir verließen den Kurgarten und wandten uns in den Wald.

Nun? fragte Egbert, als ich schweigend neben ihm herschritt.

Ich zündete mir eine Cigarre an.

Nun? fragte Egbert noch einmal.

Lieber Junge, sagte ich — aber willst Du nicht auch rauchen? es philosophirt sich besser dabei. Also, was ich sagen wollte: schlag Dir die Grillen aus dem Kopf. Sieh, mein Sohn, eine Minute Praxis ist mehr werth, als tausend Jahre Theorie, und man weiß auch nicht, wie naß ein Teich ist, bis man zufälligerweise einmal hineinfällt. Und davor, nämlich vor dem Hineinfallen möchte ich Dich in Freundschaft bewahren. Du würdest es aber thun, wenn Du — ich nehme gleich den Superlativ — diese Miß Ellen zu Deinem ehelichen Weibe bekämst. Nein, laß mich noch ein paar Minuten fortreden, denn ich habe für ein paar Stunden auf dem Herzen. Gesetzt also, Du überwändest alle Schwierigkeiten, Du lerntest englisch, der Jaguar verspeiste Dich nicht lebendig, sondern legte Eure Hände ineinander, sagte: hier sind zwei Zuckerplantagen, so und so viel Acres Baumwollenpflanzungen und fünfhundert Neger beiderlei Geschlechts in Wechseln auf Rothschild, — nehmt dies, und seid glücklich! würdet Ihr, ich meine: würdest Du glücklich sein? Ich zweifle daran; was sage ich: ich weiß: Du würdest es nicht sein. Denke Dir erstens, mit Deiner Frau, dem Weibe, das an Deinem Herzen ruht, der Mutter Deiner Kinder, stets eine fremde Sprache sprechen zu müssen, die Dir nur mühsam von den Lippen, nie aus dem Herzen kommt: den Laut der Zärtlichkeit, der aus Deiner tiefsten Seele quillt, nicht articuliren, das rechte Wort, das sie überzeugen müßte, überzeugen würde, nicht finden zu können! Du fragst, weshalb das? weshalb sollte sie nicht — Unglücklicher: sie wird nie die Sprache Deiner Väter sprechen lernen; die Tochter eines Sclavenzüchters wird sich nie so weit herablassen; und ebenso wenig, wie in Deine Sprache, wird sie sich in die Sitten Deiner Heimath hineinleben: unserer Heimath, Egbert! Ich werde kommen, Dich zu besuchen, und das alte Haus wird nicht mehr das alte Haus sein! Wehe der Cigarre, die durch den langen Corridor dampft! Der Duft des Theekessels und der steifleinenen Langeweile wird es vom Boden bis zum Keller durchwehen; der drawing-room — Du weißt ja gar nicht einmal, was ein drawing-room ist! — wird das Grab Deiner Gemütlichkeit, Deines Friedens, Deiner Hoffnungen auf Ruhe diesseits und jenseits des Grabes sein. Und Egbert — Du heirathest doch nicht blos für Dich! Du heirathest auch für Dein Hof=Gesinde, für Deine Kathenleute, selbst für Deine Milchkälber und Deinen Hühnerhof. Für diese Alle und dies Alles und für noch viel mehr soll und muß das treue Auge Deiner Hausfrau wie die Sonne sein, und was kannst Du von jenem Mädchen erwarten? sie, die im Schooße eines brutalen Reichthums erzogen, in der Hängematte der Willkür groß geschaukelt ist, wie kann sie, selbst wenn sie den guten Willen hätte, mit Deinen Dreschern und Pflügern sich auch nur verständlich machen, geschweige denn herausfinden, wo die armen Leute der Schuh drückt und wie ihnen geholfen werden muß? Oder wolltest Du vielleicht das Gesetz der Natur umkehren, und Deiner Frau nachfolgen, anstatt sie Dir: wohin sollte das führen? Würde es Dir vielleicht am Golf von Mexico unter den Baumwoll=Junkern des Südens behagen, die Dich als einen fremden Eindringling immer über die Achsel ansehen würden? oder wolltest Du am Busen von Neapel Dein Leben in Ruhe verdehnen oder auf den Boulevards von Paris vertändeln? Du bist zu dem Einen so wenig geschaffen, wie zu dem Andern. Du würdest Dich immer und überall nach dem Wogenschlage unserer geliebten Ostsee sehnen und nach dem ehrlichen Platt unserer Landleute und Fischer; Du bist ein treues deut= sches Blut, an dessen Herzen kein Herz schlagen kann, in welchem nicht dasselbe treue Blut pulsirt, und nun gieb mir einmal Deine Cigarre, denn die meine ist mir über dieser langen Rede ausgegangen.

Egbert, der nachdenklich neben mir hergeschritten war, hob seine guten Augen und sagte: Wie kommst Du nur gerade jetzt auf dies Alles?

Man muß beide Seiten der Medaille betrachten,

erwiederte ich; ich habe eben einen Schimmer von der anderen Seite gehabt, einen flüchtigen Schimmer nur, aber genug für mich, wie für den Naturforscher der Knochensplitter genügt, das ganze Gerippe zu construiren. Oder, wenn Du mich nicht für einen Gelehrten in diesen Dingen anerkennen willst, nimm mich für einen Propheten, einen Inspirirten, dessen Visionen anticipiren, was da kommen wird, oder doch kommen könnte.

Ich will es Dir nur gestehen, sagte Egbert; was Du mir da gesagt hast, oder wenigstens das Meiste davon, ist mir auch wohl schon durch den Kopf gegangen; ich habe mir gesagt: das ist keine Frau für dich, oder auch: du bist kein Mann für sie; ich habe mir jeden Tag und jede Stunde gesagt: es ist dein Unglück und du willst es dir aus dem Kopf schlagen, aber sobald ich sie wieder sehe, ist Alles vergessen; ich sehe nur sie, ich kann nicht anders. Weißt Du, Fritz, es geht mir wie den armen Schnepfen, die das Licht von unserem Leuchtthurm auf Arcona durch die Nacht glühen sehen und herbei fliegen und sich an den dicken Scheiben die Köpfe einrennen. Da findet sie denn der Wächter am andern Morgen zerbrochen und zerschmettert auf der Erde liegen, und so wird man mich über kurz oder lang auch wohl einmal finden.

Lieber Junge, sagte ich, eine Schnepfe ist eben eine Schnepfe, und hat einen Schnepfenverstand in ihrem kleinen dummen Schädel. Sei, was Du bist, ein Mann; renne nicht mit offenen Augen in Dein Verderben. Wenn der Leuchtthurm nicht zu Dir kommt, und dazu ist wenig Aussicht, — komme Du nicht zum Leuchtthurm. Steuere

einen andern Cours, es ist noch viel Platz unter dem
Himmel. Du bist nur schon zu lange hier gewesen. Laß
uns heute noch unsere Sachen packen; komm zu uns!
meine Frau wird mit sanfterem Wort, als ich es vermag,
Deine Wunden pflegen. Oder laß uns zusammen durch
die Berge ziehen, die Wandertasche um die Schultern,
den Stab in der Hand. Mit jeder Meile, die wir durch=
messen, wird Dein Blut leichter fließen, und eines schönen
Morgens, wenn Du aufwachst, wirst Du Dir die Augen
reiben und sprechen: Gott sei Dank! es war ein böser
Traum.

Nein, nein! rief Egbert; ich kann nicht fort; ich
habe es schon, ich weiß nicht wie oft, versucht; aber ich
kann nicht.

Der Mensch kann, was er soll, und, wenn er sagt:
ich kann nicht, so will er nicht.

Egbert hatte nicht mehr gehört, was ich sagte. Er
hatte sich an der Wegseite in das Haidekraut geworfen; die
Thränen stürzten ihm aus den Augen, er war außer sich.

Ich wußte nicht mehr, was ich sagen sollte. Daß die
Leidenschaft so tiefe Wurzeln bei ihm geschlagen, hatte ich
nicht geglaubt; ich hatte nicht bedacht, daß Egbert einer
von den ganzen Menschen war, die noch einer ganzen,
vollen Leidenschaft fähig sind, eines von den guten Kin=
dern, die nie mit dem Feuer gespielt haben, und wenn
es sie nun erfaßt, sich nicht zu rathen und zu helfen
wissen. Dieses Liebesfeuer, das sah ich nun wohl, war
mit ein paar Worten nicht auszublasen; man mußte es
ausrasen lassen, und von der kräftigen Natur des Kranken
die Genesung hoffen.

So setzte ich mich denn zu ihm in's Haidekraut, und es gelang mir nach einiger Zeit, ihn wenigstens so weit zu beruhigen, daß er sich eine neue Cigarre anzünden und mit mir vernünftig überlegen konnte, was denn nun, wenn einmal dageblieben werden mußte und sollte, demnächst für Schritte zu thun seien, dem Feinde näher zu kommen oder sonst einen Vortheil abzugewinnen. Ich erzählte Egbert ausführlich, wie man mich empfangen, was der Jaguar mit mir gesprochen und wie ich den Eindruck empfangen habe, als ob man sich in der That für zu gut halte, mit einem gewöhnlichen, d. h. voraus= sichtlich weder reichen noch vornehmen Menschen zu ver= kehren. Dagegen scheine allerdings der Umstand zu sprechen, daß man mit Herrn Bergfeld — der doch gewiß ein gewöhnlicher Sterblicher sei — so intim geworden, indessen sei der junge Kaufmann wohl nur ein pis aller gewesen, und er scheine selbst unter dem Gefühle zu stehen, demnächst einem höheren, nämlich dem angekündigten Grafen mit dem ausländischen Namen, weichen zu müssen. Unter allen Umständen sei es gut, daß ich mich habe vor= stellen lassen, und daß man drüben wisse, ich sei der englischen Sprache mächtig. Es werde sich schon Gelegen= heit finden, an diesen Punkt wieder anzuknüpfen, auf miserable Behandlung mache ich mich gefaßt, dergleichen dürfe, wo es sich um einen Freund handle, nicht in Rechnung gesetzt werden.

Unter solchen Gesprächen, die, wie das in solchen Dingen zu sein pflegt, auf meilenlangen Umwegen immer wieder zu demselben Punkte zurückführten, war der Abend hereingebrochen. Ich hatte eben zum Aufbruch gemahnt, als wir Jemand mit raschen Schritten durch den Wald kommen hörten. Im nächsten Augenblicke trat eine Gestalt um die Biegung, die der Weg gerade an dieser Stelle machte und kam auf uns zu. Wir hatten noch gerade Zeit, den Fremden zu mustern.

Es war ein hochgewachsener junger Mann, dem man den Ausländer schon auf die dreißig Schritte, die er noch von uns entfernt war, ansah. Er trug einen enganliegenden, mit Schnüren besetzten, kurzen dunklen Rock, der seine zugleich kräftige und schlanke Gestalt vortheilhaft hervorhob; ebenfalls enganliegende und gleicherweise schnurbesetzte Beinkleider wurden nach unten zu von Stiefeln, die bis zur Wade reichten und vorn mit kleinen Trobbeln geschmückt waren, begrenzt. Eine barettartige Mütze bedeckte den dunklen Krauskopf und stand sehr gut zu dem Gesicht, von dem ein mächtiger, an den Enden zu haarscharfen Spitzen zusammengezwickelter und gewichster Schnurrbart einen halben Fuß lang nach beiden Seiten ausstrahlte. Einen dunklen Mantel oder etwas der Art hatte er nachlässig um die Schultern geworfen; so kam er auf uns zu, die er nicht bemerkt haben mußte, denn er fuhr, als er dicht vor uns unserer ansichtig wurde, wie erschrocken einen Schritt zurück, faßte sich dann aber schnell und fragte uns, indem er mit höflicher Beugung sein Barett lüftete, in gebrochenem Deutsch: ob dies der rechte Weg nach Tannenburg sei? Auf meine bejahende Antwort schien er zu zögern, und ich war im Begriff, ihm unsere Begleitung anzubieten, unterließ es aber, als ich an dem finstern Ausdruck von Egberts Gesicht sah, daß er meine menschenfreundliche Absicht errathe und mißbillige. Der Fremde verbeugte sich noch einmal und entfernte sich durch den Wald mit schnellen Schritten.

Wir folgten ihm langsam.

Ich will verdammt sein, sagte Egbert durch die Zähne, wenn das nicht der Herr Graf ist, auf den sie warten.

Natürlich ist er es, erwiederte ich; und Du hast sehr unrecht gethan, seine schätzenswerthe Bekanntschaft nicht auf der Stelle zu machen. Einem möglichen Nebenbuhler die Zähne zu zeigen, wenn man ihm statt dessen eine Gefälligkeit erweisen kann, ist eine schlechte Philosophie. Du wirst auf diesem Wege nicht weit kommen.

Egbert biß sich auf die Lippen, erwiederte aber nichts. Vermuthlich überlegte er bei sich, während wir schweigend nach Tannenburg zurückgingen, wie ein beschnürter und betrobdelter ungarischer Graf sich wohl am besten ausnehme: ob mit einem blanken Degen durch den Leib, oder mit einer Kugel durch die Brust, oder mit gespaltetem Schädel? Ich für meinen Theil war ebenfalls nachdenklich gestimmt. Der seltsame Handel, in den ich so unvermuthet verwickelt worden, war ohne Zweifel in ein neues Stadium getreten. Mich überkam eine Ahnung, daß Egberts Spiel verloren sei, nachdem es eigentlich noch nicht begonnen, und wenn ich auch auf der einen Seite eine schnelle, radicale Kur seines Liebesleidens einem langsamen Hinsiechen entschieden vorzog, so hatte ich doch Egbert zu lieb, als daß ich ihm nicht die bei der Operation unerläßlichen Schmerzen gern erspart hätte. Und dann — sage ich es nur! — die rührende Schönheit der jungen Amerikanerin hatte einen Eindruck auf mich gemacht, den die Insolenz des Jaguars nicht hatte aufheben können. Ich wünschte dem holdseligen Geschöpf, während ich sie Egbert gegenüber nicht höher als eine schöne Blume oder einen bunten Colibri zu achten schien, in der Stille alles Heil und allen Segen, und war, wenn ich mich recht prüfte, mehr als je entschlossen, dem Freunde in dieser Haupt- und Staatsaction seines Lebens ein treuer Pylades zu sein. Vorläufig wurde mit Orest verabredet, daß er sich morgen früh um neun Uhr zur englischen Lection auf meinem Zimmer einzufinden habe. Von dem ungarischen Grafen sprach ich nicht weiter; ich war überzeugt, daß bei dem hohen Interesse, dessen sich fremde Culturformen in den bildungseifrigen Kreisen der Tannenburger Curgesellschaft zu erfreuen hatten, von dieser neuen auffallenden Erscheinung hinreichend gesprochen werden würde.

Viertes Capitel.

Und darin hatte ich mich denn auch nicht getäuscht. An dem nächsten Tage und in den folgenden glich die Gesellschaft einem Ameisenschwarm, in welchen unversehens ein Maikäfer hineingefallen ist. Welches Rennen, welches Laufen, welches Zusammenstecken eifrig nickender Köpfe! welche Geschäftigkeit nagender, beißender Zungen! welche krampfhaften Anstrengungen, dem wunderlichen Gast von einer, oder besser von allen Seiten zugleich beizukommen! ihn, wo möglich im Interesse der Republik auszubeuten, mit Schnürrock, Trobbelstiefeln, Barett und Dolman, Haut und Haaren liebevoll aufzuessen! Wie heißt er? wo kommt er her? wo will er hin? wo liegen seine Güter? wie reich ist er? — Diese und unzählige gleich interessante Fragen schwirrten und wirrten unaufhörlich durcheinander. Der erste Punkt ließ sich mit Hilfe des Fremdenbuches zu einem befriedigenden Abschluß bringen, denn dort stand in großen, von einem prachtvollen Schnörkel untermalten Schriftzügen, deutlich für Jedermann zu lesen: Hernad George Comte de Saros-Patac. Die zweite Frage suchte man, da man sie nicht füglich bis in die romantischen Pußten des geheimnißvollen Ungarlandes

ergründen konnte, wenigstens so weit als möglich zu ver=
folgen, nämlich bis nach Fichtenau, von woher der Fremde
zuletzt gekommen war. Und nach Fichtenau wallfahrtete
denn nun die Gesellschaft in größeren und kleineren
Trupps, um in dem Fichtenauer Fremdenbuche abermals
Hernad George Comte de Saros=Patac zu lesen, und in
der Fichtenauer Conditorei, dem Kurhause schräg gegen=
über, von denselben Erdbeertörtchen mit Schlagsahne zu
essen, von welchen der Graf — nach Aussage des Con=
ditors — während seines zweitägigen Aufenthalts eben=
soviel Dutzend Exemplare mit außerordentlichem Appetit
verspeist haben sollte. — Die Frage nach Wohin? mußte
unbeantwortet bleiben, da der Graf die Reize von Tan=
nenburg hinreichend groß fand, ihrer Erforschung einige
Wochen seiner kostbaren Zeit zu widmen — zum nach=
haltigen Entzücken Doctor Kühleborns, der jetzt den kahlen
Kopf noch höher als zuvor trug, und Jedem, der es hören
wollte, und Vielen, die es eben so gern auch nicht gehört
hätten, erklärte, daß seit und mit der Ankunft des Grafen
Saros der Weltruf seines Bades vollständig stabilirt sei.
Von Doctor Kühleborn konnte man auch, wenn gleich
mehr in geheimnißvollen Andeutungen und vagen Um=
rissen, als mit der wünschenswerthen genauen Detaillirung
die übrigen Rubriken in dem Nationale des erlauchten
Fremden ausgefüllt erhalten. Stand: Besitzer unter=
schiedlicher Güter in allen Theilen Ungarns, Reichthum
also ungeheuer, wegen der vielen darin verwickelten
Pferde= und Schafheerden aber auf den weiten Pußten
schwer zu bemessen. Für die Feststellung der Rubrik:
besondere Kennzeichen sorgte die argusäugige Gesell=

schaft selbst. Die Länge seines schwarzen gezwirbelten Schnurrbartes wurde allgemein, wie auch von mir, auf einen halben Fuß rheinisch geschätzt. Auch darin kamen Alle überein, daß seine Augen, wenn auch klein, so doch schwarz und glänzend waren, daß seine Augenbrauen über der Nase zusammenliefen, und besagtes Sinneswerkzeug mehr, als mit den Gesetzen regelmäßiger Menschenschönheit vereinbar schien, in der Mitte zusammengedrückt und nach unten zu in die Höhe gerichtet war. Außerdem kennzeichnete er sich den Damen durch ein Glas, welches er an einer seidenen Schnur um den Hals trug, und sehr oft in das rechte Auge klemmte — öfter als nöthig nach Aussage der Herren, die am Billardtische mit ihm zusammengetroffen waren, und die untrügliche Schärfe seiner Sehorgane, so wie die nie fehlende Sicherheit seiner Hand nicht genug zu rühmen wußten.

Doch dies waren Alles nur Beobachtungen, die auf der Oberfläche spielten, wie es von oberflächlichen Alltagsmenschen auch nicht anders zu verlangen war — in den geistreichen Cirkeln der Gesellschaft: in der Tafelrunde des Vicar von Wakefield, in dem Kreise, welcher sich um die schwarzäugige Frau Herkules und das habichtsnasige Fräulein Kernbeißer zu versammeln pflegte, wurden jene Themata psychologisch vertieft und in ihrer culturgeschichtlichen Bedeutung festgestellt. Lindau, der in seiner hohen Mission und Eigenschaft eines Prüfers und Kündigers der Herzen und Nieren, ein decidirter Parteigänger, und bald in diesem, bald in jenem Lager zu finden war, brachte die abenteuerlichsten Nachrichten aus beiden: wie das englische Kränzchen alles Ernstes

überlegt habe, ob man jetzt nicht auch die ungarische
Sprache in den Bereich der Studien ziehen müsse; wie
die Fräulein Emma und Käthchen von Pusterhausen sich
gestern schon in schwesterlicher Eifersucht auf die Gunst
des Fremden, der bis jetzt nur erst durch sein Augenglas
mit ihnen gesprochen, die Augen beinahe ausgekratzt
hätten; wie andererseits zwischen Frau Herkules und
Fräulein Kernbeißer ein ernstlicher Streit entstanden sei,
indem die erstere behauptete, daß sie noch keinen schöneren
Mann gesehen habe, als den Grafen, und überhaupt ein
Deutscher auf diese romantische Erscheinung keinen An=
spruch machen könne, während das alte Fräulein schwur,
daß sie sechs Liebhaber gehabt habe, die sämmtlich Deutsche
und alle schöner gewesen seien.

O Gott, Gott, seufzte der Dichter, während er mir
am zweiten Tage nach Tische über einer Tasse Kaffee im
Kurgarten diese Mittheilungen machte; warum hast Du
unsere Frauen geschaffen, daß sie stets in der Fremde
schweifen, während das Gute so nahe liegt!

Sie können sich doch wahrhaftig nicht beklagen, Herr
Lindau! erwiederte ich; Sie Auserwählter unter Tausen=
den, Sie Gebenedeiter der Damen! haben Sie es doch in
zweimal vierundzwanzig Stunden dahin gebracht, daß
Fräulein Kernbeißer gegen Sie nicht mehr die Krallen
herauskehrt, und die langen Wimpern über den schwarzen
Augen der kleinen Frau Herkules sich in einer Weise für
Sie heben, die viel sagt.

Viel, aber nicht Alles, erwiederte der Dichter, indem
er seine Fingernägel Revue passiren ließ; sie hat fünf
Augenaufschläge; ich bin erst beim dritten. Und dann,

wie kann ich sie heirathen, troßdem feu Mr. Herkules ein hübsches Vermögen hinterlassen haben soll, da ich nicht weiß, ob ich in die Tochter nicht mehr verliebt bin, als in die Mutter.

Das Kind! rief ich mit einem frommen Schauderblick auf den dreizehnjährigen Wildfang, der sich eben mit seinen jüngeren Geschwistern haschte, daß die kurzen Röcke nach hinten flatterten und die schwarzen Lockenhaare in der Luft flogen.

Was wollen Sie! sagte der Dichter; dieser Menschenfrühling hat, wie der Frühling in der Natur, für jeden ächten Poeten einen unwiderstehlichen Zauber. Denken Sie an Dante's Beatrice, an Lord Byron's Janthe und nicht zuletzt an Horazens Matre pulchra filia pulchrior!

Nun, dann lassen Sie hören! sagte ich, da ich bemerkte, daß der Dichter eine Bewegung nach seiner Brusttasche machte.

Ich kann es Ihnen auch so recitiren, es ist kaum eine Stunde alt; hören Sie!

> Der schönen Mutter schön're Tochter Du!
> Du holdes Bild der reinsten Jugendblüthe,
> Jungfräulich' Kind mit Deinem Blick voll Güte,
> Voll Leidenschaft und sel'ger Götterruh.
>
> Ich habe Dich in Deinem Glanz geschaut!
> Nicht schöner ist der Strahl der Maiensonne,
> Wenn sie die Erde küßt in Morgenwonne
> Und Perlennaß von Rosenknospen thaut.
>
> Was soll Dein Licht dem todesmatten Aar!
> Ach! nimmer hört ihr seinen Schlachtruf klingen.
> Scheu in dem Horste birgt er seine Schwingen;
> Der stolzen Kraft, des kühnen Muthes baar.

> Dem müden Auge wird Dein Glanz zur Qual!
> Und doch! laßt mich die schwere Wimper heben,
> Noch diese eine Stunde will ich leben —
> Ich seh' die Sonne ja zum letzten Mal!

Lindau starrte düster vor sich hin. Wie finden Sie es? fragte er in schwermüthigem Ton.

Süß!

Das glaube ich. Ich habe es heute bei Tische gemacht, während der Pudding servirt wurde, von dem die Kleine eine enorme Portion aß.

Und die unglückliche Mutter?

Sie wird sich in ihr Schicksal finden.

Und der Mond von gestern und die Sonne von vorgestern?

Lindau lächelte.

Sie sind untergegangen, sagte er; untergegangen für immer in dem Dunstkreis, der den ungarischen Pferdehirten umwittert. Da geht er hin. Der reine Schmitson!

Graf Saros schritt eben durch den Garten nach dem Platz unter der Platane, der ein für allemal, als der beste, den Amerikanern reservirt war. Wir sahen, wie ihm Mr. Cunnigsby ein paar Schritte entgegenging und mit großer Cordialität die Hand schüttelte. Auch die Damen reichten ihm, als er herantrat, eine nach der andern die Hand; die Mutter lächelte sehr gnädig; Miß Virginia schien ihn zu necken, während er sich zu Miß Ellen wandte, die den Kopf über den Arbeitskorb beugte.

Reizender Anblick, sagte Lindau; Achill unter den Mädchen. Sehen Sie nur, wie die kleine braunäugige Pflanzerhexe mit dem Pußten-Jüngling coquettirt! Racenkreuzung — das ist die Hauptsache.

Sagen Sie mir einmal Ihre aufrichtige Meinung, Herr Lindau! welchen Eindruck macht der Graf auf Sie?

Ich rieche Pferde, sobald er in meine Nähe kommt, antwortete Lindau. Auch hat er jedenfalls Zeit seines Lebens viel mit Pferden hantirt; sehen Sie doch nur seine Hände an. Ich halte etwas auf eine aristokratische Hand, respective Fuß. Man kann nicht sagen, daß der Graf auf einem kleinen lebt.

Er soll es auch nicht nöthig haben.

Lindau zuckte die Achseln.

Ungarn ist weit von hier, und wer weiß, ob unter den Pferden, die der Herr Graf, wie ich höre, gern vorreitet, nicht einige faule sind. Kühleborn hält ihn für reich, oder thut wenigstens so; aber vergessen Sie nicht, daß der Doctor ein Interesse daran hat, seine Gesellschaft so glänzend als nur irgend möglich herauszustaffiren. Was hat der Mann im Anfang, als noch weniger hier waren, mit mir getrebst! Ich war der Dichter der Dichter, der größte Lyriker aller Zeiten! Dann kam Ihr Freund; halb Rügen sollte ihm gehören; der Fürst von P. sollte ein Betteljunge im Vergleich mit ihm sein. Dann kamen die Amerikaner: sie brachten Louisiana und Texas in ihren Portefeuilles mit; jetzt ist's das Gestirn des Grafen, das culminirt. Ihr Freund steht im Nadir. Der arme Mensch — wenn Sie meinem sympathetischen Herzen diesen familiären Ausdruck gestatten wollen — thut mir leid. Er scheint es mit seinen Passionen schrecklich ernst zu nehmen, und die Hoffnungslosigkeit seines Falles ist jetzt wohl offenbar. Wie schnell man übrigens in jenem Quartier sich abnutzt, und wie mitleidslos man, wenn man aufgebraucht ist, weggeworfen wird, können Sie an dem armen Schelm, dem Bergfeld sehen. Eine ausgepreßte Citrone ist doch ein stolzer Anblick.

Der Genannte trat eben zu uns. Er wagte sich gar nicht mehr in die Nähe des heiligen Baumes. Da er sonst nicht zu den besonders scheuen Menschen gehörte, mußte die Behandlung, welche er erfahren hatte, sehr schlecht gewesen sein.

Was bringt Ihr, Fernando, so trüb und so bleich, sagte Lindau, indem er, um dem Angekommenen Platz zu machen, seine Beine von dem dritten Stuhl an unserem Tische nahm.

Sie haben gut spotten, sagte der junge Kaufmann; mir ist wirklich schlecht genug zu Muthe. Haben Sie nicht gesehen, wie sie mich bei Tische behandelt haben! nicht drei Worte haben sie mit mir gesprochen.

Es fiel allgemein auf, bemerkte Lindau.

Nicht wahr? fuhr Bergfeld eifrig fort; man mußte es wohl bemerken; dieser Wechsel des Betragens ist zu groß; aber ich werde es mir nicht gefallen lassen; ich werde Rechenschaft verlangen.

Wenn Sie Miß Virginia herausfordern wollen, sagte Lindau, so wählen Sie mich wenigstens zum Secundanten.

Ach, wer spricht von Miß Virginia, erwiederte der junge Mann, ohne auf das faunische Lächeln, das unter dem blonden Schnurrbart des Dichters spielte, zu achten; von Mr. Cunnigsby will ich wissen, woran ich bin. Ich halte es wenigstens nicht für Recht, zuerst die Freundschaft so weit zu treiben, daß man Geld von einem annimmt.

Hat man das gethan? fragte ich erstaunt.

Eine Kleinigkeit, erwiederte der junge Kaufmann; neulich auf der Tour nach dem Eiskopf. Der Wirth wollte das amerikanische Gold nicht annehmen; Mr. Cunnigsby wandte sich an mich, ich hatte gerade einen Hundertthalerschein in der Tasche —

Der sich viel stattlicher ausnahm, als ein Fünf- oder Zehnthalerschein, mit dem Ihre Zeche auch bezahlt gewesen wäre, bemerkte Lindau.

Nun ja, sagte der junge Kaufmann; ich gebe das zu. Und dann erinnert man sich an hundert Thaler, die man geliehen hat, eher als an fünf; aber freilich für solche Crösusse ist zwischen hundert Thalern und fünf kein Unterschied. Jedenfalls ist das aber kein Grund, zu thun, als ob ich nicht mehr auf der Welt sei, und mich zu den Partien, die ich früher immer arrangiren mußte, nicht einmal mehr aufzufordern.

Auch Patroklus ist gestorben, murmelte Lindau.

Wie sagten Sie? fragte Herr Bergfeld.

Ich meine, man bricht eben zu einer Partie auf, die Sie nicht arrangirt haben.

Vor dem Kurgarten war die Chaise, die der Kurhauswirth an die Gäste zu verleihen pflegte, vorgefahren; die Gesellschaft unter dem heiligen Baum brach auf; Graf Saros war den Damen beim Umhängen ihrer Shawls und Mantillen behilflich; dann bot er Miß Ellen den Arm, während der Jaguar seine Frau und Miß Virginia führte. So schritten sie durch den Garten, bestiegen den Wagen (der Graf setzte sich zu dem Kutscher), und rollten davon.

Es that mir leid, daß Egbert nicht Zeuge dieses neuen Beweises der so auffallend rasch wachsenden Intimität zwischen den Amerikanern und dem Ungarn gewesen war, indessen brachte jeder Tag, jede Stunde beinahe dergleichen. Bei Tische saß der Graf auf dem Platze, den ihm der arme Bergfeld so Hals über Kopf hatte räumen müssen. (Herr Bergfeld hatte an dem zweiten Tische ein Unterkommen gefunden, von wo er unverwandten Auges nach seinem verlorenen Eden starrte und in Folge dessen unter den Compotschüsseln und Saucieren ein solches Unheil anrichtete, daß keine Dame mehr neben ihm sitzen wollte.) Nach Tische Rendezvous unter dem heiligen Baum, oder Ballspiel mit den jungen Damen, während die glücklichen Eltern wohlwollend zuschauten; gegen Abend Spaziergänge in den Wäldern, sehr häufig Ausfahrten, aber immer unter sich mit strenger Ausschließung des übrigen Bade-Plebs. Und was diesem in den Augen eines unglücklichen Liebhabers schon hinreichend schauderhaften Treiben die Krone aufsetzte: es war augenscheinlich, daß der Graf Miß Ellen — Egberts Ellen! — der braunäugigen, lebhaften und eigentlich nicht minder schönen Virginia vorzog. Er trug mit Vorliebe ihren Shawl; führte, wo es irgend ging, sie am Arm, richtete bei Tisch fast ausschließlich das Wort an sie.

Man hätte denken sollen, daß dies Alles genug und mehr als genug gewesen sei, um Egbert von seiner Leidenschaft zu heilen, aber so eine rechte Liebe ist wie ein alter Fuchs, der noch immer einen Ausweg findet, wenn der erfahrenste Teckelhund ihn schon für verloren giebt.

Ich will jede Hoffnung fahren lassen, ich will auf der

Stelle abreisen, will thun, was Du willst, rief er, sobald ich sehe, daß sie die Bewerbungen dieses widerlichen Menschen irgendwie ermuntert, sobald Du mir beweisen kannst, daß sie auch nur einen Schritt thut, den nicht die ganz gewöhnliche Höflichkeit vorschreibt. Bis dahin will ich an sie glauben; so engelreine Züge können nicht lügen.

Aber, lieber Freund, entgegnete ich, was Du für Kälte hältst, ist vielleicht nichts weiter, als Resultat der Erziehung oder des Temperaments der jungen Dame, und beweist gar nichts dagegen, daß sie in ein paar Monaten oder Wochen — was weiß ich! Gräfin Saros sein wird.

Möglich, erwiederte Egbert; aber das will ich eben abwarten. Ich will den Glauben an sie nicht aufgeben, bis nichts mehr zu glauben ist. Vorläufig laß mir meinen Glauben: so reine Züge können nicht lügen.

Dabei blieb er, und vergebens, daß ich ihn beim Wort zu nehmen und das schöne Mädchen bei einem jener Schritte zu ertappen suchte, die Egbert von ihrem „Verrath" hätten überzeugen können. Ihr Betragen gegen den Fremden hielt sich in der That in den Grenzen einfacher Höflichkeit; ja, ich glaubte zu bemerken, daß sie in den letzten Tagen noch stiller und schüchterner geworden war, als vorher, daß sie wirklich nur geschehen ließ, was sie nicht ändern konnte, was sie vielleicht gern gehindert hätte. Und dann kamen Augenblicke, oder vielmehr Blicke der Augen, welche eine Beobachtung, die ich das erste Mal bei Tische gemacht hatte, zu bestätigen schienen: schnelle, verstohlene, sich alsbald wieder scheu hinter den langen Wimpern verbergende Blicke, die Niemand gelten konnten, wenn nicht Egbert, der düster und grimmig neben mir saß und von dem unberührten Teller das Schicksal seiner Liebe zu lesen schien.

Ich hütete mich natürlich, den Hoffnungsfunken, den ich hier und da in der Asche dieses sonst so hoffnungslosen Falles aufblitzen sah, in die Seele des Freundes zu werfen und so das Unglück noch größer zu machen, aber ich kann nicht leugnen, daß ich mit einer Art von Angst den Funken verfolgte und mit frommen Wünschen hütete und segnete. Die Sache war erstens, daß ich dem schönen Mädchen nicht nur nicht gram sein konnte, sondern in aller Stille und mit aller Ehrbarkeit, die einem Gatten und Vater ziemt, für sie schwärmte; zweitens, daß ich meinen braven Egbert aufrichtig liebte, und ihm von Herzen ein Glück gönnte, welches die gütigen Götter auf jeden Fall nicht für mich bestimmt hatten, und drittens, daß ich den Herrn Grafen Saros-Patac abscheulich fand, und in jeder Beziehung dieses Glückes vollkommen unwürdig erachtete.

Nicht, daß sich der Graf jene Insolenz, in welcher Mr. Cunnigsby Meister war, ebenfalls hätte zu Schulden kommen lassen! Auch er freilich suchte die Gesellschaft nicht, wies doch aber die jüngeren Herren, die sich an ihn drängten, nicht zurück, sondern nahm ihnen mit einer Herablassung, die jene gewiß zu schätzen wußten, eine Partie Billard nach der andern ab. Daß der Herr Graf seinen aristokratischen Gewohnheiten in diesen bürgerlichen Kreisen treu blieb, gern Wetten proponirte (die er regelmäßig gewann), auch Whist nicht gern den Point unter fünf Groschen spielte — konnte ihm am Ende Niemand

mit Recht verdenken, da seine Opfer ja freiwillig und mit
einer gewissen Wonne bluteten. Viel, sehr viel schlimmer
war in meinen Augen seine Haltung, seine Miene, sein
Lachen, der Ton seiner Stimme; — ich erzürnte mich
ganz ernstlich mit Frau Herkules, die nicht müde werden
konnte, von dem romantischen Zauber dieser Erscheinung
zu sprechen. Ich bitte Sie, gnädige Frau, rief ich, im
Namen alles Schönheitsgefühls und aller Aesthetik bitte
ich Sie, sagen Sie mir, was Sie an dieser frechen Stumpf=
nase, an diesem öden Lächeln um die breiten Lippen, an
diesen rapiden Zickzackbewegungen der langen Arme, an
diesen unverhältnißmäßig kurzen Schritten der nicht min=
der langen Beine so Reizendes finden!

Darüber läßt sich mit Euch Männern nicht sprechen,
sagte Frau Herkules mit ihrem zweiten Augenaufschlage.

Ich sollte doch denken, meinte ich, es läßt sich über
Alles sprechen.

Frau Herkules schüttelte den Kopf.

Sie würden mich nicht verstehen, vielleicht auch nicht
verstehen wollen. Man hört so schwer, wenn die Eitel=
keit verletzt wird. Ich gestehe, daß ich mir diesen Mann
kaum anders denken kann, als auf einem Steppenroß bei
Sonnenuntergang über die Pußte jagend, oder in der
Nacht mit Zigeunern um das Lagerfeuer liegend, und
daß, wenn ich ihn mir so denke — aber noch einmal: es
ist ganz vergeblich, so etwas zu detailliren. Es ist da=
mit wie mit der Liebe; man liebt entweder, oder man
liebt nicht; aber warum man liebt, oder nicht liebt, wer
kann das sagen!

Die älteste Tochter, Lindau's Maiensonne von vor=

gestern, kam herangesprungen. Sie trug einen Blumenstrauß an der Brust; ihre Wangen glühten, ihre dunklen Augen blitzten.

Wie kamst Du zu den Blumen, Kind? fragte die Mama.

Das Mädchen erröthete noch tiefer: Er hat ihn mir geschenkt, sagte sie mit schüchternem Stolz.

Wie das?

Ich begegnete ihm am Teich, weißt Du, Mutter, wo der Gärtner wohnt; ich wollte ihn erst nicht nehmen, da hat er ihn mir selbst angesteckt.

Aber schlecht, sagte die Mama, aus deren dunklen Augen der Widerschein des Stolzes aus den dunklen Augen der Tochter leuchtete; ich will sie Dir anders arrangiren, und aus dem Strauß bleibt noch diese Aster für das Haar; so!

Wer ist er? wagte ich zu fragen.

Das kann doch aber auch nur ein Mann fragen, erwiederte die putzsüchtige Mama; der Graf, mein Kind, nicht wahr?

Nun natürlich! erwiederte das Kind, die vollen Lippen schürzend.

Der schönen Mutter schön're Tochter Du! murmelte ich, indem ich mich erhob; es geht doch nichts über eine vernünftige Erziehung.

Mein eigenes Verhältniß zum Grafen war sehr oberflächlich. Nur einmal, gleich in den ersten Tagen, hatten wir — ich weiß nicht bei welcher Veranlassung — mit einander gesprochen. Da ich bemerkt hatte, daß er das

Deutsche nur sehr gebrochen sprach), glaubte ich ihm eine
Höflichkeit zu erweisen, wenn ich ihn französisch anredete;
er hatte mir ebenfalls auf Französisch — und nebenbei in
einem erbärmlichen Französisch — erwiedert, daß ich ihm
eine Gefälligkeit erweisen würde, wenn ich deutsch mit
ihm spräche, da er sich längere Zeit in Deutschland auf=
zuhalten gedenke, und ihm viel daran gelegen sei, die
Sprache des Landes so schnell als möglich zu lernen. Ich
war natürlich seinem Wunsche sofort nachgekommen, aber
es war bei einigen gleichgiltigen Phrasen geblieben.
Seitdem schien er mich viel eher zu meiden, als zu
suchen. Zwar grüßte er mich höflich, wenn wir uns
auf den Treppen und Corridoren des Kurhauses, im
Garten oder auf der Promenade begegneten; aber es
war jene Höflichkeit, die deutlicher, als Worte sagt:
Sie thun mir einen unendlichen Gefallen, werther Herr,
wenn Sie mir drei Schritte vom Leibe bleiben. Ich hatte
entschiedenes Unglück bei unsern hohen Fremden. Auch
in meinem Verhältniß zu den Amerikanern hatte ich nach
jenem ersten kühnen Anlauf nur Rückschritte gemacht.
Mr. Cunnigsby blickte, so oft ich an ihm vorüber kam,
durch mich hindurch in nebelhafte Ferne, und seine Damen
schienen strenge Ordre zu haben, mich niemals in der
Nähe, sondern ebenfalls in jenem fernen Nebelland zu
suchen. Ich fing an, den Mann zu hassen, und erging
mich, um meinem Hasse Luft zu machen, in Briefen an
einen Freund in Berlin, der längere Zeit in dem Süden
der Vereinigten Staaten gelebt hatte, in den heftigsten
Schmähreden gegen die rebellischen Baumwollenjunker,
und fragte, ob dieser Jaguar, den ich mit einigermaßen

lebhaften Farben schilderte, nicht der wahre Typus der Race sei, von deren moralischer Verkommenheit er selbst so haarsträubende Dinge zu erzählen wußte.

Je tiefer ich mich aber in diesen Haß gegen den Mann hineinredete, der die Liebe des armen Egbert zu dem schönen Mädchen, und nebenbei meine Eigenliebe so unbarmherzig unter die dicken Sohlen seiner Stiefeln trat, und gegen jenen anderen Mann, dessen ganzes Verdienst meiner Ansicht nach in seinem gewichsten Schnurrbart, seinem Schnürrocke und seinen fabelhaften Putzenpferden lag, und der dessen ungeachtet die schöne Beute davonzutragen bestimmt schien — ich sage, je tiefer ich mich in den Haß gegen diese beiden Menschen hineinredete und hineinschrieb, um so wunderlicher wurde mir die Abgötterei, mit der sich die Badegesellschaft — ein paar Vernünftigere ausgenommen — unter die Räder der Götzen in den Staub warf. Und doch sollte dieser Fanatismus der Selbstentäußerung noch einer Steigerung fähig sein, wie ein merkwürdiges Ereigniß, das an einem der nächsten Tage eintrat, deutlich genug bewies.

Fünftes Capitel.

Dies merkwürdige Ereigniß war nämlich nichts Geringeres, als die Ankunft des Landesfürsten, von dem der weitsichtige Doctor Kühleborn bei irgend einer Gelegenheit die Zusage erhalten hatte, sich von dem blühenden Stand seines Bades allerhöchst selbst überzeugen zu wollen, und der jetzt kam, sein gnädiges Versprechen einzulösen. Doctor Kühleborns Freude, als die Nachricht von dem Heil, das ihm bevorstand, eintraf, war unermeßlich; wurde doch der so schon stabilirte Weltruf seines Bades jetzt noch mit dem rocher de bronce fürstlicher Protection untermauert. Der herzogliche Sanitätsrath, auf den er nun schon so lange vorgeblich gehofft, ward jetzt so gut wie gewiß.

Aber auch sonst war der Besuch Sr. Hoheit für den Ort von einer nicht leicht hoch genug zu schätzenden Bedeutung. Der Herzog war noch nie in Tannenburg gewesen. Wenn nun gleich das Scepter Sr. Hoheit sich über volle fünf Quadratmeilen erstreckte, und er auch erst vor fünfundvierzig Jahren seinem hochseligen Vater auf den Thron gefolgt war, so glaubten die Tannenburger doch, wenn sie auf diese Dinge zu sprechen kamen, über

Vernachlässigung von Seiten Serenissimi klagen zu können. Freilich, der in die geheime Geschichte des Herzogthums Eingeweihte wußte es besser. Jemand, der, wie Serenissimus, schon die Heiterkeit im Titel führt, zürnt nicht ohne Grund über ein Menschenalter hindurch), und die Tannenburger hatten Serenissimo Ursache zum Zorn gegeben. Auf Tannenburg hafteten nämlich gewisse kostbare Privilegien, mit welchen irgend ein mittelalterlicher Serenissimus die Tannenburger, die ihn, der Himmel weiß aus welcher schweren Bedrängniß befreiten, belehnt hatte. Zu diesen Privilegien hatte auch das Jagdrecht in den der Gemeinde gehörigen Wäldern auf den Bergen um Tannenburg gehört. Jahrhunderte lang war die Sache in Vergessenheit gerathen, und Serenissimi hatten Jahrhunderte lang in eben diesen Wäldern nach Herzenslust gejagt und auch wohl etwaige Jagdfrevler nach Herzenslust in Kerker und Eisen abgestraft.

Da geschah es, daß die Tannenburger sich just bei der Thronbesteigung Serenissimi vor fünfundvierzig Jahren jener Rechte und Privilegien erinnerten, und dieselben, die alle mit sorgsam aufbewahrten Documenten wohl verbrieft waren, von Serenissimo in einem langjährigen Prozeß durch alle Instanzen erstritten. Kann man sich wundern, daß der tiefgekränkte Monarch schwur, einen Ort, in welchem ein so illoyales, widerspänstiges Volk lebte, nie mit Augen sehen zu wollen? daß er, als später jene Privilegien mit anderen mittelalterlichen Exemtionen abgelöst werden mußten, und es ihm freigestanden hätte, die Tannenburger Jagd zu pachten, niemals einen Groschen darauf bot, ja mehr als einmal äußerte, er würde

dieselbe jetzt nicht nehmen, und wenn sie ihm die Tan=
nenburger auf den Knieen anböten?

Vergebens, daß die Tannenburger, denen aus an=
deren Gründen in neuerer Zeit viel daran lag, mit ihrem
Landesherrn gut zu stehen, ihre frühere Hartnäckigkeit
verwünschten, und Hoheit die verwünschte Jagd mehr
als einmal so zu sagen auf den Knieen angeboten hatten;
vergebens, daß Doctor Kühleborn, wiederum aus anderen
Gründen, sein großes diplomatisches Genie für die gute
Sache schon seit Jahren hatte spielen lassen — es war
Alles umsonst gewesen.

Da legte sich der Himmel, der die unnatürliche Ent=
fremdung zwischen Landeskindern und Landesvater nicht
länger mitansehen konnte, in's Mittel, und wie er denn
oft seine Mittel seltsam wählt, so auch in diesem Fall.

Es geschah nämlich, daß die Auerhähne, die sonst
das Waldgebirge innerhalb der fünf Quadratmeilen der
Erblande Sr. Hoheit ziemlich gleichmäßig besucht hatten,
plötzlich, wie auf Verabredung aus den übrigen Theilen
verschwanden, um in dem Tannenburger Forst ein Asyl
zu suchen, und wie es schien zu finden. Alljährlich im
März und April beim ersten Morgengrauen wiederhallte
der Wald von den Liebesliedern der leidenschaftlichen
Vögel und Serenissimus, ein großer Jäger vor dem
Herrn, der gerade für diese edle Jagd ein besonderes
Faible hatte, mußte sich das von seinen Förstern erzählen
lassen, während sich auf seinem Revier nie eine Auerhahn=
feder mehr sehen ließ. Wer möchte wagen, einen Blick
in die Geheimnisse des durchlauchtigsten Busen zu werfen;
wer den Kampf zu schildern zwischen dem Stolz des Herr=

schers, der nicht nachgeben, und der Begierde des Waid=
manns, die sich nicht zügeln lassen will! und wenn Ti=
manthes das Antlitz des Agamemnon, der im Begriff
steht, seine Tochter zu opfern, weise verhüllte, so muß ein
doppelt dichter Schleier der Discretion über das Gesicht
einer Hoheit fallen, die b'rauf und b'ran ist, zum gemeinen
Wildbieb zu werden.

Aber so weit sollte es nicht kommen; mühsam aber
sicher arbeitete sich die Sonne landesväterlicher Huld
durch das düstere Gewölk gerechten Unmuths, und ihr
erster Strahl traf den glücklichen Doctor Kühleborn, den
eine Angelegenheit seines Bades in die Residenz und in
das Cabinet des Herzogs geführt hatte. Hoheit war sehr
gnädig gewesen, hatte dem Petenten seine Bitte sofort
bewilligt und hinzugefügt, er werde im Herbste selbst
Gelegenheit nehmen und so weiter.

Auf morgen hatte sich der hohe Gast angekündigt,
Tannenburg war in einer unbeschreiblichen Aufregung.
Man hatte, wie das so zu geschehen pflegt, das große
bevorstehende Ereigniß schon seit Wochen besprochen, aber
nichts gethan, um sich würdig darauf vorzubereiten;
jetzt sollte von dem Nachmittag um fünf, wo die Nach=
richt eintraf, bis morgen Vormittag um elf, wo der
Herzog kommen wollte, Alles fertig sein: Flaggenbäume,
Guirlanden, die Dorfjungfrauen mit ihren weißen Klei=
dern, der Schulmeister mit seiner Anrede, die Schuljungen
mit ihrem Choral. Doctor Kühleborn würde sich gerne
in zwanzig Stücke zerrissen haben, wenn er dadurch die
Möglichkeit gewonnen hätte, an zwanzig verschiedenen
Stellen zu gleicher Zeit zu sein; anstatt dessen war er schon

um sechs Uhr so heiser, daß er nur noch flüstern konnte, und mit dem verzweifelten Lächeln, das seine Lippen umspielte, den Anblick eines Atlas gewährte, in dem Augenblicke, wo derselbe fühlt, daß er mitsammt der Welt, die auf seinen Schultern liegt, zusammenbrechen wird.

Er wäre auch zusammengebrochen, wenn er nicht treue Arme gefunden hätte, die sich bereitwillig ausstreckten, den Wankenden zu stützen. Das englische Kränzchen constituirte sich sofort als „Comité zur Arrangirung der Feierlichkeiten bei Gelegenheit des Aufenthalts Sr. Hoheit, Hermann des Hundertsiebenundneunzigsten" und erklärte sich in Permanenz. Frau Justizrath Scherwenzel übernahm die Beaufsichtigung der Guirlanden- und Kränze-Arbeiten, Frau Oberpostdirector von Dinde die Revision und Superrevision der Waschung und Herausstaffirung der zur Einholung Sr. Hoheit designirten Dorfmädchen. Leider stellte sich noch an demselben Abend zur Evidenz heraus, daß an einen Empfang Serenissimi durch weißgekleidete Jungfrauen gar nicht zu denken sei, da Tannenburg sich zwar ungefähr zweier Dutzend Jungfrauen erfreute, aber auf diese ganze Schaar nur ein weißes Kleid kam, welches der Schulzentochter Anna Maria Eisbein gehörte. Und hier war es nun, wo Frau von Pusterhausen die beiden anderen Damen, die ihr einen so großen Vorsprung abgewonnen hatten, durch ein glänzendes Manöver nicht nur ein-, sondern weit überholte. Sie kam und brachte ihre beiden Töchter, legte sie gewissermaßen weißgekleidet auf den Altar des Vaterlandes; Emma sollte Hoheit im Namen der Kurgäste mit einem

Gedicht begrüßen, Käthchen ihm einen Eichenkranz reichen zur Erinnerung an jüngst erfochtene Siege (Hoheit hatte ein halbes Bataillon in dem großen Kriege des Sommers mitmarschiren lassen). Der Eichenkranz mußte sofort in einen Buchenkranz verwandelt werden, da es in der Umgegend gar keine Eichen, sondern nur Nadelholz und Buchen gab; auch mit dem projectirten Gedicht sah es mißlich aus, da Lindau sich weigerte, seinen Pegasus für einen solchen Zweck zu satteln. — Ich will ein Dutzend Gedichte auf Sie machen, mein gnädiges Fräulein, sagte der Lyriker zu der ihn um ein paar Verse anflehenden Emma, Sonette, Canzonen, Stanzen — was Sie wollen; aber für oder auf Se. Hoheit mache ich keine Verse, am wenigsten solche, die er gern hören würde. Meine Muse singt nur Liebe und Freiheit; für Tyrannen, selbst in Duodez, ist sie stumm.

Doch das waren am Ende nur Steine im Bach, die den Lauf des Wassers nicht aufzuhalten vermochten. Die nun hereinbrechende Nacht deckte eine Welt von Arbeit, Thaten heroischer Aufopferung (die alte Botenfrau, um nur eins zu erwähnen, ging in dieser Nacht dreimal von Tannenburg nach Fichtenau und zurück, das letztemal mit zwei Bogen Flittergold); aber der Morgen fand Alles fertig, auch Doctor Kühleborn, der sich kaum noch auf den Beinen halten konnte und dessen Stimme jetzt dem Krähen eines sehr jungen Hahnes an einem Regentage auffallend glich.

Und er kam — zur festgesetzten Stunde — in einem Jagdwagen — ein stattlicher alter Herr mit grauem Schnurr= und Knebelbart, militairischer Haltung; der

Hofjägermeister hatte die Ehre, bei Hoheit im Wagen
zu sitzen, ein paar Herren seines Haushaltes folgten in
einem zweiten. Es ging Alles nach Wunsch. Nur beim
Eingang des Ortes, wo die Schulkinder postirt waren,
wollten die feurigen Pferde vor dem leichten Jagdwagen
nicht stehen; und der Kutscher war genöthigt gewesen,
weiter zu fahren, wenn er Hoheit nicht in den Bach setzen
wollte; sodann war Hoheit auf der Weiterfahrt durch
das Dorf nur noch in die Kuhheerde gerathen, die der
alte, taube Kuhhirt, an den Niemand gedacht und der
seinerseits ebenfalls an Niemand, am wenigsten an den
Herzog gedacht hatte, zur ungelegensten Stunde auf die
Weide trieb. Da war es denn freilich Hoheit nicht zu
verdenken, daß er, beim Kurhause angelangt, Doctor
Kühleborns allerdings vor Heiserkeit kaum verständliche
Anrede mit einem wohlgemeinten: es sei schon gut! kurz
unterbrach, und Fräulein Emma von Pusterhausen bat,
ihm die zweite Hälfte des Gedichtes — es war von dem
Pastor angefertigt und allerdings etwas lang gerathen —
nach dem Frühstück zu recitiren. Hingegen mundete —
was doch die Hauptsache war — das Frühstück Hoheit
ausgezeichnet gut; und er fühlte sich so kräftig, daß er
alsbald wieder den Wagen besteigen und eine lange
Spazierfahrt in die Wälder machen konnte, aus denen
er so viele Jahre gewissermaßen verbannt gewesen.

Das Diner wurde um fünf Uhr in dem kleinen Saale
des Kurhauses servirt, außer dem Gefolge Sr. Hoheit
hatte nur Doctor Kühleborn die Ehre, befohlen zu werden.

Bis dahin konnte man eigentlich nicht sagen, daß der
so heiß ersehnte Tag gehalten, was er versprochen, oder

was sich Kurgäste und Dorfbewohner von demselben versprochen. Hoheit hatte sich, wenn man der Wahrheit die Ehre geben wollte, weder um die Einen noch um die Anderen gekümmert, und wenn Fräulein Emma von Pusterhausen auch gerade nicht nöthig gehabt hätte, über den durchlauchtigsten Scherz in Weinkrämpfe zu fallen, so war doch nicht in Abrede zu stellen, daß der Opferdampf nicht recht gen Himmel steigen wollte, sondern bei den Opferern blieb und ihnen hier und da schwer auf die Brust fiel.

Doctor Kühleborn war so kühn gewesen, Sr. Hoheit über Tafel einige ehrfurchtsvolle Andeutungen nach dieser Seite hin zu machen, und Hoheit hatte die Gnade gehabt, sich die Kurliste vorlesen zu lassen, um sich in der anwesenden Gesellschaft einigermaßen zu orientiren. Aus den wenigen adeligen Namen, welche die Liste schmückten, hatten Hoheit nicht viel gemacht. — Von Pusterhausen, von Dinde — kenne die Sorte; hungriger Beamtenadel, knabbern an einem herum wie Ratten; aber: Hernab George Comte de Saros-Patac, Mr. Cunnigsby aus Louisiana — warum haben Sie mir das nicht gleich gesagt; hätte sie zum Diner invitiren können; nach dem Diner vorstellen.

Doctor Kühleborns Verlegenheit war groß. Die Amerikaner und der Graf waren heute Morgen, als ob es für sie keine deutsche Hoheit gebe, ausgefahren. Der Unglückliche wagte das Schreckliche nicht auszusprechen, in der Tiefe seiner Seele hoffend und betend, die Flüchtlinge würden zur rechten Zeit zurückkehren und es ihm so möglich machen, dem Befehl Sr. Hoheit nachzukommen.

Nach der Tafel, die um acht Uhr aufgehoben wurde, stand auf dem Programm: Beleuchtung des Kurgartens mit Talglampen, farbigen Ballons und bengalischen Flammen. Die Dorfbewohner umbrängten in dichten Schaaren das Stacket, die Kurgäste standen in harrenden Gruppen, die Badekapelle spielte: „Heil dir im Sieger=kranz", und Hoheit betrat mit seiner Suite (Doctor Kühle=born, dem Oberjägermeister und den beiden Cavalieren) den Garten. Doctor Kühleborn fiel ein Felsblock vom Herzen. Die Amerikaner und der Graf waren zurück! Da standen sie — entfernt von den Andern unter ihrer Platane — ruhig dem bunten Treiben zuschauend. Ich sah, wie Doctor Kühleborn die Schritte des Monarchen sofort nach jener Stelle lenkte, wie er, vorauseilend, die Gruppe auf das Kommen des Gesalbten vorbereitete; wie die Gruppe sich dem Herzog entgegen langsam in Bewegung setzte, wie die beiden Mächte aufeinanderstießen, und als=bald die Vorstellung stattfand, während die Blicke aller Anwesenden gebannt an dem erhabenen Schauspiel hingen und die Kapelle: „Was ist des Deutschen Vaterland" spielte.

Hier wurde meine Aufmerksamkeit leider anderweitig in Anspruch genommen, denn Fräulein Käthchen von Pusterhausen, die mit ihrer Mutter und Herrn Lindau dicht neben uns stand, fiel, nachdem sie einen leisen Schrei ausgestoßen, in welchem eine ganze Welt von Verzweif=lung, oder doch wenigstens die Verzweiflung an der ganzen Welt lag, Herrn Lindau ohnmächtig in die Arme, und mußte von diesem, unter meiner und der beklagenswerthen Mutter Assistenz, hinter die Fronte gebracht werden.

Die Unglückliche hatte die Demüthigung, von dem dicht an ihr vorübergehenden Fürsten vollständig übersehen zu werden, nachdem sie ihm heute Morgen den Buchenkranz überreicht, nicht ertragen können. Sie verlangte, als sie wieder zu sich kam, nach Hause, zu ihrer Schwester, ihrer armen, nicht minder als sie gekränkten und nicht minder kranken Schwester, und so wankte sie am Arm des gefühl= vollen Lindau aus dem Garten — hinter ihnen her die bethränte Mutter, in deren gramzerrissenes Herz auch wohl der Kühnste nicht unaufgefordert einen Blick werfen möchte.

Als ich von dieser Schreckensscene zurückkam, war Egbert verschwunden. Vermuthlich war auch ihm der Boden zu heiß unter den Füßen geworden und ich war im Grunde froh, daß er fort war. Was noch zu sehen blieb, würde wenig Erfreuliches für ihn gehabt haben. Die entente zwischen den beiden Großmächten war näm= lich mittlerweile vollständig geworden; man hatte sich zu einer gemeinschaftlichen Promenade durch den lampen= erhellten Garten vereinigt. Hoheit hatte den Ruf, ein Kenner der Frauenschönheit zu sein, bewährt, denn er führte Miß Ellen am Arm; einer der Cavaliere leitete Mrs. Cunnigsby, der andere Miß Virginia; der Graf war dem Oberjägermeister zugefallen, während Mr. Cun= nigsby, und Doctor Kühleborn (dessen Augen Triumph leuchteten) den Zug schlossen. So kamen sie an mir vor= über. Hoheit radebrechte eben ein paar unglückliche eng= lische Worte auf das grausamste von unten auf; Miß Ellen — sie trug ein helles, mit blau garnirtes Kleid und sah unglaublich reizend aus — hatte die Augen niedergeschlagen, hob sie aber, als sie unmittelbar in meiner Nähe war und blickte mich mit einem Blicke an, der mir viel zu denken gab und der mir noch vor der Seele stand, als ich ein paar Stunden später, nachdem das Fest zu Ende, mein Zimmer aufsuchte.

Es hatte ein so sonderbarer Ausdruck in dem Blicke gelegen, ein rührender Ausdruck von Hilflosigkeit, ja von Angst, der mir in's Herz schnitt. Was war das mit dem Mädchen? Sie fühlte sich offenbar — wofür auch sonst ihre Blässe, ihre Schüchternheit, ihre manchmal leise getöteten Augenlider zu sprechen schienen — nicht glücklich; und wie hätte sie, die Zarte, Holde, sich auch glücklich fühlen sollen neben diesem brutalen Vater, dieser insipiden Mutter, dieser Coquette von Schwester? Sie hatte mich heute Abend angeblickt, nicht wie einen Fremden, sondern wie eine Schwester ihren Bruder, von dem sie, auch ohne daß sie spricht, verstanden zu werden hoffen darf. Und dann hatte sie, — es war mir nicht entgangen — noch an mir vorüber nach einem Anderen ausgeschaut, verwundert, ihn nicht zu finden, fragend, wo er sei. Hatte das Egbert gegolten? wem anders? wäre es möglich, daß in der Seele des Mädchens sich für einen Mann, mit dem sie noch nie ein Wort gesprochen, eine Neigung entzündet hätte? Warum nicht möglich? hatte denn Egbert nicht denselben Cursus durchgemacht? und war Julia, als sie den Romeo erblickte, weniger von Romeo bezaubert, als Romeo von Julia?

Für Jemand, der so ernste Dinge in seiner Seele wälzt, wäre es kein Wunder gewesen, wenn er, über die matt erhellten Corridore des Nebenhauses nach seinem

Zimmer schreitend, in eine falsche Thüre gerathen wäre. Das Zimmer sah allerdings genau aus wie mein Zimmer, aber es waren nicht meine Sachen, und zwei Lichter auf dem Sophatisch pflegte Louis für mich auch nicht anzuzünden. Ich ging also wieder hinaus, um mir Aufklärung zu verschaffen und da kam Louis auch schon athemlos herbeigestürzt. Er bitte dringend um Entschuldigung, daß er ohne vorher meine Erlaubniß eingeholt zu haben — aber es gehe nicht anders — es sei ja auch nur für eine Nacht — und das Zimmerchen eine Treppe höher sei freilich nur klein, aber man habe eine reizende Aussicht —

Besonders in der Nacht, Louis.

Louis hatte keine Zeit zu lächeln, denn die Herren vom Hofe, denen ich hatte weichen müssen, kamen die Treppe herauf. Er konnte mir nur noch eben ein Licht in die Hand drücken, die Nummer des Zimmerchens mit der schönen Aussicht nennen und mich meinem Schicksale überlassen.

Opfer fallen hier, weder Lamm noch Stier, aber Menschenopfer unerhört, murmelte ich, während ich die Treppen hinaufstieg; Emma und Käthchen von Pusterhausen, Ihr seid gerächt. Hochmuth kommt vor dem Fall, der hier sehr gefährlich werden kann, denn diese Hühnerstiege ist so steil und schmal, daß sie direct zum ewigen Leben führen könnte. Hier ist Nr. 94; in der That nicht eben groß, aber sehr niedrig, und für Liebhaber hoher Temperaturen unschätzbar; doch hier läßt sich Abhülfe schaffen.

Ich lehnte mich in das schnellgeöffnete Fenster und blies den Dampf meiner Cigarre nachdenklich zu den

Sternen empor. Das schöne Mädchen mit dem Blick des gehetzten Rehes kam mir wieder in den Sinn. Auch ein Menschenopfer, murmelte ich, und um das es Jammer und Schade ist. Das holde Geschöpf hat es mir wirklich angethan; ich muß dem Räthsel dieses Blickes auf die Spur kommen.

Ein Lichtschimmer fiel auf die hohen Pappeln, die vor mir leise im Abendwind flüsterten. In dem Zimmer unter mir wurde es lebendig. Eine Gestalt trat an das Fenster — eine weibliche Gestalt, ich sah die Silhouette deutlich in dem Laub der Pappel. Die Gestalt drückte die Hände vor das Gesicht, ich hörte leises Weinen. Wie ein Blitz fuhr es mir durch den Kopf, daß das Zimmer unter mir das der jungen amerikanischen Damen sein müsse, und wer sollte die weinende Gestalt im Fenster sein, wenn nicht Miß Ellen.

Ich ging auf den Zehen an den Tisch und blies mein Licht aus; als ich abermals an das Fenster trat, war der Schatten in der Pappel unverändert und wieder hörte ich das leise Weinen. Dann richtete sich die Gestalt wieder auf; es mußte Jemand in's Zimmer getreten sein, vermuthlich mehrere Personen, denn ich hörte plötzlich laut und heftig sprechen, aber das Fenster unten war geschlossen worden und ich konnte nicht verstehen was man sprach. Ich hörte nur eine tiefe Stimme — offenbar die des Jaguars — schelten und zwischendurch eine oder ein paar Frauenstimmen, von denen aber keine Miß Ellen gehören konnte, denn sie waren scharf und lärmend, und das schöne Mädchen mit ihrem Cordelia=Gesicht konnte nur eine Cordelia=Stimme haben.

Das dauerte wohl eine Viertelstunde, dann wurde es still; bald darauf verlosch unten das Licht. Ich schloß ebenfalls das Fenster und suchte, da Louis keine Schwefelhölzer dagelassen und ich aus diplomatischen Gründen keinen Lärm machen wollte, beim Scheine der Sterne und des abnehmenden Mondes, der eben über die Berge heraufkam, mein Lager, nicht eben verwundert, aber doch betrübt über das, was ich gehört. So hatte mich meine Ahnung, daß es in dieser außerordentlich respectablen Familie auch „ein Scelett" gebe, nicht betrogen. Die Harmonie war nur ein Schein, den man der Welt vormachte; unter sich lebte man in Haber und Zwietracht, und die arme Miß Ellen mußte es heimlich entgelten, daß man sie vor den Leuten auf Händen trug. Denn daß irgend etwas, das auf Miß Ellen Bezug hatte, die Veranlassung des Zwistes in der Familie Cunnigsby gewesen sei, daran zweifelte ich keinen Augenblick.

Sechstes Capitel.

Ich wünsche, wenn es möglich ist, dies Zimmer zu behalten, sagte ich, als Louis mir am nächsten Morgen den Kaffee brachte.

Yes, Sir! sagte Louis und verschwand; er hatte heute Morgen mehr zu thun, als sich mit mir in eine Unterhaltung einzulassen. Anstatt seiner erschien später eine Aufwärterin, dieselbe gute alte Person, die ich vor einigen Tagen dem Doctor ihre Noth klagen hörte, als die Amerikaner wieder einmal den Schlüssel zu ihrem Zimmer mitgenommen hatten. Ich merkte jetzt auch, weshalb der Doctor bei der Gelegenheit so schreien mußte; die gute Alte war beinahe taub. Als ich sie gebeten hatte, mir warmes Wasser zu besorgen, brachte sie mir nach einiger Zeit einen Stiefelknecht, und als ich ihr pantomimisch begreiflich zu machen suchte, daß ich mich zu rasiren wünschte, lächelte sie freundlich und sagte, wenn ich erst so alt wäre, wie sie, würde ich auch wohl Runzeln im Gesicht haben.

Meine discrete Absicht, sobald ich die alte Frau erblickte, war gewesen, sie über die Amerikaner, deren Zimmer sie in Ordnung zu halten hatte, auszuholen;

daran war nun freilich unter so erschwerenden Umständen
nicht zu denken. Ueberdies mußte ich mich mit meiner
Toilette beeilen, wenn ich die auf neun Uhr festgesetzte
Abfahrt Sr. Hoheit nicht versäumen wollte.

Dennoch kam ich schon zu spät; die Wagen fuhren
eben ab, als ich aus dem Hause trat. Ich sah den hohen
Herrn nur noch gnädig nach rechts und links winken,
hier nach Doctor Kühleborn und der beinahe vollzählig
versammelten Badegesellschaft, dort nach den Dorfbewoh=
nern, die Hurrah schrieen, — und die Wagen bogen um
die Ecke.

Man ging in den Kurgarten, sich gegenseitig über
die Ereignisse der letzten vierundzwanzig Stunden aus=
zusprechen. Es gab viel zu erzählen; jeder hatte seine
besonderen Beobachtungen gemacht. Das Hauptthema
war natürlich die Ehre, welche den Amerikanern und dem
Grafen von dem hohen Herrn widerfahren war. Gestern
Abend hatte er Miß Ellen nicht mehr von seinem Arm
gelassen; heute Morgen bei Mr. Cunnigsby sich nach ihr
und den beiden anderen Damen angelegentlichst erkundigt,
schließlich ihn und seine Familie, und natürlich auch den
Grafen, zu einem längeren Besuche auf seinem Lust= und
Jagdschloß Malepartus eingeladen. Man fand es im
Allgemeinen selbstverständlich, daß der hohe Herr sich nur
um die eigentliche Aristokratie der Badegesellschaft, das
heißt um die Amerikaner und den Grafen, gekümmert
habe, denn daß Frau v. Pusterhausen und Frau v. Dinde
trotz ihrer lächerlichen Prätensionen nicht vollschlechtig,
höchstens halbschlechtig seien, daran könne doch jetzt wohl
kein Verständiger mehr zweifeln. In dem Kreise des

englischen Kränzchens wurde die Frage, ob ein Engländer
oder ein Amerikaner von Geburt hoffähig, einstimmig
bejaht; die Sache sei seit gestern entschieden. Die kleine
Frau Herkules schwelgte förmlich in der „Poesie" des
gestrigen Tages. Die „ritterliche" Gestalt des hohen
Herrn, sein „chevaleresles" Benehmen gegen die Damen,
selbst sein „souveränes" Uebersehen der „gewöhnlichen
Menschheit" — Alles wurde dithyrambisch gefeiert, wie
mir schien, nicht ohne Nebenabsicht. Ich weiß nicht, mit
welchem ihrer fünf Augenaufschläge die kleine Frau die
Scene von Käthchen von Pusterhausens Ohnmacht und
Lindau's Hilfsleistung beobachtet hatte — aber sie hatte
sie beobachtet, und es war offenbar, daß mit der über=
sehenen gewöhnlichen Menschheit niemand Anders als
das unglückliche Käthchen gemeint sei. Auch Lindau mußte
es so verstanden haben, denn er fing in seiner still=satyri=
schen Weise an, das Wort gewöhnlich in Schutz zu
nehmen, da es mit Wohnen zusammenhänge, wovon
wieder Wohnung und wohnlich abgeleitet seien, so
daß er fast behaupten möchte, eine gewöhnliche Frau
sei eine, mit der es sich gut wohnen ließe, weil sie einem
die Wohnung wohnlich machen würde; wobei man
dann ganz von selbst als Gegensatz an das Dichterwort
über die Menschen erinnert werde, bei denen, trotz man=
cher sonstigen Begabung, jene wohnlich=friedlichen Grazien
leider ausgeblieben seien, und an deren Busen es sich
daher nie ruhen lasse. Hier bemerkte ein anwesendes
älteres Fräulein — nicht Fräulein Kernbeißer; sie war
über dergleichen Pruderieen hinaus — daß das Gespräch
eine Wendung nehme, in welcher es kaum noch für die

Ohren junger Mädchen geeignet erscheine, worauf sich Herr Lindau erhob und etwas von keuschen Ohren und keuschen Herzen murmelte. Niemand, der, wie ich, Herrn Lindau seit acht Tagen beobachtet hatte, konnte zweifeln, daß der „schönen Mutter schön're Tochter," und nicht weniger „der schön'ren Tochter schöne Mutter" sammt Mond und Sonne dem Dichter untergegangen waren und ihm jetzt andere Sterne leuchteten.

Ich ging, Egbert aufzusuchen, fand ihn aber nicht, so schritt ich weiter das Dorf hinauf dem Walde zu. Ein Pfad zweigte sich rechts ab. Derselbe lief etwas höher am Rande des Waldes, aber noch zwischen den Tannen hin; man hatte die letzten Häuser des Dorfes und den Weg, der von dort weiter in den Wald führte, gerade unter sich. Als ich langsam, die Hände auf dem Rücken, in tiefer Nachdenklichkeit über die Liebe im Allgemeinen und Egberts Liebe zu der schönen Ellen im Besonderen jenen oberen Pfad dahinschritt, sah ich plötzlich, bei einer scharfen Wendung um einen moosbewachsenen Fels, den Freund. Er stand an eine Tanne sich stützend, etwas vornübergeneigt, augenscheinlich etwas, das auf der Dorfstraße unter ihm vorging, mit gespanntester Aufmerksamkeit beobachtend, denn er hörte mich nicht, bis ich dicht bei ihm stand.

Nun, Egbert! sagte ich.

Er zuckte zusammen, griff nach meiner Hand und deutete mit der anderen hinab. Da sah ich denn freilich ein Schauspiel, das auch wohl für weniger empfängliche Augen und Herzen hinreichend anziehend wäre.

Wir blickten ungefähr zwanzig Fuß hoch auf einen

kleinen Platz hinab vor einer der letzten, ich glaube der letzten Hütte des Dorfes. Der tiefer liegende Weg in den Wald führte unmittelbar an diesem Hause und Platze vorüber, und so mochte es denn gekommen sein, daß eine alte kranke Frau, die ich schon mehrmals in sich zusammengesunken in einem Rollstuhl auf diesem selben Platze bemerkt hatte, die Aufmerksamkeit einer jungen Dame, die des Weges gekommen war, erregte. Ein paar halbwüchsige Kinder, die der Alten zu warten hatten, mochten es vergnüglicher gefunden haben, in den Wald zu klettern und Heidelbeeren zu suchen, als den Stuhl mit der Kranken so zu rücken, daß ihr die höher steigende Sonne nicht direct in die armen hilflosen Augen fiel. Und da war denn eine junge Dame des Weges gekom=
men, hatte gesehen, wie die alte Frau vergeblich die paralytische Hand über den Augen zu halten suchte, hatte für's erste einmal den Stuhl weiter gerollt, daß der Schatten von dem Verdeck über die Kranke fiel, und war jetzt beschäftigt, dem armen Geschöpf, das sich in seiner Noth hin und her gewendet haben mochte, die Kissen wieder zurecht zu rücken und sonst eine bequeme Lage zu geben.

Es war ein reizendes Bild: die schlanke, anmuthige, junge Samariterin, wie sie sich über den Wagen beugte, und, mit beiden Armen die Alte umschlingend, sie in die Höhe richtete; wie die Alte die weißen Hände der jungen Dame an die zitternden Lippen drückte, wie diese solches Uebermaß des Dankes freundlich abwehrte, und dann, sich scheu umblickend, ob sie auch wohl Niemand bei ihrem barmherzigen Werk gesehen habe, der Alten noch einmal mit holdem Lächeln zunickend, auf dem Wege nach dem Dorfe zu davoneilte.

Egbert richtete sich auf und wandte sich ab, die Thränen, die ihm in den Augen standen, zu verbergen. Auch mir waren die Wimpern feucht geworden. Wir schritten eine Zeit lang ohne zu sprechen nebeneinander den Waldpfad dahin, auf den die Sonne durch die Zweige der halbwüchsigen Tannen mit Schatten spielende Lichter streute.

Du weißt jetzt auch, weshalb ich in den letzten Tagen immer erst eine Stunde später zu der englischen Stunde gekommen bin, sagte Egbert.

Ich sah ihn fragend an.

Ich habe nämlich herausgebracht, fuhr er mit einem Erröthen, um das ich ihn beneidete, fort, daß die Alte und die Andere um diese Stunde im Bade sind, während die Herren Billard spielen, und daß sie diese Zeit regelmäßig zu einem Spaziergang benutzt, immer hier hinaus, und —

Und da stehst Du denn hier, bis die Liebliche sich zeigte, bis das theure Bild — Bravo, Egbert, so gefällst Du mir! Und hast Du nicht versucht ihr zu begegnen —

Das wohl —

Und sie anzureden —

Egbert lächelte trübselig. Ich würde auch viel herausgebracht habe. I love you tenderly — das ist ja Alles, was ich sagen kann.

Und wäre für Deine Zwecke auch vollkommen genügend. Fasse Dir das Herz, Egbert, an dem es Dir doch wahrhaftig sonst nicht fehlt. Tritt ihr morgen um eine Waldecke herum mit höflichem Anstande entgegen, zieh' Deinen Hut und sage: I love you tenderly. Und setze den Hut wieder auf, ergreife ihre Hand oder ihre Hände und sage noch einmal: I love you tenderly! Und wenn sie nun, was sie jedenfalls thun wird, mit hold= erröthendem Gesicht, zitternd vor Dir steht, laß ihre Hände los, fasse sie in Deine Arme und sage zum dritten Male — nein! dann mußt Du nichts mehr sagen, son= dern stumm —

Halt ein, Unglücklicher, rief Egbert, Du machst mich rasend.

Das ist auch eine Lection im Englischen, und die beste, die ich Dir geben kann, erwiederte ich. Im Ernst, Egbert, wir müssen endlich von Worten zu Thaten kom= men. Die Zeit verrinnt. Hast Du gehört, daß sie Alle in wenigen Tagen Tannenburg verlassen und nach dem Jagdschloß des Herzogs reisen werden, wohin Du, so viel ich weiß, nicht eingeladen bist?

Egbert sah mich erschrocken an. Das hat auch noch gerade gefehlt, murmelte er.

Allerdings hat das oder etwas der Art gefehlt, erwiederte ich; um Dich aus Deiner Thatenlosigkeit auf= zuspornen. Wie sollen wir weiter kommen, wenn Du auch nicht einmal einen Versuch machst, durch die Dornen= hecke zu bringen, hinter der Dein Röschen schläft. Und ich glaube gar nicht, daß sie schläft; ich bin vielmehr überzeugt, daß sie die schönen Augen weit offen hat, daß sie sehnsüchtig nach dem kühnen Ritter, der sie erlösen soll, ausschaut.

Ich theilte Egbert meine Beobachtungen von gestern Abend mit, und versetzte ihn dadurch in die größte Aufregung.

Es ist nicht anders, rief er; sie soll dieses Scheusal von Ungarn heirathen. Es war mein erster Gedanke, als wir dem Kerl im Walde begegneten, und Alles was ich seitdem gesehen habe, hat meinen Verdacht nur bestätigt.

Ich schließe mich durchaus der Meinung des geehrten Vorredners an, sagte ich; aber ich ziehe daraus nur den Schluß, daß Du endlich etwas thun mußt, den Gegner aus dem Sattel zu heben. Der Tausend, Egbert! ein solcher Preis ist doch wenigstens eines Versuches werth.

Mein Gott, rief Egbert heftig; wenn Du so weise bist, so sage mir doch, was in aller Welt ich thun soll. Zeig mir einen Weg, den man menschenmöglicherweise gehen kann, und nenne mich einen erbärmlichen Schuft, wenn ich auch nur einen Augenblick schwanke.

Ich hatte nie lebhafter gefühlt, als in diesem Augenblicke, wie hoffnungslos eigentlich der Fall sei, aber ich hütete mich wohl, das auszusprechen. Die Sache war nun einmal auch meine Sache geworden, und seit gestern Abend und heute Morgen mehr als je.

Wir waren, fortschreitend, auf den unteren Weg gerathen, und hatten, diesen verfolgend, das Häuschen erreicht, vor dessen Thür der Rollstuhl mit der Kranken noch immer stand, nur daß ihre Wärter, ein halbwüchsiger zerlumpter Bube und ein eben solches Mädchen, unterdessen mit blauen Mäulern aus dem Walde zurück waren und, in der Sonne sitzend, den Rest ihrer Beute aus des Jungen Mütze vollends verzehrten.

Es verstand sich von selbst, daß wir an die Kranke, die uns plötzlich so interessant geworden war, herantraten. Sie war bei näherer Betrachtung nicht so alt, und erwies sich trotz ihres elenden Zustandes als eine freundliche, ja gesprächige Person. Sie heiße Minna König, erzählte sie, und sei schon als junges Mädchen contract gewesen. Vor zehn Jahren habe man sie aus ihrem Heimathsorte hierher geschafft, seitdem sei sie hier geblieben, in Kost und Pflege bei dem guten Doctor, der nie einen Groschen von ihr genommen, und sie, wie es den Anschein habe, nun auch wohl zu Tode füttern werde. Was sie auch wohl in ihrer Heimath solle, wo sie allen Menschen zur Last sein würde, um so mehr, als es ihrem Bruder, der Waffenschmied sei, eben nicht schlecht, aber auch wohl nicht gut gehe. Denn sie habe ihn schon so oft bitten lassen, daß er vor ihrem Tode noch einmal herüberkommen möchte, aber, obgleich die Entfernung nicht volle vier Meilen betrage, scheue er doch die Reise und den Zeitverlust, denn er sei ein gar emsiger und genauer Mann, und müsse es auch leider sein, da er nicht weniger als vierzehn lebende Kinder habe. Lieber Gott, sie wäre ja schon mit einem zufrieden gewesen, nicht mit einem, wie die da — sie nickte nach den blaumäuligen Cannibalen — obgleich sie auch nicht schlecht, nur ein bischen leichtsinnig seien und eine alte kranke Person manchmal in der Sonne oder im Regen stehen ließen — sondern so ein schmuckes Mädchen, wie die gute junge Dame, die manchmal des Morgens hier vorübergehe und auch heute wieder vorübergegangen sei. Solch' ein Kind hätte sie haben mögen, und gerade so eins würde sie auch gehabt haben. Ja, ja, gerade so eines mit solchen schönen, sanften, blauen Augen.

Und dabei hob die Kranke, um uns mit beiden Augen anblicken zu können, mit der zitternden Hand das Lid von dem einen, wie es schien, für gewöhnlich geschlossenen Auge, und sonderbar — so tief diese Augen auch in die großen Höhlen zurückgesunken waren, sie waren sanft und blau und gewissermaßen schön.

Wir nahmen von der Alten Abschied, nachdem wir den Cannibalen eingeschärft hatten, ja recht Obacht zu geben, und gingen nach dem Kurhaus, wo wir uns, da Egbert an seinen Verwalter zu schreiben hatte, trennten

Auf meinem Dachstübchen angekommen, fand ich die taube Alte, die eben mit dem Reinmachen fertig geworden war. Da Zimmerstaub eines von den vielen Dingen ist, die ich nicht vertragen kann, trat ich an das offene Fenster und sah, nach unten blickend, Mr. Cunnigsby und den Grafen, welche, von einem Jungen begleitet, der Angelruthen und einen Korb trug, die Dorfstraße hinabgingen; in demselben Augenblicke erschienen hinten auf einem sonnigen Gange des Kurgartens zwei Damen, in denen ich Mrs. Cunnigsby und Miß Virginia zu erkennen glaubte und mit Hilfe meines Opernglases auch wirklich erkannte. Miß Ellen befand sich, wenn sie, wie wahrscheinlich, von ihrem Spaziergange zurückgekehrt war, allein.

Bei diesem Gedanken durchzuckte mich ein Schrecken, der nicht freudiger hätte sein können, wenn ich selbst der Don Quixote, und nicht blos der Sancho Pansa gewesen wäre. Hier war die Dulcinea, nur durch eine ziemlich dünne Zimmerdecke von mir getrennt; ich hatte den Freund noch vor einer halben Stunde zum Handeln gedrängt; wie würde ein feuriger Liebhaber in diesem Falle handeln?

Und ich stimmte, mich an das Fenster lehnend, mit lauter Stimme das bekannte Amerikanische Volkslied an, dessen Refrain lautet: Long, long ago, long ago.

Ich hielt nach der ersten Strophe inne und lauschte. Das Fenster unter mir wurde vorsichtig geöffnet, ich sah das liebe Mädchen „in meines Geistes Aug'", wie Hamlet sagt, mit erröthender Wange sich hinter der Gardine verbergen; ich konnte jetzt leiser singen.

Aber mit dem Amerikanischen Volksliede, so weit ich es kannte, war ich zu Ende. Wieder von vorn an= fangen, ging schon nicht, um so weniger, als der Inhalt des Liedes auf die Situation doch eigentlich gar nicht paßte. Ich sang also, auf englisch natürlich, recitativisch weiter, mit freier Variation des Themas von long ago:

Weshalb sahst Du mich, liebliche Maid, gestern Abend so kummervoll an? Schautest Du aus nach dem Freund, den ich hab' — ach, schon so lang, so lang! Ach, dieser Freund, er liebt Dich so treu, seit er Dich sah, von dem ersten Tag an, ja, just so lang, so lang!

Brav ist mein Freund, und reich ist er auch! ach, schon so lang, so lang! starben ihm Vater und Mütter= lein, steht jetzt allein in der Welt. Willst Du ihn haben, so sag es nur gleich, sonst währt die Sach' bis zum jüngsten Gericht; ja just so lang, so lang!

Denn ach! er kennt nur drei englische Wort'; ich lieb' dich treu, lieb' dich treu! er kann nicht sprechen, wie gern er auch möcht'; wenn man kein Kind ist, so lernt sich das schlecht; wenigstens dauert es lang.

Doch ich sprech' englisch und schreibe es auch, wundervoll schön, wundervoll schön. Darf er Dir schreiben, so sage es mir; ich übersetz' es und schicke es Dir. Willst Du, so dauert's nicht lang.

Ich hatte, während ich sang, immerfort scharf nach den beiden im Kurgarten lustwandelnden Damen ausgeschaut; mein schönes Auditorium unter mir mußte dasselbe gethan haben, denn als jene eine entschiedene Wendung machten, den Garten zu verlassen und auf das Kurhaus zugingen, wurde das Fenster leise geschlossen. Auch ich hatte mich wohl gehütet, mich erblicken zu lassen.

Da wäre ich nun eben so klug wie zuvor, sprach ich bei mir selbst; aber eines ist doch erreicht: sie ist klüger als vorher; sie weiß jetzt, was sie vorläufig zu wissen braucht: daß Egbert sie liebt und daß ich bereit bin, ihr zu dienen; das ist genug: daraus läßt sich schon etwas machen, wenn man will. Aber wird sie wollen? wird sie das Ganze nicht für einen schlechten Scherz halten? Nun, nun, ich werde ja sehen; ich will an ihren Mienen, an ihren Blicken hangen, will sie bis in's Leben prüfen; stutzt sie — wahrhaftig der reine Hamlet!

Ich rieb mir vergnügt die Hände und setzte mich hin, meiner Frau, die ich bis dahin von Allem unterrichtet hatte, das Neueste zu schreiben. Ich erflehte schließlich ihren hausmütterlichen Segen für das Werk der Freundschaft und Liebe, dem sich ihr Gatte geweiht hatte, und bereitete sie darauf vor, daß ich selbigem Werke wohl noch einige Tage meiner kostbaren Zeit würde widmen müssen.

Als ich von der Post zurückkam, ertönte die Mittagsglocke.

Ich habe mein Couvert von dem zweiten Tisch hinüberlegen lassen zu Ihnen; es ist Ihnen doch recht? sagte Lindau, als ich in den Speisesaal trat.

Mehr als das, Verehrtester!

Freilich werden Sie dadurch von Käthchen von Pusterhausen getrennt, die bisher neben Ihnen saß, fuhr Lindau, mit einem Blick auf seine Fingernägel, fort.

Fräulein von Pusterhausen wird sich zu trösten wissen, erwiederte ich.

Der Dichter lächelte unter seinem blonden Schnurrbart.

Denn, wissen Sie, sagte er, man muß jetzt etwas für die armen Mädchen thun. Sie wollten nach dem Affront von gestern eigentlich heute schon abreisen; ich habe sie überzeugt, daß es keine schlechtere Politik gebe, als nach einer Niederlage, wenn sie auch noch so unverdient ist, das Feld zu räumen; habe ich nicht recht gehabt?

Zweifellos.

Und was ich Ihnen noch sagen wollte, der Graf soll sich heute Morgen im Billardzimmer über Sie und Ihren Freund Egbert in ziemlich unfreundlicher Weise geäußert haben. Hat es etwas zwischen Ihnen gegeben?

Nichts, das ich wüßte.

Also Instinct?

Sehr wahrscheinlich.

Ah! die Damen kommen.

Lindau begrüßte die eintretenden Damen von Puster=
hausen; die Mädchen trugen heute keine Blumen im Haar
und sahen ein wenig blaß und eingeschüchtert aus, doch
lächelte Fräulein Käthchen dem galanten Dichter hold ent=
gegen, während Frau Herkules und Fräulein Kernbeißer,
nach denen ich mich zufällig umsah, ebenfalls lächelten,
wenn auch nicht hold.

Egbert war gekommen und hatte an meiner anderen
Seite Platz genommen. Ich hielt es (von dem Satze
ausgehend, daß, wenn man Jemand schwimmen lehren
wolle, man ihn vor Allem in's Wasser bringen müsse)
für das Beste, ihm mitzutheilen, was ich gethan. Er ge=
rieth, wie ich vorausgesehen hatte, in die größte Auf=
regung, behauptete, während er seine Suppe mit unver=
ständiger Hast hinunterschlang, daß ich toll, wahnsinnig
sei, und daß ich ihn noch unglücklich machen würde.

An dergleichen Vorwürfe von Seiten unserer so aus=
nehmend verständigen, umsichtigen Herren Ritter sind wir
ehrlichen Stallmeister so gewöhnt, daß wir nicht mehr
Wesens daraus machen, als etwa ein Droschkenpferd aus
einem kleinen Sprühregen. So ließ ich denn Egbert aus=
schelten, ohne ein Wort zu erwiedern, und gab ihm
nur, als seine Schöne mit ihrer Gesellschaft, von dem
Eifrigen unbemerkt, eintrat, einen kleinen Stoß an die
Stelle, die Doctor Kühleborn mit dem Stockknopfe zu
berühren pflegte. Er warf einen scheuen Blick nach der
Thür, und heftete dann die starren Augen auf den Rand
seines Tellers.

Ich meinerseits konnte kein Moment darüber zweifelhaft bleiben, daß Ellen mein Recitativ gehört und verstanden habe, denn sie erröthete heftig, als sie sich uns, ohne die Augen aufzuschlagen, schräg gegenüber setzte, und gab andere Zeichen von Verlegenheit, die ich alle sehr günstig auslegte. Wenigstens schien es mir kein schlimmes Symptom, daß der Graf sich vergebens bemühte, sie in eine Unterhaltung zu verwickeln, und, als wäre ich an seinem Unglück schuld, mir von Zeit zu Zeit aus seinen kleinen, schwarzen Augen wüthende Blicke zuwarf. Ich hoffe, Ihren erlauchten Unwillen in noch höherem Maße zu verdienen, sagte ich leise durch die Zähne, indem ich den Erzürnten überaus freundlich anlächelte. Wollen Sie tanzen, Herr Graf Almaviva, so spiel' ich Ihnen Cither dazu. Er schien mich vollständig zu verstehen, denn er lächelte verächtlich und zwirbelte an den nadelspitzen Enden seines ungeheuren Schnurrbartes, wandte sich dann zu dem neben ihm sitzenden Mr. Cunnigsby, und flüsterte ihm etwas in's Ohr, worauf der Jaguar ebenfalls an seinem Cotelett-Bart zu drehen und mich anzustieren begann. Ein paar Käfige mit Gittern davor, dachte ich, Ihr zähnefletschenden, schielenden Thiere, und die Menagerie ist fertig. Und diesem Pavian wolltest Du ohne Kampf das holdeste Geschöpf ausliefern! murmelte ich, zu Egbert gewandt.

Eher würde ich ihn mit diesen meinen Händen erwürgen, erwiederte Egbert mit großer Ruhe.

Meine Damen und Herren, sagte Doctor Kühleborn, der mit nervöser Heftigkeit an sein Glas geschlagen und sich darauf erhoben hatte; meine Damen und Herren!

Große Ereignisse werfen ihren Schatten vorauf, und hinter glücklichen Ereignissen zieht ein Lichtschimmer her, wie hinter einem Kometen. Ein solches glückliches, und wenn ich so sagen darf, kometenartiges Ereigniß war der leider nur zu kurze Aufenthalt, mit welchem der durchlauchtige Fürst dieses Landes uns beglückt hat. Wenn ich „uns" sage, meine Damen und Herren, so denke ich dabei allerdings zunächst an die Dorfbewohner, die jetzt — wenigstens offiziell — zum ersten Male den Landesvater erschaut haben; ferner an mich, der ich — und es gereicht mir zu inniger Genugthuung, selbst der Herold der Güte und Gnade meines Souveräns zu sein — der ich, so zu sagen, als einfacher Doctor medicinae gestern Abend eingeschlafen und heute Morgen als herzoglicher Sanitätsrath aufgewacht bin.

(Allgemeine Sensation in der Gesellschaft; lebhafte Rufe: Hört, hört!)

Aber, meine Herrschaften, ich hoffe, Sie werden mir nicht widersprechen, wenn ich Sie zu „uns" zähle. Zwar, ob Sie Sr. Hoheit für die Concession der Zweigbahn, die jetzt bis hierher in das Herz unserer Berge erbaut werden soll und in zwei bis drei Jahren fertig sein wird — ich sage, ob Sie Sr. Hoheit dafür zu Dank verpflichtet sind, weiß ich nicht, denn ich weiß nicht, ob Sie die Reize von Tannenburg groß genug und meine Bemühungen um Ihr Wohl verdienstlich genug gefunden haben, um in zwei oder drei Jahren wieder zu kommen, oder Ihre Verwandten und Bekannten hierher zu schicken —

(Große Aufregung — Viele Stimmen: Ja, Ja! —

eine Stimme, im erb- und eigenthümlichen Besitze des Herrn Lindau: Nein!)

Ich danke Ihnen, meine Herrschaften; dies ist der schönste Lohn für das Wenige, das meine schwache Kunst vielleicht für Einen oder den Anderen von Ihnen hat thun können. Und wenn ich ein vereinzeltes Nein vernommen habe, das mich geschmerzt hat —

(Unruhe; lebhafte Rufe: Niemand hat Nein gesagt!)

Ich wiederhole: das mich geschmerzt hat, — darf ich nicht annehmen, daß dieser von der alleinigen Harmonie abirrende Ton stamme aus dem Busen Eines, dem gestern die Sonne der Majestät weniger warm geschienen hat? Aber kann sie gleichmäßig scheinen? Ist es nicht ein Naturgesetz, daß ihr Strahl die höchsten Berge zuerst trifft, zuletzt von ihnen Abschied nimmt? Können oder wollen wir den Lauf der Natur verändern? die ehrwürdigen Institutionen, welche die Gesellschaft gemacht hat, ja welche die Gesellschaft erst zur Gesellschaft machen, aufheben und zerstören? Gewiß nicht, meine Herrschaften: Ehrt den König seine Würde; ehret uns der Hände Fleiß! singt der Dichter, der Dichter des Ideals und der Freiheit, meine Herrschaften!

(Bravo! bravo! sehr gut! von allen Seiten.)

Aber, meine Herrschaften, es geziemt dem sinnigen Menschen, den Ereignissen, die epochemachend in sein Leben einschneiden, auch äußerlich ein Merkmal zu errichten, bei dem nachwachsende Enkelgeschlechter verweilen und sagen können: Hier war es! Meine Herrschaften: es giebt bei uns Fanny-, Elisen-, Margarethen-, Amalien-, Friederiken-, Augusten-Quellen; wir haben Karl-, Ludwig-, August-,

Alexander-Höhen und Felsen — aber, meine Herrschaften, wir haben noch keinen Herzogstein . . .

(Schallender Beifall.)

Was soll ich weiter sagen, wo die Gesellschaft schon geurtheilt hat! Soll ich sagen, daß über dem verlassenen Porphyrschacht an der Landgrafenschlucht ein Stein überragt, der noch keinen Namen hat? soll ich sagen, daß eine kleine würdige Feier herzurichten, der ebenso talentvollen wie umsichtigen Vergnügungs-Commission ein Leichtes ist, besonders wenn sie sich mit dem „Comité zur Anordnung der Feierlichkeiten während des Aufenthaltes Sr. Hoheit, des Herzogs", das sich, so viel ich weiß, noch nicht wieder aufgelöst hat, vereinigt? Soll ich Ihnen sagen, meine Herrschaften, daß ich immer der Meinung war, man müsse das, was man thun wolle, bald thun, und daß das Barometer uns für morgen das heiterste Wetter verkündet —

Hier erhob sich ein solcher Sturm des Beifalls, daß der beredte Doctor die Unmöglichkeit, weiter zu sprechen, lächelnd erkannte und sich in Folge dessen lächelnd niedersetzte.

Die Tafel wurde unter großem Geräusche aufgehoben; der projectirte Ausflug nach dem Porphyrfelsen zur Einweihung des „Herzogsteines" wurde lebhaft besprochen; die geschickte Rede des Doctors allgemein bewundert. Ich fragte Lindau, weshalb er dem guten Manne die Freude eines einstimmigen Triumphes mißgönnt habe.

Lieber Freund, erwiederte der Dichter, meinetwegen hätte der alte Humbug noch viel pfauenmäßiger sich aufblasen und Rad schlagen können, aber ich liebe in der Liebe das abgekürzte Verfahren und mein Nein war Bal-

sam in das verwundete Gemüth der Damen von Puster=
hausen, für das mir sofort in Form eines unbeschreiblich
gütigen Blickes der süßeste Lohn ward.

Ich hoffe, Sie werden diesmal Ernst machen, Sie
leichtbeschwingter Schmetterling.

Was wollen Sie, erwiederte der Dichter mit seinem
tragischen Lächeln, können Sie sich einen ernsten Schmetter=
ling vorstellen? und ist es die Schuld des Schmetterlings,
wenn er flatterhaft ist, oder die Schuld des Gartens, in
dem so sehr viele Blumen blühen?

Der Platz unter dem heiligen Baum war wie ge=
wöhnlich besetzt. Ich richtete meine Blicke unwillkürlich
mehr als einmal auf die Gruppe, als ob ich dadurch
meinem Scharfsinn zu Hülfe kommen könnte, der sich ab=
mühte, die Taktik des Feindes zu ergründen. So viel
schien klar: man wollte Miß Ellen an den Grafen ver-
heirathen, und das schöne Mädchen wollte nichts von dem
widerlichen Menschen wissen. Deshalb gestern Abend ihre
Thränen, deshalb später die Zankscene, in welcher irgend
ein Wort gefallen, ein Verdacht laut geworden sein mußte,
der auf Egbert, in zweiter Linie auf mich, als den Freund
des verdächtigen Menschen führte. In Folge dessen wie=
derum die Aeußerungen des Grafen heute Morgen im
Billardzimmer gegen uns, und weiter die zornigen Blicke,
mit denen man mich und Egbert (der sie freilich nicht be=
merkt hatte) über Tisch beehrte.

Das Alles war nicht ohne eine gewisse Genugthuung
für mein Stallmeisterherz, aber ich mußte mir doch auch
sagen, daß mein Ritter noch sehr weit vom Ziel war,
und nun mußte zum Ueberfluß ein schadenfroher Asmodeus

in der gastfreundlichen Gestalt des Herzogs uns die Schöne entführen, auf wer weiß wie lange, vielleicht für immer, denn möglicher-, ja wahrscheinlicherweise kamen sie gar nicht nach Tannenburg zurück, wenn meine Combinationen richtig, und sie wirklich gegen Egbert Verdacht geschöpft hatten.

Haben Sie nicht gehört, Louis, zu wann die Amerikaner und der Graf nach Malepartus eingeladen sind?

Gleich, mi Herren! erwiederte Louis, der uns eben eine Karaffe mit Wasser auf den Tisch setzte. Louis sah sehr zerstreut aus, er hatte offenbar von den Anstrengungen des gestrigen Tages noch nicht ordentlich ausgeschlafen. Ich wiederholte meine Frage. Er antwortete nicht, sondern blickte starr nach der Gruppe unter dem heiligen Baume, schüttelte mit dem Kopfe, raffte sich dann aus seiner Zerstreuung auf, als an dem Tische der Frau Herkules heftig mit einem Löffel auf eine Untertasse gepocht wurde und enteilte: gleich! gleich! rufend, in seinem gewöhnlichen, kurzen Gartentrabe.

Ich glaube, Louis ist toll geworden, sagte ich.

Oder hat sich in Miß Ellen verliebt; bemerkte Käthchen von Pusterhausen schnippisch; sie soll ja für die Herren unwiderstehlich sein.

Man pflegt für gewöhnlich die Kellner nicht zu den Herren zu rechnen; brummte Egbert, dem diese Zusammenstellung seines Engels mit Louis denn doch über das Erlaubte zu gehen schien.

Aber ein Kellner ist, so zu sagen, auch ein Mensch, bemerkte Lindau, der doch unmöglich Käthchen, sein Käthchen! im Stich lassen konnte.

O gewiß! sagte Frau von Pusterhausen, die seit gestern entschieden demokratische Anflüge hatte.

Denn das ist ja eben das Herrliche der Liebe, fuhr Lindau fort, indem er seinen Fingernägeln einen schwärmerischen Blick weihte, daß sie keinen Unterschied kennt zwischen Arm und Reich, Hoch und Niedrig, Adelig und Bürgerlich — hier hob der Sänger die müden Wimpern zu Fräulein Käthchen, die erröthend die ihren senkte. Ja, fuhr er in sanfter Begeisterung fort, wenn der Egoismus die Centrifugalkraft ist, die Alles in Atome aufzulösen droht, so ist die Liebe die Centripetalkraft, die das Ganze, wie der Dichter sagt, froh und leicht und freudig bindet.

Ich wollte mich den verehrten Herrschaften bestens empfohlen halten, sagte eine Stimme hinter uns.

Es war Herr Bergfeld in Reisekostüm von großcarrirtem Wollenzeug. Ein großcarrirtes Plaid ruhte malerisch auf seinen Schultern; eine schirmlose mit einer Adlerfeder geschmückte Kappe aus demselben großcarrirten Stoff hielt er in diesem Augenblicke in der Hand. Seine Beinchen waren in lederne Gamaschen geknöpft, die in ein paar dicksohlige, nägelbeschlagene Bergschuhe endeten. Eine Tasche hing über seiner rechten Schulter; ein langer Stock mit langer, eiserner Spitze vervollständigte das großcarrirte Costüm.

Sie wollen fort, Herr Bergfeld, riefen Alle wie aus einem Munde.

Ich muß fort, erwiederte der junge Mann mit einem Blicke nach dem Platze unter dem heiligen Baum — ein Blick, der ebenfalls von Allen verstanden wurde.

Und Sie werden Ihren Wanderstab in ferne Länder tragen, wagte ich nach einer verlegenen Pause mit unsicherer Stimme zu fragen.

Ich werde nach Fichtenau übersiedeln, erwiederte Herr Bergfeld.

Fichtenau, das Concurrenzbad von Tannenburg, war von diesem eine Stunde entfernt, und wenn man bedachte, daß die beiden Orte durch eine im Thalgrunde sich hinschlängelnde Chaussee verbunden waren, so mußte auch wohl dem weniger Scharfsichtigen die tiefe Bedeutung von dem ernsten Bergcostüm des interessanten Reisenden einleuchten.

Leben Sie wohl! sagte Herr Bergfeld; leben Sie Alle wohl!

Thränen der Rührung erstickten seine Stimme; er nahm von Frau von Pusterhausen, mit der er noch keine drei Worte gesprochen haben konnte, wie von einer geliebten Mutter Abschied, schien sich von Emma und Käthchen, die er nur immer als ein paar hohlköpfige Pfauen geschildert hatte, nur schwer trennen zu können, schüttelte Lindau und Egbert krampfhaft die Hände und flüsterte mir zu: ich möchte Sie gern noch sprechen.

Ich folgte ihm. Er warf, während wir den Garten verließen, keinen Blick nach dem heiligen Baum, während man sich dort offenbar Mühe, oder doch die Miene gab, Bergfelds Abschied, der den ganzen übrigen Garten in Aufregung gebracht hatte, nicht zu bemerken.

Der junge Mann und ich standen auf der Chaussee; er hatte seine Sachen vorausgeschickt, um sich ganz der melancholischen Illusion hingeben zu können, als ein Ausgestoßener in die weite, weite Welt zu wandern. Als wir an eine Stelle des Weges gelangten, wo ein Felsen auf der einen Seite und ein Tannengehölz auf der anderen uns den Blicken der alten Botenfrau, die eben an uns vorbeigekommen war und des taubstummen Hirten, der nebenan auf der Wiese die Tannenburger Kühe weidete, entzogen, warf er sich an meine Brust und schluchzte: Sie haben es immer gut mit mir gemeint; nehmen Sie sich auch ferner meiner an.

Herzlich gern, Verehrtester, sagte ich, mich sanft aus den Armen des Aufgeregten windend; aber wie werde ich beim besten Willen dazu im Stande sein?

Das weiß ich selbst nicht, erwiederte der Wanderer, indem er ein (ebenfalls großcarrirtes) seidenes Taschentuch hervorzog und sich die Augen wischte; aber Sie sind so klug; Sie werden schon sehen, was sich etwa thun läßt. Freilich, seit gestern habe ich keine Hoffnung mehr, und darum gehe ich, allerdings vorläufig erst nach Fichtenau, von wo ich doch noch einmal herüberkommen, wäre es auch nur in der Nacht, und zu ihren Fenstern hinaufblicken kann. Was ist auch in den Augen von Leuten, die hunderte von Sclaven besitzen und mit Fürsten wie mit ihres Gleichen verkehren, ein armer Kaufmann, der, wenn er auch selbstständig ist und über ein kleines Capital frei disponirt, doch an der Börse über die Achsel angesehen wird und —

Sagen Sie, Herr Bergfeld, unterbrach ich den Mittheilsamen; haben Sie Mr. Cunnigsby ebenfalls von dem Stand Ihrer Angelegenheiten unterrichtet?

Wie sollte ich nicht, erwiederte der Wanderer; meine

Absichten waren die ernsthaftesten von der Welt; ich weiß, daß ich ein Dandy bin — wenigstens nennen mich meine Collegen so — aber ich bin ein ehrlicher Kerl —

Das soll Gott wissen! sagte ich mit Ueberzeugung. Also Sie sind von Anfang an ganz offen gegen den Amerikaner gewesen —

Bergfeld erröthete: Ich will nicht behaupten, von Anfang an, erwiederte er; man fällt ja doch nicht gleich mit der Thür in's Haus; aber —

Wann machten Sie ihm diese Mittheilungen?

An dem Abend auf dem Eiskopfe —

Nachdem er die hundert Thaler von Ihnen geliehen?

Ja, auf dem Rückwege —

Und — verzeihen Sie meine Indiscretion! — hat er Ihnen das Geld zurückgegeben?

Nein.

Haben Sie ihn daran gemahnt?

Heute Morgen.

Und —

Er sagte, daß ihm die Rückzahlung für den Augenblick nicht convenire, da eine Geldsendung, die er täglich erwarte, noch immer ausbliebe. Er hat mir eine Anweisung auf seinen Banquier in Berlin gegeben, zahlbar in acht Tagen.

Hm! sagte ich, und das genügt Ihnen?

Ich bitte Sie! rief Bergfeld: T. Grauröder! das ist so sicher wie Geld.

Grauröder, ja; aber der Amerikaner! Sie sehen mich verwundert an, Herr Bergfeld; als Kaufmann müssen Sie freilich dergleichen besser beurtheilen können, als ich; in-

dessen schaden kann es, däucht mir, nicht, wenn Sie ein=
mal in Berlin anfragen.

Aber ich bitte, bitte Sie! rief Bergfeld abermals.

Wie Sie wollen: ich würde es thun. Und nun leben
Sie wohl! Ich muß zurück!

Leben Sie wohl; rief der Wanderer, indem er mich
wieder an seine großcarrirte Weste zog; vergessen Sie
einen Unglücklichen nicht!

Da geht Nummer Zwei hin, murmelte ich, mich noch
einmal nach dem Wanderer umwendend; jetzt steht er
wieder still und winkt mit dem Taschentuche! Ade! ade!
Gott sei Deinem armen Spatzenkopfe gnädig! Und der
sclavenreiche Mr. Cunnigsby leiht sich hundert Thaler
von einem armen Jungen, um eine Gasthofszeche zu be=
zahlen, und giebt dem armen Jungen, anstatt ihm die
Auslage zurückzuerstatten, eine Anweisung auf Grauröder
nebst obligatem Fußtritt! Das gefällt mir gar nicht,
Mr. Cunnigsby! Aber ähnlich sieht es Ihnen, ver=
zweifelt ähnlich!

Als ich wieder in den Kurgarten zurückkam, fand ich
die Amerikaner nicht mehr, dafür aber meine Gesellschaft
in großer Aufregung. Ich konnte erst nach manchen
Fragen erfahren, um was es sich handelte.

Gleich nachdem ich den Garten verlassen, hatte sich
auf der Straße vor der großen Eingangspforte eine
Gruppe gezeigt, wie man sie, jetzt kurz nach Beendigung
des großen Krieges, nur zu oft auf diesen Bergen sah:
ein noch junges Weib, um das sich vier zerlumpte, halb
verhungerte Kinder drängten, während sie in einem kleinen
Wagen noch zwei wenige Wochen alte Zwillinge hinter

sich herzog. Es war die Frau eines Soldaten, der hinten „bei Böhmen", wie sie sagte, geblieben war. Der jammervolle Anblick hatte das Mitleid der Kurgäste in ungewöhnlich hohem Grade erregt; Egbert war sofort aufgesprungen und hatte gerufen, hier müsse geholfen werden, ob man nicht eine Collecte machen wolle? er sei bereit, mit einem Teller herumzugehen, Herr Lindau möge, damit man schneller zum Ziele komme, einen zweiten Teller nehmen und den andern Theil des Gartens — die Kegelbahn, die Holzlaube mit den Sechsundsechszig-Spielern u. s. w. absuchen.

So sprechend hatte er, um einen Anfang zu machen, ein paar Thaler auf einen Teller gelegt, und war fortgestürzt, begleitet von den besten Segenswünschen Frau von Pusterhausens, die es sehr schön fand, daß ein so vortreffliches Werk gerade von ihrem Tisch (und nicht von dem des englischen Kränzchens, oder dem der Frau Herkules) ausgehen sollte.

Ich hatte in der Eile nicht bedacht, sagte Egbert, der mir hernach, als wir allein waren, die Geschichte noch einmal ausführlicher erzählen mußte; ich hatte in der Eile nicht bedacht, daß ich auch an Mr. Cunnigsby's Tisch würde herantreten müssen, da sie den ganzen Handel mit angesehen hatten und auch ihrerseits von der ganzen Gesellschaft gesehen werden konnten, so daß es höchlich aufgefallen und mir der Himmel weiß wie ausgelegt sein würde, hätte ich sie und sie allein übergehen wollen. Und dann meinte ich auch, ich dürfe, um des guten Zweckes willen, nicht an mich selbst denken, und ein paar Goldstücke würden sich unter den Thalern und Fünfsilbergroschenstücken sehr gut ausnehmen. Dennoch schlug mir das Herz, als ich den kleinen Hügel hinaufschritt, aber ich schämte mich meiner Schwäche, trat, den Hut ziehend, resolut auf sie zu und hielt den schon ziemlich gefüllten Teller hin mit einer Geberde nach der armen Familie, die man von dem Platze aus sehr gut sehen konnte.

Egbert athmete tief auf und knirschte ein weniges mit den Zähnen. Weiter, lieber Egbert, sagte ich, das Alles wußte ich schon, jetzt kommt die Hauptsache, ob Du wirklich Ursache hast, so beleidigt zu sein, wie Du es bist.

Ja, mein Gott, rief Egbert; so etwas läßt sich nicht haarklein auseinandersetzen. Ich kann Dir den unverschämten Blick nicht schildern, mit dem er mich erst und dann den Grafen anstarrte, als wenn er sagen wollte: was zum Teufel will der Kerl! und dann das Achselzucken des Grafen, der wieder den Alten anstarrte, was wahrscheinlich heißen sollte: mag der Teufel wissen, was er will. Nun, bei Gott, da hatte ich genug. Ich setzte den Teller auf den Tisch, nahm mein Portemonnaie, schüttelte Alles, was darin war — ich glaube, es waren noch so zwanzig Thaler — zu dem Uebrigen, drehte mich auf dem Absatz herum, und ging fort.

Bravo, Egbert! und dann lachten sie hinter Dir her?

Ich glaube es, aber beschwören kann ich es nicht. Es sauste mir in den Ohren, so wüthend war ich. Ich wundere mich nur, daß ich nicht auf der Stelle umgekehrt bin und ihnen gesagt habe: Ihr seid elende Schufte, alle Beide!

Ohne Zweifel, sagte ich; aber, Alles in Allem, Egbert,

ist es gut, daß Du es nicht gethan hast. Denn schließ=
lich hatten sie doch das Recht, zu geben oder nicht zu
geben, um so mehr, da sie sich dahinter verstecken können,
sie hätten nicht gewußt, um was es sich handelte. Und
da Du das Lachen nicht beschwören kannst, überdieß der
Begriff des Komischen so schwer definirbar ist —

Du meinst, ich hätte ihnen Grund zu Lachen gege=
ben, rief Egbert, sage es nur gerade heraus!

Sage es nur gerade heraus, daß Du Dich jetzt
faute de mieux mit mir schlagen willst. Im Ernst, Eg=
bert, ich glaube, Du läßt die Sache, wie sie ist — aus
tausend Gründen, von denen ich Dir nur einen nennen
will: was soll aus Euch, ich meine aus Dir und ihr
werden, wenn Du es bis zum Aeußersten treibst!

Was auch ohne das werden wird: Nichts! murmelte
Egbert.

Und Du hast noch immer kein Wort von ihr gesagt!
wie benahm sie sich bei der Scene?

Ich weiß es nicht, sagte Egbert ärgerlich, fuhr aber,
nachdem er eine Zeitlang geschwiegen, wie mit sich selbst
redend, fort: das arme Kind! sie war über und über
roth geworden, als ich herantrat; und als ich das Geld
auf den Teller geschüttet hatte, und sie noch einmal ansah,
war sie ganz bleich und die Thränen standen ihr in den
großen, weitgeöffneten Augen.

Egbert fuhr sich selbst mit der Hand über die Augen,
und eilte aus meinem Zimmer, wo diese Unterredung
stattgefunden hatte.

Ich selbst verließ diesen Abend mein Zimmer nur
noch einmal, um einen Brief nach Berlin auf die Post

zu bringen, in welchem ich meinen Freund bat, seine ausgebreiteten Verbindungen zu benutzen, um mir gewisse Fragen über den ihm bereits geschilderten Jaguar, der sich in Berlin aufgehalten haben und bei T. Grauröder accrebirt sein wollte, wenn irgend möglich, zu beantworten. Dann eilte ich zurück, um den Augenblick nicht zu verpassen, wann die Amerikaner, die nach der Scene mit Egbert zu einer Spazierfahrt aufgebrochen waren, zurückkommen würden.

Ich hatte kein Licht angezündet, um mein Incognito so gut als möglich zu bewahren, und ging mit leisen Schritten auf und ab, von Zeit zu Zeit an das offene Fenster tretend, zu hören, ob nicht ein Wagen die Dorfstraße heraufkomme.

Es war heute Abend ungewöhnlich laut auf der Straße. Die große ländliche Feier der Kirmeß nahte heran, und die Burschen und Mädchen des Dorfes schwärmten schon singend, jobelnd, kreischend umher. Aus der etwas weiter die Straße hinab gelegenen Schenke erschallte mißtönende Musik. Es wurde spät, der Lärm unter meinem Fenster ließ nach und hörte endlich auf; auch die Musik in der Schenke verstummte. Ich hörte jetzt deutlich das Rauschen des Windes in den Pappeln und das Plätschern des Springbrunnens in dem Kurgarten. Meine Ungeduld und meine Unruhe wuchsen mit jeder Minute.

Ich wälzte die sonderbaren Einzelnheiten der sonderbaren Affaire, in die ich so sonderbar verwickelt war, in meiner Seele hin und her, und verwünschte zwischendurch den Eifer, mit dem ich mich zu dem unbequemen Amte des Helfershelfers gedrängt hatte, einem Amte, das mir eine undankbare Rolle nach der anderen aufnöthigte, und jetzt sogar die zweideutige eines Lauschers an der Wand. Ich hatte nie in meinem Leben gelauscht, weder an Wänden noch an Thüren, und was ich für mich selbst verschmäht hatte, mußte ich hier um eines Andern willen thun. Aber freilich, darin lag auch wenigstens etwas von einer Entschuldigung. Und dann: das schöne Mädchen hatte es mir nun einmal angethan; seitdem ich sie heute Morgen so in aller Heimlichkeit Barmherzigkeit übend gesehen, war sie mir in einem neuen liebenswürdigen Lichte erschienen, von dem sich die Gestalten ihrer Verwandten dunkel und häßlich abhoben. Wie hatte sie so gar keine Aehnlichkeit mit ihrer Schwester, die mit Bergfeld so frei coquettirt und den armen Menschen dann Hals über Kopf weggeschickt hatte, man wußte nicht warum? vielleicht nur, weil dem Herrn Grafen der Verkehr mit einem Kaufmann nicht behagte. Und dann die Mutter mit ihren ewigen grauen Locken, dem ewigen schwarzen Seidenkleide, der ewigen pompösen Goldkette und dem ewigen nichtssagenden Lächeln auf dem fetten indolenten Gesicht! Und nun gar der Vater, der Jaguar, der sich hunderte von Thalern aus den Taschen guter Bekannten lieh und keinen Groschen für das hungernde Elend hatte! Nein, dies schöne, gute Kind gehörte, wenigstens nicht im Geist und Herzen, zu diesem falschen, stolzen und hartherzigen Menschen! Die Reine aus der unreinen Umgebung zu befreien, in der sie, falls sie darin verblieb, über kurz oder lang an Leib und Seele untergehen würde — war einfach Menschenpflicht, die man erfüllen mußte, wenn auch ein bischen Horchen an der Wand mitunterlief.

Ich war wieder an das Fenster getreten; der abnehmende Mond war über die Berge heraufgestiegen, aber nicht in blendender Klarheit wie an den vorhergegangenen Tagen, sondern trübselig scheinend, durch einen Wolkenschleier, der sich nach und nach zu einem braungelblichen Hof um ihn zusammenzog. Kurgäste, die im Dorfe wohnten, gingen vorüber; ich erkannte Käthchen von Pusterhausen an dem hellen Kleide und der hellen Stimme; die dunkle Gestalt neben ihr war ohne Zweifel der treue Sänger. Dann war Alles wieder still; ich hörte die Dorfglocke elf schlagen. Mir wurde ganz unheimlich bei dem melancholischen Wächteramt in einem dunklen Zimmerchen — ich bildete mir ein, es müsse ein Unglück geschehen sein, und ich athmete hoch auf, als endlich ein Wagen langsam die steile Dorfstraße heraufkam und vor dem Hause still hielt.

Ich konnte die Aussteigenden nicht sehen, da ein Holzdach über dem Perron hing, aber sie mußten es sein, denn es kam die Treppen herauf und jetzt fiel auch der Lichtschein aus den Fenstern unter mir in die Pappeln. Ich hörte Stimmen, undeutlicher als gestern, man hatte die Fenster gleich beim Eintreten geschlossen. Aber die Stimmen wurden lauter, und war es die geringe Dichtigkeit der Wände und der Zimmerdecke, war es die durch Aufregung noch gesteigerte Schärfe meines Gehörs: ich konnte deutlich zwei Männerstimmen unterscheiden. Der Graf war also mit eingetreten — um elf Uhr in der Nacht! — man konnte die Freundschaft nicht weiter treiben.

Aber die Unterhaltung schien gar nicht freundschaftlich, die eine Stimme — es war die des Jaguars — wurde lauter und lauter — das waren doch entschieden deutsche Worte, die ich hörte: Sie wird wollen, Herr Graf, wenn ich will. Und jetzt mischten sich Weiberstimmen hinein — alle schienen auf einmal zu sprechen — ich konnte nichts Einzelnes mehr verstehen, und auf einmal ein lautes Weinen und dann ein geller Schrei — im Nu war ich aus meinem Zimmer, die Hühnerstiege hinab — ich weiß noch heute nicht, wie ich es bei der Dunkelheit fertig gebracht habe, ohne den Hals zu brechen — und da stürzte mir auch schon der Graf entgegen, der an mir vorüber den Corridor entlang eilte und die Treppe hinunterpolterte, während in dem Zimmer, dessen Thür halb offen stand, wüthend an der Glocke gezogen wurde.

Ich trat schnell entschlossen ein. Mit einem Blick übersah ich die Situation. Auf dem runden Tisch in der Mitte des großen Zimmers brannten zwei Lichter; von den Fauteuils, die um den Tisch standen, war einer umgeworfen, auf einer Causeuse — ebenfalls in der Nähe des Tisches — lag Ellen bleich und ohne Bewegung, während ihr die Schwester aus einem Glase Wasser in's Gesicht spritzte, Mrs. Cunnigsby im Zimmer umherlief, wahrscheinlich nach Eau de Cologne oder etwas der Art suchend, und der Jaguar noch immer an der Glocke Sturm läutete.

Er war es auch, der mein Eintreten zuerst bemerkte und, wie ein wirklicher Jaguar, auf mich zustürzend und mir den Weg vertretend, mich auf englisch anschrie, was zum Teufel ich in seinem Zimmer zu suchen habe.

Verzeihen Sie, sagte ich ebenfalls auf englisch, ich hörte aus diesem Zimmer einen Frauenschrei, der wie ein Hülferuf klang, und hielt es für meine Pflicht zu fragen, ob ich irgendwo von Nutzen sein könne.

Ich blickte dem Jaguar fest in die Augen; ich sah, wie er sich vergeblich bemühte, den Blick zu erwiedern.

Aber, fuhr ich fort, da ich sehe, daß der jungen Dame der Unfall im Schooße der Familie selbst zugestoßen ist, und sie überdies bereits wieder zu sich zu kommen scheint, habe ich nur noch wegen meines Eindringens um Entschuldigung zu bitten.

Ich machte dem Jaguar, der mich noch immer mit wüthend-scheuen Blicken anstierte — einem Raubthier gleich, das gern zupacken möchte und es nicht wagt — meine stattlichste Verbeugung und schritt zum Zimmer hinaus. Auf dem Flur begegnete ich Doctor Kühleborn, der sich eben durch die Hausleute, die das Sturmläuten herbeigezogen hatte, durchdrängte.

Ich ging g'rabe vorüber, sagte er athemlos, indem er mich auf die Seite zog. Sie kommen aus ihrem Zimmer. Was hat es denn gegeben?

Ich fürchte, Ihr Amerikaner ist ein Hallunke, sagte ich.

Um Gotteswillen, flüsterte der Doctor; wenn er Sie hörte!

Ich werde es ihm in's Gesicht sagen.

Ich bitte Sie um Alles in der Welt, machen Sie keine Scene! vor den Leuten! was ist denn?

Ueberzeugen Sie sich selbst! sagte ich, indem ich den Doctor stehen ließ, und Louis, der sich mittlerweile auch eingefunden hatte, und mich mit demselben bummverstörten Gesicht von heute Nachmittag anstierte, ein Licht aus der Hand nahm, um mich wieder auf mein Zimmer zu begeben.

Unter mir war Alles still geworden; auch im Hause wurde es wieder ruhig; aber es dauerte in dieser Nacht sehr lange, bis ich selbst ruhig genug wurde, um einschlafen zu können.

Siebentes Capitel.

Als ich am nächsten Morgen spät nach kurzem Schlummer erwachte, sah ich zu meiner nicht geringen Verwunderung Doctor Kühleborn vor meinem Bette sitzen. Er hielt den goldenen Knopf seines Stockes auf die dünnen Lippen gepreßt und betrachtete mich nachdenklich mit seinen ver=
blaßten klugen Augen.

Bleiben Sie liegen, sagte er, indem er den goldenen Knopf eine beschwörende Bewegung nach mir zu machen ließ und dann wieder an die Lippen führte, bleiben Sie liegen! Ich bin gekommen, um mit Ihnen von der fatal — ehem! — von dem kleinem Evenement gestern Abend zu sprechen, und da ist es mir lieb, daß ich Sie — frei=
lich gegen alle Kurregeln — noch im Bette finde. Er=
lauben Sie zuvörderst, mich eines Auftrages von Seiten des Mr. Cunnigsby — hier machte der goldene Knopf eine Bewegung nach dem Fußboden — zu entledigen. Er bedauert höchlichst und, wie ich überzeugt bin, auf=
richtig, Ihnen gestern Abend so unfreundlich begegnet zu sein. Er giebt zu, daß Sie, in Anbetracht der seltsamen Umstände, deren Zusammenhang und Bedeutung Sie weder kannten, noch kennen konnten, gewissermaßen in Ihrem Rechte waren, wenn Sie unaufgefordert seine Wohnung betraten; bittet Sie aber, auf der anderen

Seite bedenken zu wollen, wie sehr das plötzliche Erscheinen
eines Fremden in einem Augenblicke häuslicher Verwir=
rung ihn — ich meine Mr. Cunnigsby — in seiner
doppelten Eigenschaft als Amerikaner und Familienvater
irritiren, ja schmerzlich berühren mußte, und hofft, daß Sie
in freundlicher Erwägung dieser Punkte sein rauhes Be=
nehmen milde deuten und demgemäß entschuldigen werden.

Sehr schön gesagt, Doctor, erwiederte ich, indem ich
mich auf den Ellbogen stützte, sehr schön! aber verzeihen
Sie die Frage: wieviel von dieser schönen Rede kommt auf
den Amerikaner, wieviel auf seinen beredten Interpreten?

Der Doctor berührte mit dem Stockknopfe meine
Bettdecke an einer Stelle, unter der sich vermuthlich in
diesem Augenblicke meine sechste Rippe befand, und sagte:
Sie sind ein Skeptiker! was sollte aus meiner Anstalt
werden, wenn ich es nur mit Leuten Ihrer Art zu thun
hätte? Indessen, diesmal ist die Skepsis zu skeptisch.
Sie wissen, daß Mr. Cunnigsby nur sehr gebrochen deutsch
spricht und mein Englisch auch just nicht weit her ist;
ich will deshalb nicht beschwören, daß dies seine Worte
waren, ipsissima verba — aber der Sinn, Werthgeschätz=
ter, der Sinn war es zweifellos, zweifellos — und was
ich noch sagen wollte, Werthgeschätzter, auch ich persönlich
hätte Ihnen eine Bitte vorzutragen, deren ich mich eigentlich
schäme, da sie scheinbar, aber auch nur scheinbar, Werth=
geschätzter, einen Zweifel an Ihrer so bekannten Discretion
in sich schließt. Nicht wahr, es beleidigt Sie nicht, wenn
ich Sie noch ausdrücklich ersuche, die — Hm! — die Vorfälle
von gestern Abend mit dem Mantel der christlichen Nächsten=
liebe freundlichst zuzudecken — freundlichst zuzudecken.

Das kann ich Ihnen nicht versprechen, Doctor, sagte ich.

Der Doctor ließ vor Schreck fast die Prise, die er eben zur Nase führen wollte, fallen.

Denn, um es ohne Umschweif zu sagen, Doctor, fuhr ich fort und richtete mich noch mehr in die Höhe; ich halte, wie ich schon gestern Abend die Ehre hatte, Ihnen mitzutheilen, Ihren Amerikaner für einen Hallunken, der seine transatlantische Sclavenzüchter-Brutalität, um nicht aus der Uebung zu kommen, hier an seiner unschuldigen Tochter exercirt, die er, wie es mir ganz zweifellos ist, an diesen ungarischen Pferdegrafen verkuppeln will. Und Sie, lieber Doctor, um auch das noch zu sagen, beurtheilen den Mann und seine Handlungsweise genau so wie ich, und verzeihen Sie mir die Bemerkung! — ich verstehe es nicht, wie Sie, in welcher Eigenschaft immer, die Partei dieses Menschen oder dieser Menschen nehmen können.

Aber Werthgeschätzter, Werthgeschätzter, rief der Doctor; wer wird nur gleich so das Kind mit dem Bade ausschütten! Die Partei dieser Menschen! wer sagt denn das! aber Sie können mir doch nicht verdenken, wenn ich, als alter erfahrener Mann, mir selbst und Ihnen, und jedem Andern den Rath gebe: mischen wir uns nicht in Dinge, die uns nichts angehen! wenn ich außerdem als Director eines mächtig aufblühenden Badeortes wünsche, daß alle unangenehmen Auftritte so viel als möglich vermieden, alle Standalgeschichten schon im Entstehen, so zu sagen, strangulirt werden. Und dann, Werthgeschätzter, sprechen wir als Männer von Welt: mir muß daran liegen, und Ihnen würde, wenn Sie an meiner Stelle wären, ebenfalls daran liegen, daß die Partie zu Stande komme. Bad Tannenburg, im Erntemond: Heute wurde hier eine Verlobung gefeiert, die in den aristokratischen Kreisen viel von sich reden macht. Die schöne Miß Ellen Cunnigsby, zweite Tochter des sehr ehrenwerthen Mr. Augustus Lionel —

Hören Sie auf, um Himmelswillen! Sie machen mich krank, Doctor! Haben Sie denn ganz und gar vergessen, daß Sie dieselbe Geschichte schon einmal drucken lassen wollten, blos daß in der ersten Auflage der Name des Helden anders lautete!

Das ist vorbei, Werthgeschätzter, total vorbei, sagte der Doctor, was hilft es gegen den Stachel zu löcken! Und abgesehen davon, so können wir doch unmöglich — und auch Ihr Freund kann unmöglich, dem Glücke der jungen Leute hinderlich sein wollen, um so weniger, wenn er wirklich, wie es scheint, ein Faible für sie hat. Die Verbindung zwischen einem der größten Grundbesitzer Ungarns und der Tochter eines Plantagenbesitzers, dem halb Louisiana gehört —

Wenn Sie über diesen letzten Punkt ganz sicher sind, Doctor, sagte ich, so übernehmen Sie vielleicht — und ich erzählte ihm die kleine Transaction zwischen Mr. Cunnigsby und Herrn Bergfeld auf dem Eiskopfe.

Zu meiner Verwunderung schien diese Geschichte keinen Eindruck auf den Doctor zu machen: Was wollen Sie, sagte er, der Krieg hat die Verhältnisse des Mannes derangirt; man hat sogar einen Theil seiner Plantagen sequestrirt. Er hat es gar kein Hehl, daß das baare Geld in diesem Augenblicke etwas knapp bei ihm ist. Mein Gott, Werthgeschätzter, ich weiß das längst; und da Sie schon so viel wissen, kann ich Ihnen ja auch wohl noch dies sagen: ich habe mir eine Ehre daraus gemacht, einem Manne der Art während einer Periode vorübergehender Verlegenheit mein Haus, ich meine das Kurhaus, gastfrei zu öffnen; ja ich habe keinen Augenblick Anstand genom= men, ihm auch meine Börse anzubieten, und ich schätze es mir zur besonderen Ehre, daß er vor wenigen Tagen von diesem Anerbieten Gebrauch gemacht hat.

Und der Graf? gehört der vielleicht auch zu Ihren Pensionären?

Der Doctor schüttelte den grauen Kopf. Die Partei= lichkeit macht Sie blind, Werthgeschätzter, sagte er; glauben Sie einem alten Praktiker, der's nun schon so ein dreißig Jahre und darüber treibt, und dem während dieser Zeit Individuen aus allen Nationen und Ständen unter die Finger gekommen sind: Rasse, Werthgeschätzter, Rasse! das ist Alles; ist das Einzige, das sich nie verleugnet und lauf das man sich unbedingt verlassen darf. Und dann, wenn Sie meinen alten Augen nicht trauen wollen, und etwa der Meinung sind, daß ich, als Plebejer gleich= sam — obgleich ich aus einer uralten Nürnberger Patricier= familie stamme, die sogar mit den Augsburger Fuggers verschwägert war — aber angenommen, daß ich, als Plebejer, mich auf dergleichen nicht verstände: eine Krähe kennt die andere, und wer nach Malepartus geladen ist, braucht seinen Adelsbrief just nicht an der Kappe zu tragen. Aber ich will Sie nicht länger vom Aufstehen abhalten, Werthgeschätzter; habe selbst noch eine Welt zu thun. Die Einweihung des Herzogensteins heute Nachmittag — Sie werden doch von der Partie sein? — und notabene, was ich beinahe vergessen hätte: auch sie werden Theil nehmen — zum ersten Male — haben sich sonst immer streng aristokratisch ausgeschlossen — aber solche Leute haben Tact — die Gäste Sr. Hoheit können auf einem Feste, das Sr. Hoheit geweiht ist, nicht fehlen. Es ist noch eine Welt heute Morgen in Ordnung zu bringen, und dabei muß mir noch dieser Schlingel von Louis verrückt werden. —

Wie, Doctor! rief ich, der arme Mensch! er kam mir allerdings immer halb toll vor. —

Nicht wahr! rief der Doctor, ganz meine Prognose! ein Faselhans war er stets, aber seit gestern scheint er wirklich halb übergeschnappt. Alle Welt klagt über ihn, und wenn man ihn zur Rede stellt, führt er die kuriosesten Reden, meint: er sei auch ein Mensch, und was dergleichen Unverschämtheiten mehr sind. Ich habe ihm gestern Abend gekündigt, und heute in aller Frühe hat er sein Bündel schnüren müssen. Aber nun stehen Sie auf, Sie Langschläfer, es ist ein himmlischer Morgen, wir werden einen göttlichen Tag haben.

Und der Doctor wehte mir einige Kußhände zu und hüpfte zur Thür hinaus.

Ein liebenswürdiger alter Herr! brummte ich, während ich mich ankleidete, so ganz uneigennützig, so echt menschenfreundlich, so nur auf das Wohl seiner Nächsten bedacht! Den habe ich auch im „Vergnügungscommissar" zu gut fortkommen lassen! Möchte sich seinen Kuppelpelz redlich verdienen! Aber warte, alter Knabe! ich werde

Dir Dein sauberes Handwerk legen. Und der Minister des Innern, der englische Louis, hat sein schmutziges Tellertuch zurückgeben müssen! sic transit gloria! nicht einmal die Zeit hat man ihm gegönnt, sein redlich ver= dientes Trinkgeld von mir einzufordern! werde wohl heute auf meinen Kaffee vergebens warten.

Ich sah auf meine Uhr. Es war bereits Neun: die Stunde, in welcher Miß Ellen, während die beiden an= deren Damen badeten, spazieren zu gehen pflegte. Ein Gedanke durchzuckte mich. Wie? wenn ich den Versuch machte, Ellen zu sprechen! ihr zu sagen — ja, mein Gott, was nur eigentlich? aber das würde sich finden — —

Ich beeilte mich, fertig zu werden, als die alte Auf= wärterin mit dem Kaffee kam. Das Fenster schließen, da= mit man mich draußen nicht hörte, die Alte beim Arm ergreifen und ihr in das Ohr schreien: wo ist die junge Dame unten — die mit den blauen Augen? — war das Werk eines Momentes.

Die Alte nickte mit dem Kopfe und sagte: ja, ja, die arme junge Dame!

Ich wiederholte meine Frage laut genug, daß ein Bild von Marmorstein es hätte hören müssen.

Ja, ja, sagte die Alte; Sie brauchen sich nicht an= zustrengen; ich höre heute ganz gut. Sie wollen wissen, wie es der armen jungen Dame geht? ja, ja! sitzt unten, das gute Kind und weint, daß es Einem das Herz brechen könnte. Ich habe ihr auch gesagt: Liebes Fräulein, habe ich gesagt, heirathen Sie ihn nicht, wenn Sie ihn nicht mögen. Ja, ja! und da ist sie mir um den Hals gefallen, das arme Ding, und hat so geweint und geschluchzt!

Die Alte schüttelte den Kopf und wischte sich die Augen. Ich drängte sie auf einen Stuhl, lief an den Tisch und schrieb auf das erste Blatt, das mir unter die Hände kam, in englischer Sprache: Können und wollen Sie einem Manne, der verheirathet und Vater von vier Kindern ist, vertrauen, so gewähren Sie mir eine Unterredung von wenigen Minuten; ich habe Ihnen Dinge von höchster Wichtigkeit mitzutheilen.

Es kostete mich weniger Mühe, als ich gefürchtet hatte, der Alten begreiflich zu machen, daß sie das Blatt Miß Ellen bringen und auf Antwort warten solle. Entweder hatte sie dergleichen Liebesdienste schon öfter geleistet, oder, was wahrscheinlicher ist: selbst alte taube Bauernfrauen bewahren sich für diese Dinge das angeborne Verständniß — genug! sie lächelte schlau, ließ den Thaler, den ich ihr in die Hand gedrückt, in die Tasche gleiten, verbarg das Blatt sorgfältig unter dem Wollentuche, das sie über der Brust trug, und entfernte sich mit einer Eilfertigkeit, die, in Anbetracht ihrer hohen Jahre, doppelt rühmlich war.

Ich blieb zurück in der größten Aufregung. Würde sie mir antworten? und was? — Die Minuten verrannen — ich eilte von der Thür nach dem Fenster, von dem Fenster nach der Thür, als ob der Boden unter meinen Füßen brennte. — — Da hörte ich die Alte die Hühnersteige heraufkeuchen. Sie brachte Antwort!

Ich vertraue Ihnen; aber ich kann Sie hier nicht sehen. Ich werde ausgehen — nach dem Rabenthal —

Die Handschrift des kleinen englischen Billets war sehr kritzlich und ich zählte in der Eile vier oder fünf orthographische Fehler, aber was hat die Liebe mit der Orthographie zu schaffen, noch dazu mit der Orthographie junger Damen aus den amerikanischen Südstaaten! Die Hauptsache war, daß sie ja gesagt und den Ort des Rendezvous so schicklich als möglich gewählt hatte.

Gleich hinter dem Kurhause führte ein schmaler Pfad am Fuß des Burgberges auf eines der Nebengäßchen des Dorfes, dessen alterthümliche Bauernhäuschen auf uralten kyklopischen Untermauern ruhen. Der Weg war schmal und steil, nicht überall ganz sauber und vielleicht deshalb wenig frequentirt, trotzdem er der kürzeste in das Rabenthal war, das man sonst nur auf einem langen Umwege erreichen konnte. Das Rabenthal hatte auch seine Schattenseiten, oder vielmehr es hatte eigentlich gar keine Lichtseite, denn es war sehr eng, zwischen hohe, steile Felswände eingeklemmt, und die Wassertropfen, die beständig von den Farrenkräutern und Moosen zwischen dem trotzigen Gestein herabsickerten, funkelten und blitzten nur, wenn die Sonne am höchsten stand. Das war nun freilich sehr schön und poetisch, aber auch an einzelnen Stellen sehr naß, und diese poetische Nässe trug ebenfalls dazu bei, das Rabenthal für prosaisch trockene Gemüther unzugänglich zu machen.

Ich hatte mich trotz meiner Ungeduld auf dem Wege durch das Dorf nicht sehr beeilt, um Miß Ellen einen Vorsprung zu lassen, sobald ich aber das letzte Haus — eine halbverfallene Gipsmühle mit erblindeten Scheiben — hinter mir hatte, beschleunigte ich meine Schritte und erblickte nach wenigen Minuten ein helles Kleid, das ich bald darauf — einigermaßen athemlos vor Eile und

Aufregung — erreichte. Nicht zum mindesten vor Auf=
regung! Selbst für einen Gatten und Vater von vier
Kindern verliert die Schönheit nichts von ihrem dämoni=
schen Zauber, und wenn auch in diesem Falle die Reinheit
meiner Theilnahme für das holde Geschöpf nicht durch
den Schatten eines persönlichen Wunsches getrübt war,
so war doch der Reiz des Abenteuerlichen, der bis jetzt
über diesem ganzen seltsamen Handel lag, so groß, und
das Gefühl der Verantwortlichkeit, die ich freiwillig über=
nommen, so drückend, daß, als sie mir die Hand entgegen=
streckte und ich zum ersten Mal die schlanken Finger in
den meinen fühlte, mein Herz wild schlug und es mir
nicht gelang, auch nur ein Wort, geschweige denn das
rechte Wort zu finden.

Aber diese Verlegenheit währte nur ein paar Mo=
mente. Die Blässe der lieblichen Wangen, die gerötheten
Lider der schönen verweinten Augen, das angstvolle Beben
des zarten Busens — das Alles gab mir, in dem Grade,
als es mich bis in die tiefste Seele rührte, Besonnenheit,
Muth und vor Allem die Sprache zurück. Ich ließ ihre
Hand aus der meinen und sagte, indem ich sie durch
eine Bewegung einlud, auf einem moosbewachsenen Stein
Platz zu nehmen, der von einem weit vorspringenden
Felsblocke überwölbt und ganz trocken war: Ich danke
Ihnen, liebes Fräulein, daß Sie mir vertraut haben.
Ich hoffe, Sie sollen es nie bereuen. Was in meiner
Macht steht, Ihnen zu dienen, darauf mögen Sie so sicher
rechnen, als ob ich Ihr älterer Bruder wäre.

Sie blickte zu mir empor — ich war an ihrer Seite
stehen geblieben — und wollte etwas erwiedern, aber

Thränen erstickten ihre Stimme; sie barg das Gesicht in beide Hände und weinte bitterlich.

Ich sprach ihr Trost und Muth ein, so gut ich es vermochte, und wie es denn in solchen Momenten, wo nur Einer spricht, während zwei sprechen sollten, zu geschehen pflegt, daß der Eine viel mehr sagt, als er im anderen Falle gesagt haben würde, so erzählte ich ihr denn nach und nach Alles von Anfang an: wie ich Egbert gefunden, wie er mir das Geheimniß seiner Liebe schon in der ersten Stunde offenbart, wie ich ihm abgerathen, wie er treu geblieben, wie ich dann wieder seine Liebe auf alle Weise begünstigt, trotzdem ich mir in keinem Augenblicke das Bedenkliche und Gefährliche eines solchen Verhältnisses verhehlt; wie aber gerade das Auftreten des Grafen, der ihrer in jeder Beziehung — nur nicht vielleicht in der des Vermögens — unwürdig sei, Egberts Leidenschaft nur erhöht und ebenso mein Verlangen, eine Entscheidung herbeizuführen, geschärft habe. Und eine Entscheidung müsse jetzt eintreten, wenn, wie ich gehört, sie Tannenburg in wenigen Tagen mit dem Jagdschloß des Großfürsten vertauschte in Gesellschaft des Grafen, als dessen Verlobte sie dann wohl nach Tannenburg zurückkehren würde — falls sie überhaupt zurückkehrte.

Das junge Mädchen hatte durch ihre jetzt spärlicher fließenden Thränen hindurch mir eifrig zugehört und das hatte mir auch den Muth gegeben, weiter und weiter zu sprechen. Als ich des Grafen erwähnte, sah ich, wie ein Zucken durch den schlanken Körper flog. Sie schüttelte heftig den Kopf und blickte mich dann mit ihren großen feuchten Augen angstvoll an.

Ich weiß es, daß Sie ihn nicht lieben, sagte ich; und wenn ich es nicht schon vorher gewußt hätte, würde mich die Scene gestern Abend, deren freiwillig=unfreiwilliger Zeuge ich gewesen bin, über Ihre Gefühle nach dieser Richtung hin aufgeklärt haben. Aber, theure Miß, der Widerstand so manches jungen Mädchens gegen eine ungewünschte, ja verhaßte Verbindung ist durch das Drängen und Drohen liebloser Verwandten gebrochen worden, und ich wiederhole: die Reise, die Sie vorhaben, erfüllt mich für Sie mit schwerer Sorge. Sie werden das Schloß des Großfürsten als die Braut des Grafen verlassen.

Nein, nein! rief das Mädchen, indem sie plötzlich aufsprang, und die Hände wie zur Abwehr von sich streckte, nie werde ich diesen Menschen heirathen! nie! lieber sterben als das!

Ich hatte mit Absicht die Gefahr, die sie lief, zu einer Verbindung mit dem Grafen gezwungen zu werden, so groß geschildert, um sie zu einer bestimmten Erklärung zu drängen. Dennoch überraschte mich die so plötzlich hervorbrechende Leidenschaft des jungen Mädchens dergestalt, daß ich einen Augenblick ganz überhörte, wie sie auf einmal, während ich nur immer englisch gesprochen hatte, deutsch zu reden begann. Dann freilich kam mir mit diesem Gedanken ein anderer, der mir ein ganz neues Licht über die Situation ausgoß.

Sie sind eine Deutsche, rief ich; gestehen Sie es: Sie sind eine Deutsche, sind nicht die Tochter jenes Mannes, gehören gar nicht zu jener Familie! O, dann ist Alles gut, kann noch Alles gut werden! Welche Bande

Sie auch immer mit jenen Menschen verbinden, wenn es nicht die des Blutes sind — sie werden sich lösen lassen. Ich bitte, ich beschwöre Sie: vertrauen Sie sich mir an! Eine solche Gelegenheit, es frei zu können, kommt uns so leicht, kommt uns vielleicht nie wieder. Aber klar muß ich sehen können, wenn ich helfen soll, wenn Sie wollen, daß ich Ihnen, daß ich ihm helfe, und Sie müssen das wollen, wenn Sie ihn lieben, wie ich jetzt mehr als je glaube.

Ja, ja, ich — o mein Gott, was soll ich thun! was soll ich thun! ich bin das unglücklichste Geschöpf! murmelte das arme Kind, indem es auf den Steinsitz zurücksank und das Gesicht mit den Händen bedeckte.

Sie hatte die letzten Worte wieder englisch gesprochen. Ich stand rathlos da. Die Vermuthung, daß sie nicht die Tochter ihres Vaters, daß sie eine Deutsche sei, kam mir jetzt thöricht, ja abgeschmackt vor.

Plötzlich ließen sich irgendwo über uns in den Tannen, welche die Felsen krönten, und durch die sich ein Pfad, den ich nicht kannte, ziehen mochte, Stimmen hören. Ellen sprang auf, zitternd.

O, mein Gott, flüsterte sie, wenn das mein Vater wäre! ich bin verloren! er würde mich tödten!

Sie stand mit vornübergebogenem Kopfe lauschend. Die Stimmen kamen jetzt, obwohl noch immer nicht deutlich, aus größerer Nähe zu uns.

Um Gotteswillen, retten Sie mich! rief das Mädchen, krampfhaft mit ihren beiden Händen meine Hände erfassend.

Wenige Schritte von uns, gegenüber der Seite, von

der die Stimmen zu kommen schienen, zog sich zwischen
den steilen Felsen eine mit Steingeröll ausgefüllte Schlucht
in die Höhe, über die sich im Frühjahr ein jetzt aus=
getrockneter Wasserfall in das Rabenthal ergießen mochte.
Die Schlucht war sehr eng und verlor sich oben in dichten
Tannen. Wenn es mir gelang, hier hinaufzuklimmen —
und in solchen Momenten gelingt einem Alles — war
ich in weniger als einer Minute für Jeden spurlos ver=
schwunden, und das Mädchen kam, wenn man sie traf,
von einem einsamen Spaziergange. Ich drückte ihr die
Hände, sagte ihr mehr durch Blick und Geberde, als mit
Worten, daß sie den Weg, den wir gekommen, zurück=
gehen möge, und war schon im nächsten Augenblicke in
einem tollkühnen Anlauf die Schlucht halb hinauf. Die
Steine, auf die ich meine Füße setzte, wichen unter mir
fort, und polterten hinab, die Farrenkrautbüsche und
Ginsterstauden, an die ich mich klammerte, blieben mir
in den Händen — aber ich arbeitete mich — ich weiß
nicht wie — in unglaublich kurzer Zeit vollends in die
Höhe, freilich nicht, ohne, oben angelangt, mit kochender
Brust, 'athemlos den Stamm einer Tanne umklammern
zu müssen, um mich nur auf den Füßen halten zu können.

Und nun, als mir eben der Athem und die Besin=
nung allmälig wiederkamen, hörte ich zu meinem Schrecken
die Stimmen, denen ich hatte ausweichen wollen, ganz
in meiner Nähe. Es war offenbar: ich hatte mich, wie
man das in Bergschluchten so oft thut, in der Richtung,
aus der die Stimmen erschallten, geirrt, und war ihnen
mit Aufbietung aller meiner Kraft entgegengelaufen. Was
sollte ich thun? Zurück konnte ich nicht, ohne den Hals

zu riskiren — wozu mir denn doch, Alles wohl erwogen, eine unbedingte Nöthigung nicht vorzuliegen schien. Es blieb mir nichts übrig, als auf dem Pfade, der, wie ich jetzt sah, an dieser Stelle dicht an dem Rande der Schlucht hinführte, weiter zu schreiten, mit der Miene Jemandes, der sich auf einer Morgenpromenade an frischer Wald= luft, Sonnenschein und Vögelzwitschern harmlos ergötzt, und dazu behaglich die Melodie von „Herr Heinrich saß am Vogelheerd" pfeift.

Ich hatte kaum die ersten drei Tacte gepfiffen, als die Stimmen, die mir nun schon ziemlich nahe waren, plötzlich verstummten. In der Gewißheit, im nächsten Augenblicke auf den Feind zu stoßen, pfiff ich herzhaft weiter und war eben bis zur „lieben Nachtigall" gekom= men, als bei einer Wendung des Pfades plötzlich — Herr Lindau vor mir stand, während ein helles Gewand, das nur die flüchtigen Glieder Käthchens von Puster= hausen umspielen konnte, zwischen den Stämmen der Tannen davonflatterte.

Die Ueberraschung war zu groß und zu angenehm, als daß ich ein herzliches, wenn auch stilles Gelächter hätte unterdrücken können, in welches [der Dichter, nach kurzem Besinnen, ebenso herzlich, wenn auch noch stiller, einstimmte.

Ich bitte tausendmal um Verzeihung, sagte ich, aber wer hätte ahnen können, daß —

Wir schon so weit wären, unterbrach mich der Sänger mit einem bezeichnenden Blick nach der Richtung, in welcher das helle Gewand verschwunden war. Ja, lieber Himmel, ich hatte das auch gestern um diese Zeit noch nicht geahnt; aber diese Tannen scheinen mit ihrem Duft auch Liebe auszuströmen, also, daß der ganze Wald davon erfüllt ist. Ich glaube, daß hier irgendwo herum der Venusberg liegen muß, und es soll mich gar nicht wundern, wenn ich eines schönen Morgens, oder lieber Abends der hohen Frau selber begegne.

Was Ihnen um so leichter passiren könnte, als sie für flötenspielende Schäfer und im Walde irrende Minnesänger immer ein besonderes Faible gehabt hat.

Freilich, sagte Lindau, und kann man es ihr verdenken? die Liebe kostet Zeit — und wer hat so viel Zeit als ein Schäfer? die Liebe weiß nicht, was sie will — ein irrender Minnesänger weiß es auch nicht. Ach Gott, wer kennt sein eigenes Herz!

Und der Dichter seufzte tief, während er seine Cigarrentasche hervorlangte und mir ebenfalls von seinem Vorrath anbot.

Nur, wer keins hat, meinte ich.

Sehr wahr, entgegnete Lindau, sehr wahr; und folglich der um so weniger, dessen Herz — danke, sie brennt schon — dessen Herz um so reicher ist. Ja wohl, der Reichthum des Herzens, der Ueberschwang der Empfindung — das ist es, was den Willen irrt, daß wir die Uebel, die wir haben, lieber ertragen, als zu unbekannten fliehen. Denn', gestehen wir es uns, lieber Freund, ein Uebel ist der Schaukelzustand all' dieses Neigens von Herzen zu Herzen, dieses Hangens und Bangens in schwebender Pein. Alle kann man sie doch nicht heirathen, aber wiederum der Gedanke, eine zu heirathen, und hinterher, wofür doch Millionen gegen eins spricht, zu

finden, daß sie die Rechte nicht war — das ist zu furcht=
bar; vor diesem Gedanken erbleicht die Farbe der robuste=
sten Entschließung.

Und was sagt sie dazu?

O, sie sagt gar nichts — das ist eben das Reizende
an ihr. Ich hasse die spirituellen Weiber, die schon Alles
wissen, schon Alles tausendmal empfunden haben. Nein,
sie lächelt nur, verdeckt mit einer holden, stummen Pause
die tiefsten und breitesten Lacunen ihrer Bildung, und
lächelt wieder, als hätte sie das geistreichste Ding von der
Welt gesagt. Sie ist ein Engel.

Sollte Ihnen diese stummlächelnde, seelenlose Psyche
nicht mit der Zeit langweilig werden? fragte ich.

Unmöglich! rief Lindau. Sie kann mir nicht lang=
weilig werden, denn sie langweilt mich bereits; aber
gerade dieser Umstand scheint mir entscheidend. Ich sehe
in dieser Langeweile, die, wie ich anzunehmen Grund
habe, schon jetzt gegenseitig ist, die reine Negation, welche,
nach den Gesetzen der Polarität, aus sich die reine Posi=
tion einer glücklichen Ehe hervortreibt.

Spielen Sie nicht mit dem Feuer, lieber Freund,
Sie möchten sich garstig verbrennen.

Ich hör' Ulyssen, den vielerfahrenen, reden, entgegnete
Lindau; aber ich kann Sie versichern, ich spiele gar nicht,
im Gegentheil: ich bin noch niemals so prosaisch ernst
gewesen. Es hat ja Jeder, der kein Neuling ist, so eine
Art von Maßstab für seine Empfindungen. Der Eine
kann, wenn er ernstlich liebt, nicht rauchen, der Andere
nicht schlecht über die Frauen sprechen hören; ich für
mein Theil kann, wenn ich gründlich verliebt bin, also

nicht heirathen will — denn ich werde niemals aus Liebe
heirathen — kein Sonett machen. Ganz natürlich! man
greift nie zu künstlichen, und noch dazu fremden Formen
in Augenblicken wahrer Erregung. Heute Morgen nun
— Sie werden aus diesem Umstande mit Leichtigkeit den
richtigen Schluß ziehen — wurde ich angenehm über=
rascht und zugleich über die prosaische Ernsthaftigkeit
meiner Absichten freundlich aufgeklärt, als ich, einem
Versprechen nachzukommen, das ich gestern etwas leicht=
sinnig Fräulein Käthchen gegeben hatte, ein Gedicht auf
sie machen wollte, und dabei ohne Weiteres in die Form
des Sonetts gerieth. Ich weiß nicht, ob ich —

Aber, lieber Freund, wie können Sie zweifeln! rief
ich, Sie wissen, wie hoch ich Ihr Talent schätze, und für
Alles, was Sie mir mittheilen, selbst für das vielleicht
weniger Gelungene, dankbar bin.

Nun, es ist in der Form nicht so schlecht, sagte der
Dichter, urtheilen Sie selbst! und er recitirte, indem er
stehen blieb, und mich durch eine schmale Spalte der fast
geschlossenen Lider seiner langgeschlitzten Augen fixirte:

    In jeder andern Stadt ein ander Mädchen! —
    Das war mein wildes Wort in früh'ren Tagen —
    Der Thoren spotte ich, die Ketten tragen
    Aus federleichten, weichen Sommerfädchen!

    Nein! neue Lieb' in jedem neuen Städtchen!
    Nun muß der Spötter bitter sich beklagen,
    Nun fühlt er selbst in Ketten sich geschlagen.
    In Ketten sond'rer Art, mein holdes Käthchen!

    Des Armen denk' ich, den am Strand, dem flachen
    Von Liliput, das Volk der schlauen Kleinen
    Umstrickte tausendfach in wen'gen Stunden.

> Wie er erwacht, er weiß nicht, soll er lachen,
> Soll weinen er, und unter Lachen — Weinen
> Erklärt er endlich sich für überwunden.

Bravo! sagte ich.

Nicht wahr, sagte der Dichter, es ist nicht schlecht; und dann, wissen Sie, kann es für spätere Zeiten nicht schaden, wenn ich jetzt schon gleichsam zu Protocoll gebe, daß die Sache zum Lachen ist.

Oder zum Weinen, meinte ich.

Oder zum Weinen; wir können uns ja darein theilen; es wäre ungalant, wenn ich Alles für mich behalten wollte. Aber, um auf etwas Anderes zu kommen, werden Sie heute Nachmittag von der Partie sein?

Ich denke.

Ich auch! sagte der Dichter; solche Wald- und Wiesenpartien sind von dem schalkhaften Gott der Liebe eigens erfunden, um Gelegenheit zu machen. Auf Wiedersehen also!

Der Dichter reichte mir die Hand mit leisem Druck und ging in das Kurhaus, zu dem wir unter so gewichtigen Gesprächen unvermerkt zurückgekommen waren.

Ich eilte in den Kurgarten, wo ich Egbert im Schatten eines Baumes sitzend bemerkt hatte, wie er mit der Miene des Weisen von Syrakus geheimnißvolle Figuren in den Sand zeichnete.

Ich salutire den gelehrten Herrn, sagte ich, an seiner Seite Platz nehmend: Ihr habt mich weidlich schwitzen machen.

Du siehst in der That sehr echauffirt aus, erwiederte Egbert mürrisch, ich habe Dich vergebens erwartet; wo bist Du gewesen?

Eurer Gnaden zu dienen: im Dienste Eurer Gnaden, erwiederte ich, mir den Schweiß abtrocknend, der mir noch immer von der Stirn perlte.

Hast Du sie gesehen? fragte Egbert, sich mit Lebhaftigkeit zu mir wendend, ich nicht.

Das glaube ich; man kann sich nicht mit zwei Herren zu gleicher Zeit ein Rendezvous geben.

Egbert sah mich so erschrocken an, als ob er plötzlich Spuren eines im Stillen bereits weit vorgeschrittenen Wahnsinns an mir entdeckt habe.

Bist Du —

Verrückt? o nein, ganz und gar nicht, und nun höre einmal aufmerksam zu!

Ich erzählte ihm Alles, was mir, seitdem wir uns gestern Abend getrennt hatten, begegnet war. Die Ohnmachtsscene mit dem enteilenden Grafen und dem hilfeklingelnden Vater versetzte ihn in unbeschreibliche Wuth; ich hatte alle Mühe, ihn zurückzuhalten, daß er nicht sofort hinlief, um an den Grafen persönliche Rache zu nehmen. Mit einem nicht minder großen, wenn auch weniger peinlichen Interesse erfüllte ihn die Erzählung des Stellbicheins im Rabenthal, das leider abgebrochen werden mußte, als ich hoffen durfte, die junge Dame endlich zum Sprechen gebracht zu haben. Indessen waren doch verschiedene Punkte in ein klares Licht gesetzt worden. Zuerst ihre Liebe zu Egbert, von der Egbert jetzt so wenig wissen wollte, als ob eine solche Vermuthung auszusprechen, oder gar von einer Gewißheit zu reden, eine persönliche Beleidigung für ihn in sich schließe.

Ich bitte Dich, rief er, sage mir nichts mehr davon!

Ich weiß, daß es unmöglich ist. Ich will mich nicht mit einem Gedanken tragen, der mir wie ein Frevel vorkommt, ein Frevel an diesem holdseligen Mädchen.

Und was hat sie im Rabenthal gewollt? Irgend einen zwingenden Grund muß sie doch gehabt haben, und das kann nur die Liebe gewesen sein.

Oder die Verzweiflung, sagte Egbert; denn das ist ja klar, daß man sie zwingen will, den verdammten — Egbert zermalmte das Ende der Phrase zwischen seinen knirschenden Zähnen, schluckte es mühsam hinunter und fuhr dann fort: Nun sucht das arme Mädchen Hilfe, wo es Hilfe findet, und weshalb sollte sie da nicht Dich —

Ebenso gut nehmen, wie einen Andern? sehr schmeichelhaft! Aber, Egbert, wir haben nicht Zeit, mit einander Versteckens zu spielen. Sage mir lieber, wie kommt sie zu ihrem Deutsch? und was bedeutet es, daß man diesen Umstand so sorgfältig verheimlicht hat? daß der Amerikaner mir selbst und überall versichert hat, Niemand von seiner Familie außer ihm verstehe eine Silbe deutsch?

Ich erkläre mir das sehr einfach, erwiederte Egbert; er weiß es vermuthlich wirklich nicht, daß sie deutsch versteht; sie sind ja schon seit mehreren Monaten in Deutschland: in Baden, Berlin, was weiß ich. Sie wird es heimlich gelernt haben, zu ihrem Vergnügen. Du siehst ja, daß sie von der übrigen Familie so gut wie losgetrennt ist. Vielleicht hat sie auch ein ganz besonderes Sprachtalent; diese amerikanischen Damen sollen ja manchmal erstaunlich viel wissen.

Ich murmelte etwas von mangelhafter Orthographie,

indem ich den Zettel, den sie mir heute Morgen durch die taube Alte geschickt hatte, aus der Westentasche nahm und ihn Egbert übersetzte.

Egbert ließ sich den Zettel geben, ihn mit strenger, fast finsterer Miene betrachtend, wie ein Lehrer ein sehr mißrathenes Exercitium. Dann faltete er ihn mehrmals zusammen — offenbar in tiefster Zerstreuung — und steckte ihn — augenscheinlich, ohne zu wissen, daß er es that — in seine Westentasche. Ich dachte großmüthig, Westentasche ist Westentasche, und lenkte seine Aufmerksamkeit auf den bedeutenden Vortheil, der uns durch den Umstand, daß Miß Ellen deutsch verstand, erwachsen sei. Jetzt kommt es wahrlich nur auf Dich an, rief ich; darauf, daß Du die erste, beste Gelegenheit benutzst, ihr Deine Liebe zu gestehen, endlich einmal für Dich selber zu sprechen. Ich für mein Theil bin froh, daß ich meines undankbaren Dienstes überhoben bin. Ihr braucht mich nicht mehr; nun seht aber auch selber zu, wie Ihr fertig werdet.

Du wirst mich nicht verlassen, Fritz! sagte Egbert, indem er meine beiden Hände ergriff und mir angstvoll mit seinen guten Augen in die Augen schaute.

Es waren dieselben Augen, deren ich mich von der Tertia her so wohl erinnerte, wenn er des Morgens um halb acht die lateinische Präparation noch nicht angefangen hatte, und ich ihm, behufs schnellerer Geschäftserledigung, die Bedeutungen der fürchterlichen Worte mit Bleistift am Rande notirte.

Ich drückte ihm die Hände. Wir gingen bis zum Mittag im Kurgarten auf und ab, die Möglichkeiten der Fahrt heute Nachmittag besprechend.

Zu der wurde lebhaft gerüstet. Nach getroffener Verabredung sollte das Mittagsmahl heute eine Stunde früher eingenommen werden, und zwar in der offenen Halle des Gartens, da der große Saal im Kurhause bereits zu dem Ball, mit dem das Fest würdig geschlossen werden sollte, geschmückt wurde. Doch fand sich die Gesellschaft in der Halle nur sehr spärlich ein. Einige hatten vorgezogen, lieber ein sicheres Frühstück einzunehmen, als auf ein unsicheres Mittagbrod zu warten, und erschienen in Folge dessen gar nicht. Zu diesen gehörten die Amerikaner. Andere waren mit ihrer Toilette nicht fertig geworden, und kamen zum letzten Gang — wie die Damen von Pusterhausen (schmerzlich erwartet von Herrn Lindau, der seinen Gram über das lange Ausbleiben der Angebeteten vergeblich durch doppelte Portionen zu bekämpfen gesucht hatte); wieder Andere waren wohl rechtzeitig erschienen, aber offenbar in der übelsten Laune. Dies war der Fall mit dem gesammten englischen Kränzchen, vor Allem mit Frau Justizrath Scherwenzel, deren blaßrothes Haubenband, das sie sehr fest unter dem Kinn zusammenzubinden pflegte, fortwährend in der Nähe des rechten Ohres der Frau Oberpost-Directorin von Dinde in wackelnder Bewegung war, während die kleinen, blassen Augen der Dame beständig giftige Blicke nach der Seite des Tisches warfen, wo sich die Schaar der Treuen um Frau Hertules und Fräulein Kernbeißer gesammelt hatte, und wo ebenfalls ungemein eifrig converfirt wurde mit gelegentlichem Pelotonfeuer ärgerlicher Blicke nach der Richtung des englischen Kränzchens. Ich sah auch, wie Doctor Kühleborn, als girrende Friedenstaube, von einer Partei zur anderen flatterte, aber ohne daß ihm Jemand sein Oelblatt abnehmen wollte. Ich hatte die Gesellschaft während meiner Anwesenheit in Tannenburg eifrig genug studirt, um ungefähr zu wissen, was diese Aufregung hervorgebracht hatte, und wo meine Wissenschaft zu Ende ging, konnte Lindau, der Allwissende, nachhelfen.

Die Sache ist die, sagte Lindau, indem er einen Hühnerflügel tranchirte, daß wir nur vier große Leiter=wagen, zu zwanzig Personen jeden, haben; außerdem die Chaise des Wirthes, die von den Amerikanern occupirt ist, des Doctors Phaëton, in welchem nur für zwei Platz ist, und ein paar Einspänner, die alle schon besetzt sind. Das hat bei sonstigen ähnlichen Gelegenheiten ausgereicht; man behalf sich eben und theilte friedlich die Leiden einer Leiterwagenfahrt. Aber die Anwesenheit des Herzogs hat den Samen der Zwietracht in die Gesellschaft gestreut, und dieser Samen ist in den letzten zwei Tagen herrlich aufgegangen. Meine Schwiegermama — hier lächelte der Dichter — ist durch das Benehmen des englischen Kränz=chens bei Emma's und Käthchens Unfällen tödtlich be=leidigt, und hat ihnen offene Fehde angekündigt. Nicht minder offene Fehde, wenn auch aus einem mir näher liegenden Grunde, wüthet zwischen meinem blonden Käth=chen und der brünetten Frau Herkules, die ach! nicht mehr mein ist. Wiederum haben die Lorbeeren des englischen Kränzchens Fräulein Kernbeißer nicht schlafen lassen; sie hat proponirt und es durchgesetzt, daß die Kinder der mater pulchra bei der Einweihung des Herzogensteines eine große Rolle spielen — ich glaube Blumen streuen sollen — oder ein ähnliches Nonsens, während mater

pulchra selbst als Waldfrau erscheinen und ein Gedicht
— natürlich von Fräulein Kernbeißer — recitiren wird.
Nun bringen Sie einmal diese Capulets und Montecchis
in den drei Leiterwagen unter, denn einer geht ab für
die Musik. Kühleborns diplomatisches Genie wird ein
weites Feld haben. Sehen Sie nur, wie er vielgeschäftig
von einer Gruppe zur andern rennt! Und da kommen
die Wagen schon!

In der That rangirten sich diese eben auf dem gro=
ßen Platz vor dem Kurhause. In demselben Augenblicke
brachen auch die drei Hauptparteien, die Führer voran,
aus dem Kurgarten auf, und eilten in schnellem Schritt,
der zuletzt in einen kurzen Trab fiel, den Wagen zu, um
im Namen der Partei von denselben Besitz zu ergreifen.
Unglücklicherweise aber war diesen dreien eine vierte Partei
zuvorgekommen, eine Schaar von meist jüngeren, allein=
stehenden Herren, die die Kegelbahn und das Billard=
zimmer zu vereinigen pflegte, und die es sich ebenfalls
nicht nehmen lassen wollte, bei der Fahrt unter sich zu
sein. Vergebens, daß Doctor Kühleborn mit seiner ganzen
Beredtsamkeit für bunte Reihe plaidirte. Der Kegelklub
wollte nichts davon wissen; wer noch zu ihnen hinauf
wolle, möge kommen, aber hinunter stiegen sie nicht
wieder. So blieben denn für die Anderen eigentlich nur
noch zwei Wagen, die zu besteigen man sich beeilen mußte,
denn die Pferde, von dem großen Lärm rings um sie
her erschreckt, fingen an unruhig zu werden. Frau Her=
kules, die sehr nervös war, kreischte, die schönen Kinder
schrieen; Doctor Kühleborn, dem die Geduld zu reißen
anfing, nahm einen Befehlshaberton an und machte die

Sache nur noch schlimmer; der Wagen des Kegelklubs, der seine Ladung eingenommen — auch Egbert und ich hatten hier ein Unterkommen gefunden — setzte sich in Bewegung; von dem Musikantenwagen, der, voraussah= rend, schon die Ecke des Kurhauses passirt hatte, erschallten programmmäßig die feierlichen Klänge von: „Muß i denn, muß i denn zum Städtl hinaus" zur Verzweiflung einiger Dorfhunde, die der Spektakel herbeigelockt. Mein letzter Blick fiel auf die Wirthschaise, welche noch immer der Amerikaner harrte, und auf Käthchen von Puster= hausen, welche offenbar keinen Platz mehr hatte finden können, und jetzt an Lindau's treuem Arm von Wagen zu Wagen geleitet wurde, aber ohne daß sich von irgend= woher liebevolle Hände nach ihnen auszustrecken schienen.

Achtes Capitel.

Indessen mußte sich doch irgendwie Alles arrangirt haben, denn als wir nicht weit hinter Tannenburg die steilansteigende Chaussee langsam hinaufklommen, konnten wir, da wir die zweiten in der Reihe waren, die ganze Karavane an einer Stelle überblicken. Die Chaise mit den Amerikanern schloß den Zug; aber ich sah sie nur einen Augenblick, dann machte der vielfach sich schlängelnde Weg eine Biegung.

O du herrliche Fahrt durch das Waldgebirge im zauberhaften Licht eines Herbstnachmittags! wie gern denk' ich deiner, wenn im schattig kühlen Zimmer ein bequemer Fauteuil mich umfängt! Wie hüpfte mir das Herz im Leibe bei den energischen Stößen des Leiterwagens, die ich, gerade über einer der Achsen sitzend, so zu sagen, aus erster Hand erhielt! wie nervenstärkend waren die elektrischen Schläge, welche man in das Rückgrat empfing, sobald man einen Versuch machte, an der guirlandenumwundenen Leiter nach hinten eine Lehne zu suchen! welch' herzliches Gelächter erweckte es, wenn man, während der muntere Wagen über einen Stein hüpfte, seinem vis-à-vis in die Arme flog! Wie blendend schön war der Glanz der schrägen Sonnenstrahlen, die nicht müde wurden, mir auf der ganzen Fahrt direct in die Augen zu scheinen! wie tief poetisch der Gesang der Jünglinge des Kegelklubs, die, von der Situation begeistert, in folgerichtiger Ideenassociation „Ich weiß nicht, was soll es bedeuten" unisono anstimmten! wie aufregend der Moment, als an einer abschüssigen Stelle des Weges der vierte Wagen, dessen feurige Pferde doch auch ein Vergnügen haben wollten, aus der Reihe brach und in rasselnder Eile an uns vorüberdonnerte, während die geängstigten Insassen — die Damen des englischen Kränzchens mit ihren Herren — ein Zetergeschrei erhoben, laut genug, alle seit zwei Jahrtausenden eingeschlafenen Dryaden des Waldes aus ihrem Schlaf zu wecken! O, du herrliche, herrliche Fahrt! man fühlte förmlich eine Enttäuschung, als du nach zwei Stunden, ohne daß ein romantischer Unfall eingetreten wäre, vor dem Chausseehause auf dem Nonnenkopf, ein ganz gewöhnliches Ende nahmst!

Denn hier war die erste Station der Festfahrer. Vom Nonnenkopfe sollte nach dem Programm unter Vortritt der Musik und Führung des Herrn Winzig, den man zu diesem Zweck engagirt hatte, paarweise durch den Forst auf schmalen, nur dem Jäger bekannten Pfaden zur Landgrafenschlucht gezogen werden, wo über dem verlassenen Porphyrschacht der Stein sich erhob, dem die Feier des Tages galt. Den Rückweg wollte man in der Kühle des Abends zu Fuß machen über die Helenenquelle, auf einem ziemlich steilen, aber viel näheren Wege. Man war froh, die Wagen los zu sein, über deren mangelhafte Construction nur eine Stimme war. Das unglückliche Vergnügungs-Comité wurde mit Vorwürfen überschüttet; Doctor Kühleborn bewies vergeblich, daß eine Leiterwagenfahrt die gesündeste Motion von der Welt, und die Menschheit eigentlich erst krank geworden sei, seitdem man die Thorheit begangen habe, die Wagen in Federn zu hängen.

Nun, meine Nerven werden dies sobald nicht verwinden, sagte Frau von Pusterhausen, die sich, in Ermangelung eines ihrer würdigeren Platzes, auf einen Chausseestein gesetzt hatte; Du kannst von Glück sagen, Käthchen!

Käthchen war, als sie am Arm ihres Sängers durch die überfüllten Leiterwagen irrte, von dem Inhaber eines der Einspänner, einem behäbigen Bremer Kaufmann, der in weiser Vorsicht dies Fuhrwerk schon gestern Mittag mit Beschlag belegt hatte, aufgefordert worden, das noch restirende Drittel seines Sitzes (zwei Drittel brauchte er nothwendig selbst) einnehmen zu wollen, und sie hatte dies Anerbieten angenommen, während sich der Sänger noch irgendwo auf einen Leiterwagen klemmte. Die Folge davon war, daß der Bremer, den man im Pusterhausen'schen Lager bis dahin gar nicht beachtet hatte, auf dem Nonnenkopfe der bankbaren Mutter in aller Form vorgestellt und von derselben des gnädigsten Empfanges gewürdigt wurde. Ich fürchte nur, Herr —

A. B. Meier, sagte der Bremer, Firma A. B. Meier und Compagnie.

Ach, danke! mein Gedächtniß ist so erbärmlich! ich fürchte, Herr Abemeier, mein Käthchen wird Sie sehr belästigt haben.

Im Gegentheil, rief Herr A. B. Meier, im Gegentheil, die Last ist ganz auf meiner Seite! zweihundert Pfund Zollgewicht netto unter Brüdern! und der joviale Bremer lachte überlaut, Frau von Pusterhausen lächelte, Fräulein Emma kicherte und Fräulein Käthchen schlug erröthend die Augen nieder.

Spiritus flau, Leberthran begehrt, murmelte Lindau, der neben mir stand und ebenso wie ich diese Scene beobachtet hatte; meinen Sie nicht?

Ich hatte nicht Zeit, die weiteren Coursnotirungen des Sängers abzuwarten, denn meine Aufmerksamkeit war bereits anderweitig in Anspruch genommen. Die Amerikaner, welche mit ihrer Chaise den Zug geschlossen hatten, waren ebenfalls angelangt. Der Graf, welcher neben dem Kutscher auf dem Bock gesessen, war herabgesprungen, den Damen beim Aussteigen behilflich zu sein; Mr. Cunnigsby verhandelte mit dem Kutscher, wie es schien, nicht zur Zufriedenheit des Mannes, der wiederholt den Kopf schüttelte, und als der Amerikaner sich von ihm abgewandt hatte, ein Gesicht schnitt, während er langsam die Stränge abstreifte. Dies fiel mir auf. Die anderen Wagen waren bereits wieder umgekehrt, oder im Begriff, fortzufahren. Sollte der Amerikaner den Rückweg zu Wagen machen wollen, und so einen Plan, den ich heute Morgen mit Egbert verabredet hatte, vereiteln?

Ich suchte Egbert, konnte ihn aber nicht entdecken. Vielleicht war er schon vorausgegangen. Der Zug, in den unterdessen — Dank dem unermüdlichen Eifer Doctor Kühleborns und seines Generalstabes — eine Art von Ordnung gekommen war, setzte sich eben in Bewegung, voran der Riese, als Führer, dann die Musik, welche „Wer hat dich, du schöner Wald" blies; dann die Jünglinge des Kegelklubs, fahneschwenkend und unisono den Text zur Melodie singend, hinter ihnen die schönen Kinder der schönen Mutter, weißgekleidet und Blumenkörbe tragend, dann die übrige Gesellschaft, paarweise, die Amerikaner — was man sehr beifällig bemerkte — mitten darunter, Ellen am Arm des Grafen, wie ich nur noch eben flüchtig sah, denn ich hatte mich hinter ein paar krause, ljunge Tannen gesteckt, ungeduldig harrend, daß der Zug ganz an mir vorübergezogen sein würde.

Endlich waren die Letzten im Walde verschwunden, der Platz vor dem Försterhause war leer bis auf die Chaise der Amerikaner; der Kutscher stand bei den Pferden und kraute sich hinter dem Ohr, von dem er die Mütze geschoben hatte. Ich trat rasch auf ihn zu.

Nun, sagte ich, und Sie bleiben hier, Christian? wollen denn die Amerikaner zurückfahren?

Sie wollen ja wohl, sagte Christian.

Haben sie denn das gleich ausgemacht, Christian? Es schien mir, als ob Sie mit dem Amerikaner sich nicht einigen könnten.

Es war nichts nicht ausgemacht, sagte Christian; aber ich dachte, ich könnte auch zurückfahren, wie die Andern. Willst ſtill stehen, Fuchs! und Christian ließ seinen Peitschenstiel unsanft auf die Rippen des Sattelpferdes fallen.

Und heute ist noch dazu Vor-Kirmeß, Christian; da wird gewiß in der Schenke getanzt; es wird spät werden, bis Sie zurückkommen.

Christian warf einen verzweifelnden Blick nach dem Himmel, an welchem die heiße Nachmittagssonne schon ziemlich tief stand.

Hören Sie, Christian, sagte ich, wenn vorher nichts ausgemacht war, sind Sie eigentlich gar nicht verpflichtet zu bleiben; es müßte Ihnen denn auf das Trinkgeld, das Ihnen der Amerikaner versprochen haben wird —

Christian lachte höhnisch. Ja wohl versprochen! ich habe aber noch keinen Groschen zu sehen bekommen, und fahre sie nun schon drei Wochen lang jeden Tag im Walde herum.

Ich griff in die Tasche.

Christian, sagte ich; ich glaube, Sie werden noch lange vergeblich auf das versprochene Trinkgeld warten. Jedenfalls sind fünf Thaler in Ihrer Hand besser, als zehn, die möglicherweise in des Amerikaners Portemonaie stecken bleiben. Und nun machen Sie, daß Sie Ihre Pferde wieder angeschirrt bekommen, und trinken Sie heute Abend auf meine Gesundheit.

Christian sah mich verblüfft an, kratzte sich mit der einen Hand hinter dem Ohr, ließ aber gleichzeitig aus der andern — der größern Sicherheit wegen — das Geld in seine Tasche gleiten, schob dann die Mütze mit einem resoluten Ruck zurecht, und griff den Pferden in die Zügel, sie wieder vor den Wagen drängend.

Recht so Christian, sagte ich; unser Einer will auch sein Vergnügen haben.

Christian, der schon wieder auf dem Bock saß, grinste, hieb auf die Pferde und fuhr so schnell davon, als ob statt der Amerikaner sein eigenes böses Gewissen in der

Chaise säße. Ich verfolgte den davonrollenden Wagen mit den Blicken, bis er hinter einer Waldecke verschwunden war, dann eilte ich dem Festzuge nach.

Von dem war natürlich nichts mehr zu sehen, aber ich hörte, wenn auch nur schwach und undeutlich die Klänge der Musik. Ich hoffte, in zehn Minuten die Wallfahrer einzuholen.

Unglücklicherweise theilte sich der Weg. Ein Pfad führte durch den Hochwald bergab, ein anderer, an dem Rande des Waldes, hielt sich auf der Höhe, ja schien noch höher führen zu wollen. Ich schlug nach kurzem Besinnen den letzteren ein, da ich mich gehört zu haben erinnerte, daß der zukünftige Herzogenstein einer der höchsten Punkte der Umgegend sei. Freilich verstummte die Musik, nachdem ich kaum hundert Schritte gemacht hatte, aber sie konnten doch nicht „Wer hat dich, du schöner Wald" mit Grazie in infinitum spielen.

Schön war der Wald — das empfand selbst ich, so sehr auch mein Kopf in diesem Augenblicke mit anderen Dingen angefüllt war. Noch nie hatte ich ihn so schön gesehen, noch nie so tiefe satte Lichter auf den bemoosten Stämmen und in den dunklen Pyramiden der ehrwürdigen Tannen, noch nie so köstliche blaue Schatten in den Gründen, in die mein Blick von Zeit zu Zeit fiel. Und dann die märchenhafte Stille daß es ordentlich ein lautes Geräusch machte, wenn mein Fuß auf ein vertrocknetes Zweiglein trat. Und dazu, in dieser kühleren Abendstunde nach dem heißen Tage, der würzige Harzduft, von dem der ganze Wald erfüllt war, wie ein Tempel von Weihrauch! und das melancholische Zirpen der Vögel —

die einzigen Stimmen, die solche Stille nicht stören, die
sie nur noch stiller, noch feierlicher machen! Ja, der Wald
war schön, und das Leben war schön und die Liebe! Ich
dachte der Gattin und der Kinder in der Ferne, und
segnete sie mit meinem besten Segen! und dachte Egberts
und seiner holden Geliebten, und wünschte ihnen von
ganzem Herzen, daß sie so glücklich werden möchten, wie
ich mich selbst in diesem Augenblicke fühlte!

Aber jetzt hätte ich den Zug doch mittlerweile erreicht
haben müssen. Wenn sie auch einen Vorsprung von zehn
Minuten hatten, so war ich doch bereits eine Viertelstunde
gegangen, und gewiß noch einmal so schnell, als der
schwerfällige Zug mit seinen Musikanten, Fahnenschwen=
kern und blumentragenden Kindern.

Ich stand still, um mich zu orientiren.' Der Pfad,
auf dem ich mich befand, konnte, das sah ich nun wohl,
nicht der rechte sein; indessen das Unglück war nicht
groß. Ich mußte, wenn ich mich rechts durch den Wald
schlug, auf den andern Pfad treffen, voraussichtlich direct
auf die Wallfahrer, die ich jedenfalls schon überholt hatte,
so daß ich bei demselben raschen Tempo gewiß die zwei
Seiten des Dreiecks in derselben Zeit zurücklegte. Das
Unterholz war nicht allzu dicht, der Boden allerdings
fast überall mit Heidelbeerkraut fußhoch übersponnen, aber
— es führt kein anderer Weg nach Küßnacht — und ich
trat muthig in die Waldeshallen.

Anfangs ging es bergab — aber es mußte ja bergab
gehen, der andere Pfad hatte auch bergab geführt; dann
ging es bergauf, aber das war ein Glück, denn, wenn
es immer bergab ging, konnte ich unmöglich auf den

Herzogenstein kommen, der doch bekanntlich einer der höchsten Punkte in der Umgegend war. Dann ging es wieder bergab, aber dergleichen launenhafte Terrainverhältnisse sind eben die Eigenthümlichkeit von Waldgebirgen; dann ging es wieder bergauf, — aber dies wird doch nachgerade zu arg! Zerklüftetes Urgestein, von nackten knotenreichen Tannenwurzeln, wie von Polypenarmen, umrankt; zwischendurch mächtige Farnkrautfächer, unter denen eine Quelle von den Felsen sickert und unten den schwarzen Waldboden, auf dem ich stehe, durchweicht! Da möchte man doch zu einer wilden Katze werden, um hinauf zu kommen! Und doch, wenn dies der Fuß des Herzogsteines wäre, der eine Fuß, den er in den Wald setzt, während der andere auf der entgegengesetzten Seite, in der Landgrafenschlucht steht! Aber so müßte ich doch jetzt die Gesellschaft hören, zum wenigsten die Musik: wer hat dich du schöner Wald... ja wohl, ein schöner Wald, ein verhexter Wald! das ist nun schon das zweite Mal, daß er mich nasführt, und diesmal noch dazu unter höchst erschwerenden Umständen.

Ich zog meine Füße aus dem Moorboden, in welchem sie zu versinken drohten, setzte mich in einiger Entfernung auf einen trockenen Stein und überlegte, was ich nun thun sollte. Das Zurück war nicht minder bedenklich, als das Vorwärts. Wer stand mir dafür — ich gewiß nicht! — daß ich in diesem Labyrinth von hinab — hinauf, hinauf — hinab den pfadlosen Pfad, den ich gekommen, wieder finden würde? Ueberdies war jetzt bereits eine Stunde vergangen, seitdem ich das Försterhaus verlassen, und man hatte höchstens zwei Stunden auf dem Herzogenstein bleiben wollen, um noch mit dem letzten Abendlicht nach Tannenburg zurückzukehren. Traf ich also die Gesellschaft nicht bald, so hatte ich die Gewißheit, sie überhaupt nicht mehr zu treffen, und das würde mir des armen Egberts wegen sehr leid gethan haben. Die schöne, schöne Gelegenheit des Heimwegs durch den dunkelnden Wald — eine Gelegenheit, auf die wir so sehr gerechnet hatten und die uns doch ohne meine Dazwischenkunft entgangen wäre! Jetzt war es wieder möglich, sich an Ellen zu drängen, wenn ich muthig secundirte, und da saß ich hier im tiefen, tiefen Wald, verirrt, gefangen — es war zum Verzweifeln!

Ich sprang von meinem Sitze auf, und begann resolut die Felsenterrasse zu erklimmen, vielleicht, daß noch Alles gut ging, ich wenigstens, oben angelangt, einen Ueberblick über das Terrain bekam. Es war ein beschwerliches Stück Arbeit, viel beschwerlicher, als ich irgend gedacht hatte, und ging sehr langsam von Statten; denn die Höhe wurde immer schroffer. Der Schweiß rieselte mir von der Stirn in die Wimpern; meine Brust kochte und jetzt stand ich vor einer Felswand, die sich glatt und senkrecht wohl zwanzig Fuß über mir erhob. Dies geschah so plötzlich und der Eindruck der absoluten Unmöglichkeit, hier weiter zu kommen, war so überzeugend, daß ich in ein herzliches Gelächter ausbrach.

Sesam, öffne dich! sagte ich, indem ich mit meinem Stock gegen die Felswand pochte.

Aber, sei es, daß ich nicht den rechten Fleck getroffen, sei es, daß deutsche Berggeister auf arabische Zauberformeln nicht vereidigt sind — die Wand öffnete

sich nicht, und es blieb mir nichts übrig, als zu sehen,
ob sie nicht nach rechts oder links ein Ende nahm. Das
that sie denn auch vernünftigerweise in einiger Entfernung,
und das Steigen und Klettern begann von Neuem. Die
Bäume fingen an, weniger hoch und dicht zu stehen,
hörten endlich ganz auf, und ich erklomm eine abschüssige
mit Steinen und Haibekraut überdeckte Fläche und stand
oben auf dem kahlen Gipfel des Berges. Keine Spur
von einer Landgrafenschlucht, von einem Herzogenstein;
hier und da in der Nähe eine Lichtung, von deren einer
Rauch aufstieg, sonst überall die dunkleren und helleren
Wipfel des Waldes, und in der Ferne die ganze Kette
des Gebirges, in der ich den Eiskopf mit seinem Thurm,
den großen und kleinen Adlerberg, und andere mir be=
kannte Höhen unterschied.

Während ich die Felsen emporklomm, war es dunkler
geworden; ich hatte in meinem Eifer nicht darauf geachtet,
oder hatte es selbstverständlich gefunden, daß zwischen den
Felsen unter den hohen breitkronigen Bäumen der Abend
schneller hereinbrach. Jetzt blickte ich zum Himmel auf
und sah, daß eine große, schwarze an den Rändern aus=
gezackte Wolke schnell von Osten und zwar gegen den
Wind, der sich plötzlich erhoben hatte, heraufzog. Der
Wald wurde dunkel unter ihr, hier nur und da noch
einige sonnenbeschienene Stellen, die aber alsbald ver=
schwanden, so daß nur ein einziges fahles Licht sich über
das Wäldermeer breitete, dessen grüne Wellen jetzt zu
rauschen begannen, während der Wind in eigenthümlich
klagenden langen Stößen darüber hinstrich. Dazu leuch=
teten die fernen Höhenzüge, welche die Sonne noch traf,

in beinahe unheimlichem Glanz, bis auch der urplötzlich erlosch, und in demselben Augenblick, unter gewaltigem Heulen des Sturmes, ein wolkenbruchartiger Regen niederfiel.

Hier war keine Zeit zum Besinnen. Ich eilte, was ich konnte, von der kahlen Höhe herunter, um unter den Bäumen wenigstens einigen Schutz vor dem Wetter zu finden. Dann, als ich dort angekommen, fiel mir ein, daß man nicht wissen könne, wie lange das dauern würde und daß ich doch wohl am besten thäte, den Rest des Tageslichtes zu meiner Rückkehr zu benutzen. Ich hatte mich noch, ehe ich den Gipfel verließ, überzeugt, daß der Rauch, den ich von der einen Lichtung hatte aufsteigen sehen, aus dem Schornstein des Försterhauses kommen müsse, und ich glaubte, die Richtung einhalten zu können. So eilte ich mit langen Schritten bergab durch den Wald, und hatte wirklich hier unten zwischen den dicken Stämmen weniger von dem Unwetter zu leiden.

Aber über mir tobte und ras'te die wilde Jagd. Die schwarzen Wolken streiften fast die hinüber und herüber schwankenden Häupter der Baumriesen, die, wie von Schmerz gefoltert, stöhnten und ächzten, während sie gegenseitig mit den knorrigen Riesenarmen auf einander losschlugen. Dazu prasselte und klatschte der Regen — Ihr armen Kinder in Euren weißen Kleidchen, dachte ich, wie wird es Euch ergehen!

Diesmal begünstigte mich der launische Geist des Waldes. Ich war kaum eine halbe Stunde immer querwaldein getrabt, als ich plötzlich, zu meiner nicht geringen Ueberraschung und Freude aus den Bäumen heraus auf den Platz vor dem Försterhause des Nonnenkopfes trat. In demselben Augenblicke mit mir langte, von der andern Seite kommend, die Gesellschaft an. Jupiter Pluvius! in welchem Zustande! helle Sommerkleider, bunte Bänder, kokette Strohhüte, nickende Federn, wallende Fahnen — Alles, Alles zu einem unterschiedslosen Grau zusammengeregnet — so drängte sie nach dem Försterhause, das, aus einer kleinen Gaststube, einer etwas größeren Wohnstube und einer rauchigen Küche bestehend, kaum dem vierten Theil der Eindringlinge ein kümmerliches Obdach gewährte. Ein kleiner Kuhstall und ein offener Schuppen bargen wohl auch noch einige Verzweifelte, aber das mußte auch dem Verzagtesten einleuchten: hier konnte die geschlagene Armee nicht Fuß fassen; sie mußte weiter zurück nach Tannenburg, das man in einer Stunde höchstens zu erreichen hoffen durfte, und nasser, als man schon war, konnte man auf keinen Fall werden.

Ich hatte eben mit einigen Herren, unter denen auch Egbert war, diesen Plan besprochen und den Vorschlag gemacht, daß die Musik mit „Wer hat dich du schöner Wald" wiederum voranziehen müsse, den Verzagten Muth zu machen, und den Muth der Muthigen zu erhöhen, als aus dem Hause her ein großer Lärm ertönte. Der Amerikaner schien eben erst von der kleinen Frau Winzig in sichere Erfahrung gebracht zu haben, daß seine Hoffnung, auf dem Nonnenkopfe den Wagen, in welchem er gekommen, wieder zu finden, durch das Verschwinden von Wagen, Rossen und Rosselenker illusorisch geworden sei. Sein Zorn war, wie unter diesen Umständen fast verzeihlich, sehr groß; er fluchte mit anerkennenswerther Geläufigkeit und verlangte in peremptorischem Ton für sich und seine Gesellschaft Zimmer. Natürlich konnte diesem Verlangen schon aus dem Grunde nicht gewillfahrt werden, weil nur überhaupt ein Zimmer disponibel, und dies eine noch dazu anderweitig besetzt war. Es hatte sich nämlich herausgestellt, daß die schönen Kinder der schönen Mutter in diesem Unwetter unmöglich weiter mitgenommen werden konnten, um so weniger, als das kleinste Schwarzauge — das der Regen im wildesten Spiele getroffen haben mochte — sich bereits erkältet hatte, und mit brennender Stirn und klappernden Zähnen in einer Ecke des überfüllten Gastzimmerchens auf einem eiligst improvisirten Lager fieberte. Die Stube mußte geräumt werden, an ein Unterbringen der Amerikaner war gar nicht zu denken, besonders da jetzt der Riese, der unterwegs seinem Lieblingsgetränke eifrig zugesprochen hatte, seiner Frau zu Hilfe kam, und dem scheltenden Amerikaner, wenn nicht in gutem, so doch in verständlichem Deutsch erklärte, er würde ihn und seine ganze Bagage zum Hause hinauswerfen, falls er nicht selbst — und zwar unverzüglich — für sein Fortkommen sorgte.

Einem so höflichen Ersuchen des Riesen nicht nachzukommen, mochte dem Amerikaner mißlich erscheinen, um so mehr, als einige Herren, die den letzten Theil des Streites mit angehört hatten, ihre Empörung über die Brutalität des Sclavenzüchters ziemlich unverhohlen zu erkennen gegeben. Daß ich zu diesen Herren gehörte (die andern waren Egbert und Lindau) brauche ich wohl kaum zu bemerken. Ich erlaubte mir, Mr. Cunnigsby auf englisch mitzutheilen, weshalb er das Zimmer, das bereits von zwei Damen — Frau Herkules und Fräulein Kernbeißer — und vier Kindern besetzt sei, nicht haben könne; daß es mir freilich sehr leid thue, wenn seine Damen sich noch einmal dem Unwetter aussetzen müßten, daß dies aber genau der Fall sei, in welchem sich noch ungefähr dreißig andere Damen ebenfalls befänden, und daß er wohl thun werde, sich der Gesellschaft anzuschließen, die bereits im Abmarsch begriffen sei.

Der Jaguar sah mich an, als ob er die größte Lust verspürte, mich zu verschlingen, erwiederte aber nichts, sondern drehte sich auf dem Absatz um, seine Gemahlin mit sich fortziehend, während der Graf Miß Ellen, die während der Zeit blaß und zitternd daneben gestanden hatte, den Arm reichte, und Lindau mit jener Geistesgegenwart, die diesen frauenhaft gesinnten Mann so vortheilhaft vor andern jungen Männern auszeichnete, Miß Virginia, um die sich Niemand bekümmerte, seinen Arm bot, der auch ohne Zögern — so groß war der Drang der Umstände — angenommen wurde.

Ich hielt Egbert einen Augenblick zurück und sagte:

Egbert, jetzt oder nie! In diesem Zustande des absoluten Durchgeregnetseins ist dem Menschen Alles möglich, das Schlechteste, wie das Beste. Ich habe gethan, was ich konnte; thue Du das Deine. Wenn das Wetter nicht nachläßt, und ich hoffe, es läßt nicht nach — wird der Rückzug nach Tannenburg zu einer Déroute werden, und da muß sich ein Moment finden, wo Du Dich Ellen als Ritter zeigen kannst. Dann weißt Du, was Du zu thun und zu sagen hast. Und nun komm!

Egbert antwortete nichts; aber das war ein gutes

Zeichen. Es war seine Gewohnheit, nicht zu sprechen, wenn er zum Handeln entschlossen war. Auch war sein Schritt, mit dem er jetzt, den Andern nach, über die Wiese vor dem Försterhause in den Wald eilte, so energisch, daß ich Mühe hatte, ihm zu folgen.

Wir holten bald die Gesellschaft ein, die sich auf einem breiten, aber sehr steinigen Wege nur mit Mühe fortbewegte. Das Wetter wüthete fort, ja es schien seine Wuth noch zu steigern. Das Krachen in den alten Tannen war wirklich entsetzlich; die Gefahr, von einem herunterfallenden Aste oder einem stürzenden Baume erschlagen zu werden, drohend genug; und die Lage der Gesellschaft in der That erbarmenswerth. Vor Allen natürlich hatten die Frauen zu leiden, deren dünnes Schuhzeug längst durchgeweicht war, da wir fortwährend in Wasserbächen wateten, während ihre langen triefenden Kleider, mit denen der Sturm spielte, ihnen das schnellere Vorwärtsschreiten unendlich erschwerten. Man mußte es den Herren lassen, daß sie sich rüstig und mit Aufopferung ihrer selbst der Bedrängten annahmen; nichtsdestoweniger kam der Zug nur langsam von der Stelle; die Dunkelheit brach erstaunlich schnell herein und wir hatten immer noch nicht den Rand des Plateau's erreicht, von welchem mehrere steile, aber verhältnißmäßig kurze Wege nach Tannenburg hinabführten.

Egbert und ich hatten uns fortwährend, so gut es gehen wollte, in unmittelbarer Nähe der Amerikaner gehalten; schon einige Mal schien der ersehnte Moment gekommen, wo Egbert sich Ellens hätte bemächtigen können, aber wenn der Graf auch hin und wieder den Arm des jungen Mädchens losgelassen hatte, um selbst besser fortkommen zu können, so war er doch immer dicht an ihrer Seite geblieben. Ich fing an sehr ungeduldig zu werden, Egbert blieb schweigsam, verwandte aber kein Auge von dem dicht vor uns schreitenden Paar.

Endlich traten wir aus dem Hochwald auf den kahlen Rand; aber nun traf uns auch das Wetter mit voller Gewalt. Ein wahrer Wolkenbruch goß auf uns herab, oder vielmehr wurde uns von der tollen Windsbraut entgegengeschleudert, während aus den Schluchten, in die wir hinabsollten, dichte Nebel uns entgegenwallten und den schwachen Rest von Tageslicht gänzlich auszulöschen drohten. Die Verwirrung wurde grenzenlos, alle Ordnung löste sich. Ein Theil der Gesellschaft flüchtete wieder unter die Bäume, während ein anderer den breiteren und sehr steinigen Fahrweg verfolgte, den wir bisher gegangen und der auch hier weiter hinabführte, und ein dritter Theil den Zurufen einiger des Weges kundiger Herren nach in einen Waldpfad drängte, wo die mannshohen Tannen wenigstens einigen Schutz versprachen.

Da sah ich Ellen unmittelbar an meiner Seite, allein, angstvoll um sich blickend. In demselben Momente war aber auch Egbert da. Ich ergriff beide Hände des Mädchens und sagte: wollen Sie ihm vertrauen? er wird Sie sicher geleiten!

Ein neuer Guß brach über uns herein, zugleich zuckte eine fürchterliche Helligkeit durch den Wasserdunst, der ein gewaltiger Donner folgte.

Ich mußte gerade in den Blitz hineingesehen haben, denn ich stand einen Moment wie geblendet; als ich wieder um mich zu blicken vermochte, sah ich Egbert und Ellen nicht mehr. Sie konnten nur in dem schmalen Waldpfad, der sich dicht vor uns aufgethan hatte, verschwunden sein.

Ich folgte ihnen nicht; was sollte ich auch bei ihnen? wenn sie sich jetzt nicht fanden, war Alles vergebens gewesen; auf jeden Fall konnte ich nichts mehr thun.

Es waren nur noch Wenige, die unter den großen Bäumen standen; die Amerikaner und der Graf waren nicht unter ihnen; sie mußten also bereits den Fußweg eingeschlagen haben. Das that denn auch ich, da ich meinte, daß Frau von Pusterhausen und ihre Töchter, die ich bei den Nachzüglern entdeckte, unter dem Schutze des Bremers und einiger anderen Herren (zu denen Lindau nicht gehörte) wohl ohne mich nach Hause kommen würden.

So begann ich denn den steinigen Weg hinabzusteigen, ohne mich eben sehr zu beeilen. Das Wetter hatte mit der furchtbaren Explosion augenscheinlich seinen höchsten Trumpf ausgespielt; es regnete zwar noch immer stark, aber doch mit einer gewissen Gleichmäßigkeit, die sehr angenehm gegen die ungestüme Raserei von vorhin abstach. Ueberdies war ich allmälig durch Alles, was ich heute Nachmittag erlebt, in eine Art von übermüthiger Laune gekommen, in der ich das Ganze und das Einzelne höchst ergötzlich fand, besonders die Copulation Egberts und Ellens auf der kahlen Haide am Rande des Waldes unter Donner und Blitz. Meine Gedanken weilten fortwährend bei ihnen. Ich kannte den Weg, den sie gingen, gut genug, um mir die Situation vollständig vergegenwärtigen zu können. Der Weg war schmal — so mußten sie nahe bei einanderbleiben; an einzelnen Stellen steil und steinig — so mußte er ihr die Hand reichen, mußte sie sich auf ihn stützen. Das gab ihm gleich die köstlichste Gelegenheit, ihr seine Liebe gleichsam handgreiflich zu machen. Eine zartfühlende Frau weiß in solchen Situationen sehr bald den Mann, der liebt, von dem, der nicht liebt, und wiederum den Mann mit anmuthig-feinen Sitten von dem rohen Mann zu unterscheiden. Und dann werden sie ja doch auch sprechen. Er wird sagen: ich segne dieses Unwetter, das mir ein Glück verschafft — nein, das wird er nun just nicht sagen; aber etwas der Art. Und dann wird sie sagen — ja, was wird sie denn sagen? Wie lächerlich, daß ich mir darüber den Kopf zerbreche, als ob ich das Alles in einer Novelle zu schreiben hätte! Hop, heissa! daß ich keine zu schreiben habe, sondern hier im Walde umherlaufen kann, im lieben, nassen Walde, während da ein paar hundert Schritt weiter unter wirklichen Tannen eine wirkliche Novelle spielt! O ich Diplomat, ich Kuppler, ich Tausendsassa!

Und ich sprang und lachte, daß die Andern, von denen ich jetzt die Letzten erreicht hatte, sich verwundert umblickten. Die Amerikaner sah ich nicht; sie mußten schon einen zu großen Vorsprung haben; aber Jemand kam uns von unten herauf entgegen, eiligen Schrittes. Es war der Graf; er hatte vermuthlich Miß Ellen voran im Zuge geglaubt, hatte sie dort nicht gefunden, und suchte sie jetzt unter den Nachzüglern. Er kam dicht an mir vorüber; ich konnte deutlich trotz der hereinbrechenden

Dunkelheit sehen, daß sein plumpes Gesicht von Eile und
Aerger glühte. Ich hörte ihn dann nach kurzer Zeit
wieder hinter uns herkommen, und sah ihn abermals
an uns vorübertraben. Er kannte offenbar jenen zweiten
Weg nicht, und wußte nun nicht mehr, wo er das Mäd=
chen suchen sollte. Ich machte mir die Freude, ihm auf
französisch zuzurufen, ob er etwas verloren habe? Er
antwortete, was ich nicht verstand, — möglicherweise einen
ungarischen Fluch. Ich lachte.

So ging es bergab, immer bergab. Der Regen ließ
mehr und mehr nach. Die Gesellschaft, die jetzt sicher
war, in wenigen Minuten unter Dach zu sein, fing an,
den Humor von der Sache zu empfinden. Die Männer
scherzten, die Damen, die bisher lautlos durch wahre
Waldbäche gewadet waren, kreischten wenn sie jetzt über
eine schmale Rinne springen sollten, und — wahrhaftig!
da erschallte ja wieder aus den kunstgeübten Kehlen eines
halben Dutzend der Jünglinge des Kegelklubs unisono:
„Wer hat dich, du schöner Wald!" —

So zogen wir lachend, scherzend, singend in Tannen=
burg ein und trennten uns auf dem Platze vor dem
Kurhause, die Herren unter dem Versprechen, sich sobald
als möglich in dem Speisesaale zu einer Bowle zusammen=
zufinden.

Ich hatte mich vergeblich nach Egbert umgeschaut.
Vermuthlich war er schon vor mir angekommen, denn
der Weg, den er gegangen, war der bei weitem kürzere.
Gern hätte ich ihn sogleich aufgesucht, aber die Vernunft
gebot denn doch, sich nach dieser wunderlichen Berg= und
Wasserfahrt erst einmal umzuziehen.

In dem Kurhause war ein großer Lärm. In allen Zimmern zu gleicher Zeit wurden die Klingeln gezogen, wurde nach warmem Wasser, nach Handtüchern, nach Thee und Arac gerufen. Die Noth war groß, denn der vielgewandte Louis fehlte überall, ein über Hals und Kopf aus dem Nachbarstädtchen verschriebener Kellner wußte nirgend Bescheid, und mit der guten tauben Alten konnte sich Keiner verständigen. Ich half mir selbst auf meiner Mansade so gut ich konnte. Meine Ungeduld, Egbert zu sprechen, ließ mich in kürzester Frist aus meinen nassen Kleidern in trockene kommen; dann eilte ich in den andern Flügel und traf Egbert in sehr derangirter Toilette, wie er eben mit seinem Stiefelknecht, der zu weit war und die durchgeweichten Stiefel nicht energisch genug faßte, in einem grimmigen Kampfe lag.

Abscheuliches Thier! schalt der Zornige, welcher Esel hat dich gemacht! Ach, Fritz, sie ist schöner, lieblicher, als ich sagen kann, als ich mir je habe träumen lassen, daß ein Geschöpf auf Erden sein könne. So, nun bricht das Ungethüm noch entzwei — was sie gesagt hat? ich weiß es nicht; ich weiß nicht, wo mir der Kopf steht. Bitte, schließe doch einmal die Kommode auf — nein, den obersten Kasten, links! — Wir sind einig. Sie wird nie einen Andern heirathen, nie! — Gott, das ist ja ein Badetuch, ich sagte ja: links! danke! Nun mögen sie kommen, Alle, — ich will schon mit ihnen fertig werden. — Ob man uns gesehen hat? natürlich! wir trafen hier vor dem Kurhause zusammen. Ich sagte dem Alten: ich habe mir die Erlaubniß genommen, Ihrem Fräulein Tochter auf der letzten Strecke des Weges behilflich zu sein. Der Affe von einem Grafen, der auch da war, wollte sich wichtig machen und meinte: ich würde ein ander Mal besser thun, zu warten, bis man mich zu dergleichen aufforderte; ich sagte, ich wüßte sehr gut, was ich zu thun hätte, und er wäre sicherlich der Letzte, von dem ich Rath erbitten oder annehmen würde. Dieser Schuft! hätte er nur noch ein Wort gesagt, ich hätte ihn zu Boden geschlagen; aber er hielt wohlweislich sein freches Maul und trollte sich. Aber wir kommen noch einmal zusammen, und dann mag er sich vorsehen. So, nun bin ich fertig. Ich habe einen furchtbaren Durst. Wir wollen eine Flasche Champagner trinken; ich könnte ein Meer austrinken!

Bei diesen Worten umarmte mich der gute Junge. Ich erwiederte die Umarmung von Herzen. Konnte ihm doch Keiner sein Glück mehr gönnen, als ich! hatte doch Keiner zu diesem seinem Glücke so viel geholfen als ich! dennoch, oder vielmehr gerade deshalb, konnte ich mich der Sorge nicht erwehren. Wußte ich doch am Besten, wie schwer es gehalten hatte, den Stein so weit zu wälzen und bis zum Gipfel hinauf war noch so mancher Schritt! Die Siegesfreude schien mir frevelhaft voreilig. Ich dachte an die Furcht des Mädchens vor ihrem Vater, an die Brutalität dieses Vaters; auch den Grafen konnte ich nicht — in diesem Falle wenigstens nicht — für einen so verächtlichen Gegner halten. Er war reich und frech und besaß das Vertrauen der Eltern.

Ich machte Egbert auf das Alles aufmerksam, während wir über den Corridor nach dem Speisesaale schritten. Aber er wollte nichts davon hören. Wir hatten in selt=

samster Weise die Rollen gewechselt. Ich, der ich immer zum Handeln gedrängt hatte, mahnte jetzt zur Vorsicht; Egbert, der Zweifler, der Fainéant, war auf einmal zum kühnen, siegesgewissen Ritter geworden.

Was willst Du, rief er, indem er die Hand auf den Drücker der Saalthür legte, seitdem ich weiß, daß sie mich liebt, ist mir alles Andere gleichgültig.

Im Saale ging es bunt her. Eine große Anzahl von Herren hatte sich bereits um einen langen Tisch zusammengefunden; jeden Augenblick kamen andere herzu, von denen, die schon saßen, mit Halloh und Lachen begrüßt. Manche Costüme waren in der Eile wunderlich gerathen. Auch das erweckte Scherz und Gelächter. Die sonst so decente Ruhe im Saale hatte heute Abend einem übermüthigen Lärmen Platz gemacht. Die wenigen Damen, die anfänglich noch zugegen gewesen waren, zogen sich bald zurück. Man unterhielt sich in burschikosem Ton. Die Kellner eilten ab und zu, dem immer neuen Rufen nach Champagner (dem einzigen Wein, der im Kursaale getrunken werden durfte) zu genügen. Man machte sich mit den gefüllten Gläsern von Tisch zu Tisch Besuche, um anzustoßen und die erlebten Abenteuer auszutauschen. Die Scene wurde mit jeder Minute lärmender.

Ich hatte mich mit Egbert gleich Anfangs an den größeren Tisch gesetzt, der zumeist von Jünglingen des Kegelklubs eingenommen war. Eine Hand legte sich auf meine Schulter; es war Lindau. Er schien mich sprechen zu wollen; ich stand auf, er zog mich geheimnißvoll in eine Ecke.

Sie haben sich viel um die Amerikaner bekümmert, sagte er; wissen Sie etwas Authentisches über Mr. Cunnigsby's Verhältnisse?

Nein, erwiederte ich, weshalb?

Der Sänger machte ein noch geheimnißvolleres Gesicht. Sie kennen mich genug, sagte er, um zu wissen daß ich kein Prahler bin; aber ich glaube, heute Abend alles Ernstes eine Eroberung gemacht zu haben. Sie sahen, daß ich oben auf dem Nonnenkopfe Miß Virginia, meinen Arm bot; ich habe sie auf dem ganzen Wege nicht aus diesem Arm gelassen. Wir haben nicht viel mit einander gesprochen; mein Englisch begünstigt nicht eben eine lebhafte Conversation; aber sie hat sich während des ganzen Weges auf mich gestützt, in einer Weise, für die es nur eine Erklärung giebt.

Ich gratulire, lieber Freund! sagte ich.

Danke! sagte Lindau, indessen, wie Wrangel im Wallenstein sagt: es sind so manche Zweifel noch zu lösen. Ich will für dieses Mal sicher gehen. Ich nähme ein paar Rittergüter in Deutschland lieber, aber ich bin auch mit einigen Zuckerplantagen in Louisiana zufrieden; nur, wie gesagt, sicher müssen sie sein.

Aber was wird Fräulein Käthchen dazu sagen, rief ich lachend, noch dazu nach dem Sonett von heute Morgen?

Käthchen ist für mich verloren, antwortete der Dichter in seinem tragischen Tone; ein Mädchen, das sich Hals über Kopf in Leberthran stürzt, kann nicht das Weib Arthur Lindau's werden. Ich habe sie aufgegeben, oder sie mich, wie Sie wollen. Ich sehe, daß Sie ungeduldig werden; nur noch Eins. Der Graf, — da kommt er eben herein — ich habe seine Bekanntschaft ebenfalls nebenbei gemacht; er ist auf Ihren Freund sehr ungehalten. Ich gestehe, daß ich Egberts Benehmen gleicherweise nicht ganz zu billigen vermag. Man ist einem anerkannten Liebhaber einige Rücksichten schuldig, und sein Benehmen vorhin gegen den Grafen, als wir vor dem Kurhause zusammentrafen, war — um es milde auszubrücken — rücksichtslos im hohen Grade. Aber mon dieu, was ist denn das!

Ich antwortete nicht, sondern eilte von Lindau fort nach dem Tische des Kegelklubs, wo meine Anwesenheit in hohem Grade nöthig schien. Man hatte sich von den Sitzen erhoben, man sprach, man schrie durcheinander. Ich sah, wie der Graf, der eben in den Saal getreten war, schimpfend und heftig gesticulirend vor Egbert stand.

Lassen Sie Ihre Hände in Ruh! hörte ich Egberts helle und starke Stimme rufen; oder ich schlage Sie nieder wie einen Hund!

Ich wollte zwischen die Streitenden springen, aber schon war es geschehen. Egbert, dessen herkulische Kraft selbst unter seinen kräftigen Landsleuten sprichwörtlich war, hatte den Grafen, so lang und breit er war, mit einem Faustschlage zu Boden gebracht. Der Graf erhob sich sogleich wieder und sprang, ehe wir ihn aufhalten konnten, mit einem Wuthgeheul auf seinen Gegner zu, der ihn mit einem zweiten Faustschlage empfing. Der Graf stürzte abermals zu Boden, diesmal ohne sich wieder erheben zu können.

Es thut mir leid, sagte Egbert, aber die Herren sind Zeugen, daß er es nicht anders gewollt hat.

Ich hatte mich mit Lindau und einigen Andern bemüht, den Grafen aufzurichten. Er lag so starr da, daß ich einen Augenblick glaubte, Egbert habe ihn getödtet; aber dieser Schrecken war glücklicher Weise unnöthig gewesen. Nach ein paar Momenten schlug er die Augen auf, blickte wild umher und konnte sich, wenn gleich nicht ohne große Anstrengung, mit Hilfe Lindau's und der Andern in die Höhe heben. Ich war, als ich sah, daß ihm augenscheinlich kein ernsteres Leid, als was ich ihm von Herzen wünschte, geschehen war, zurückgetreten, da ich es für unschicklich hielt, als Egberts Secundant mich mehr als unbedingt nöthig mit seinem Gegner zu befassen.

Lindau und noch ein Paar führten den Grafen aus dem Saal, und die Thüre hatte sich kaum hinter der Gruppe geschlossen, als die bange Stille, die während des Kampfes selbst und der folgenden Ohnmachtsscene in dem Raume geherrscht hatte, einem großen Lärm Platz machte. Jeder wollte seine Auffassung der Angelegenheit zur Geltung bringen; doch hörte ich aus der babylonischen Verwirrung so viel heraus, daß man beinahe allgemein auf des Grafen Seite stand, und die schmähliche Behandlung einer so vornehmen Person als eine Art von Majestätsverbrechen ansah. Nur einige Brummstimmen behaupteten: der Graf sei zu brutal gewesen, Egbert habe sich das nicht bieten lassen können. Es sei gut, daß der Graf endlich einmal an den Rechten gekommen ist. Seine Unverschämtheit hätte schon längst eine Lection verdient.

Möglicherweise waren die Eigenthümer dieser Brumm=
stimmen solche Jünglinge des Kegelklubs, deren Verluste
an den Grafen beim Whist oder Billard das Maaß des
Erträglichen überstiegen hatten.

Wenigstens behauptete Egbert das, als wir einige
Minuten später auf seinem Zimmer angekommen waren.
Er hatte sich eine Cigarre angezündet und rauchte, in
der Sophaecke sitzend, als ob Alles in der besten Ord=
nung sei, und ihn kein Mensch, noch ehe er die Cigarre
ausgeraucht, auf Tod und Leben gefordert haben werde.

Ich wußte, daß es so kommen würde, sagte er, und
bin deshalb doppelt froh, daß ich es nicht provocirt
habe. Er stolperte über meine ausgestreckten Füße; ich
bin überzeugt: mit Willen, denn, anstatt sich zu entschul=
digen, wie es seine Pflicht war, wurde er sofort grob,
und zwar in der gemeinsten Weise. Ich glaube, er hat
gedacht, ich würde mich durch seine Bramarbasmiene ein=
schüchtern lassen und ihm das Feld räumen. Jetzt wun=
bert er sich vermuthlich schon darüber, wie sehr er sich
verrechnet hat.

Ich ging mit unruhigen Schritten auf und nieder,
jeden Augenblick erwartend, daß es an die Thür pochen
würde. Egbert hatte auch noch kaum die letzten Worte
gesagt, als ich einen Schritt auf dem Corridor hörte.
Ich öffnete die Thür, Lindau stand davor.

Sogleich zu Ihren Diensten, sagte ich, indem ich
mich wieder in das Zimmer wandte.

Es ist Lindau, sagte ich zu Egbert.

Bon, erwiederte Egbert, macht es ganz nach Be=
lieben unter Euch ab. Mir ist Alles recht.

Ich drückte dem braven Jungen die Hand und ging hinaus.

Ist es Ihnen genehm, daß wir die Verhandlungen auf meinem Zimmer vornehmen? fragte Lindau.

Mir war durchaus nicht lächerlich zu Muthe, aber Lindau's diplomatischer Ton und zugeknöpfte Haltung hätten mich doch fast zum Lachen gebracht.

Ich pflege nur die heiteren Dinge scherzhaft, die ernsten aber desto ernster zu nehmen, fuhr er fort, während wir die Treppe hinaufstiegen, und der Fall ist sehr ernst in jeder Beziehung und in jedem Sinne. Es ist mir ein Räthsel, daß sich der Herr Graf Saros-Patac nicht sämmtliche Rippen im Leibe zerbrochen hat: procumbit humi bos — ich verstehe jetzt erst die onomatopoetische Schönheit dieses Verses. Auch ist er noch bis auf diesen Augenblick gewissermaßen im Dunkeln über seinen Zustand, da ihm beide Augen von den Schlägen, die übrigens mit bewunderungswürdiger Kunst beide Male auf den oberen Theil des Nasenbeines applicirt wurden, einigermaßen verschwollen sind, so daß ich kalte Umschläge verordnet habe. Aber, um in medias res zu kommen: mein Freund, der Herr Graf Saros-Patac, ist auf meine Vorschläge mit der anerkennenswerthesten Bereitwilligkeit eingegangen. Ich proponire also: gezogene Pistolen, zehn Schritt Distance, Rendezvous der Wald irgendwo, Zeit Morgen früh, aber nicht zu früh, da ich nach solchen Strapazen gern ein paar Stunden länger schlafe.

Ich glaube, daß fünfzehn Schritt auch hinreichen würden, sagte ich, da mein Freund nicht nach Blut dürstet, und der Graf Ihnen die Feststellung der Bedingungen überlassen zu haben scheint.

Keinen Zollbreit mehr; erwiederte Lindau; der Fall ist, oder sagen wir, die Fälle waren zu schwer. Ich habe nie einem Rencontre beigewohnt, wo die Nothwendigkeit, daß Einer auf dem Platze blieb, so indicirt war.

Wenn Ihnen der Graf so nahe stände, wie mir Egbert, würden Sie geneigter sein, die Sache in einem besseren Lichte zu sehen.

Verzeihen Sie, erwiederte Lindau, ich lasse mich in diesen Dingen nie von Gefühlswallungen bestimmen, obgleich Sie nach den Mittheilungen, die ich vorhin die Ehre hatte, Ihnen zu machen, leicht ermessen können, wie sehr ich in dieser ganzen Angelegenheit auch gemüthlich afficirt bin. Der Graf steht mir seit ein paar Stunden so nah, wie man sich, ohne blutsverwandt zu sein, überhaupt nur stehen kann.

Ich wußte nicht mehr, was ich aus Lindau machen sollte. War ich mit ihm wirklich auf der Grenze angekommen, wo der Schalk aufhörte und der Narr anfing? Glaubte er allen Ernstes auf Miß Virginia einen so tiefen Eindruck gemacht zu haben? oder — was wahrscheinlicher, mindestens ebenso wahrscheinlich war — hatte die üppige Schönheit des Mädchens ihn wirklich um seine blasirte Ruhe gebracht? und spiegelte ihm seine Eitelkeit vor, daß es ihm ein Leichtes sein werde, eine Kokette an sich zu fesseln, und die Hindernisse, die sich der Verbindung der reichen Pflanzertochter mit einem vermögenslosen preußischen Kreisrichter entgegenstellten, aus dem Wege zu räumen? Glaubte er sich die Familie zu verbinden dadurch, daß er entschieden für den Grafen Partei ergriff, und den Nebenbuhler desselben unschädlich machen half? Aber wenn, wie ich wünschte und hoffte, das Duell einen für Egbert günstigen Ausgang nahm? —

Mein Freund ist ein ausgezeichneter Pistolenschütze, sagte ich; und unendlich kaltblütig. Wenn ich ein Freund des Grafen wäre, so würde mich das Duell mit großer Sorge erfüllen.

Lindau zuckte die Achseln. Ich vermuthe, daß auch der Graf mit Pistolen umzugehen versteht, sagte er, ad vocem Pistolen! Wie kommen wir zu diesem nothwendigen Requisit? Führen Sie welche mit sich?

Nein; Sie?

Ich glaube kaum, sagte Lindau nachdenklich; die Pistolen, zu denen ich gelegentlich kam, haben es niemals lange bei mir ausgehalten. Aber ich erinnere mich, gehört zu haben, daß der Posthalter hier welche hat. Vielleicht leiht er sie uns. Sollen wir einmal anfragen?

Ich hatte nichts dagegen. Wir machten uns durch das dunkle Dorf auf den Weg nach der Posthalterei. Der Posthalter — ein Veteran aus den Befreiungskriegen — war sofort bereit, unserem Wunsche nachzukommen. Es hätten schon öfter Herren damit nach der Scheibe geschossen.

Der alte Schnauzbart humpelte in das Nebenzimmer und kam alsbald mit den Waffen zurück: einer riesigen Reiterpistole mit Pfannenschloß, und einem andern ganz kuriosen Instrument, das schon mehr Carabiner als Pistole war, und nach der sonderbaren Construction und Ornamentirung zu schließen, einem sehr respectablen

Büchsenschmied aus der Zeit des dreißigjährigen Krieges seine Entstehung verdankte.

Es sind mir schon hundert Thaler für die da geboten worden, sagte der Schnauzbart triumphirend, aber ich gebe sie nicht dafür weg; und was die andere betrifft, die habe ich einem französischen Dragoner in der Schlacht von Waterloo, den ich vom Pferde hieb, abgenommen. Ja, ja, das ging heiß her an dem Tage!

Lindau, der mit großer Aufmerksamkeit die beiden Mordinstrumente betrachtet hatte, sah mich jetzt fragend an.

Ich denke, sagte ich, das weiland Eigenthum des französischen Dragoners in die Hand nehmend, wir begnügen uns mit dieser hier.

Habe auch noch Kugeln und Pulver, sagte der Alte; es kommen öfter Herren zu mir, die ein wenig nach der Scheibe schießen wollen. Die Herren müssen sich nur vorsehen, der Abzug geht ein bischen schwer, und das war ein Glück, sonst hätte mich der Kerl unfehlbar todtgeschossen.

Wir ließen den Alten gewähren, um keinen Verdacht zu erregen, und verabschiedeten uns dann unter vielen Danksagungen von ihm, die Reiterpistole nebst obligatem Kugelbeutel mit uns nehmend.

Es wird uns nichts übrig bleiben, sagte Lindau, als wir wieder durch die dunkle windige Nacht nach dem Kurhause zurückschritten, wir müssen morgen nach S. fahren. Dort finden wir hoffentlich ein Paar, das noch aus diesem Jahrhundert stammt.

Dazu war allerdings Aussicht, insofern S. bekanntlich eine einzige große Gewehrfabrik ist. Nichtsdestoweniger verwünschte ich Lindau's Einfall; ich hatte bereits an das Nichtvorhandensein von Waffen die Hoffnung geknüpft, das leidige Duell auf unbestimmte Zeit hinausschieben, vielleicht vereiteln zu können.

Dann, fuhr Lindau fort, machen wir die Sache, denke ich, so: S. ist drei Meilen von hier. Wir können um Mittag dort sein; unsere Geschäfte werden uns nicht lange in Anspruch nehmen: wir diniren im Deutschen Hause, wo man nebenbei sehr gut speist. Wir nehmen den Rückweg über Fichtenau, wo wir um vier oder fünf eintreffen. Dort kann das Duell in aller Stille — so weit man bei einem Pistolenduell von Stille reden kann — vor sich gehen. Aerztliche Hilfe ist dort so gut wie hier; und sollte ja Einer auf dem Platze bleiben, was ich übrigens durchaus nicht wünsche, nun — nach meiner Philosophie stirbt es sich überall gleich schlecht. Ich werde also, wenn es Ihnen recht ist, den Wagen auf sieben Uhr bestellen. Gute Nacht.

Der philosophische Dichter stieg die Treppe zu seiner Etage hinan; ich begab mich noch einmal zu Egbert, den ich in der Sophaecke in derselben Position fand, in der ich ihn zuletzt gesehen, nur daß die Tabakswolke um ihn her seitdem bedeutend an Dichtigkeit zugenommen hatte. Ich theilte ihm die Verabredungen mit, die ich eben mit Lindau getroffen. Er gab gleichgiltig zu Allem seine Zustimmung, wurde aber sofort beredt, sobald ich nur einmal Ellens Namen genannt hatte. Mit einem Feuer, das sein gutes Gesicht eigenthümlich verschönte, erzählte er mir nun ausführlich die Einzelnheiten seiner Liebeswerbung, wie sie anfangs Beide kein Wort gesprochen, wie er sie nur immer geführt und gestützt und halb getragen habe, wie sie dann plötzlich in Thränen ausgebrochen sei, wie er da angefangen, zu reden, er wisse selbst nicht mehr was, und wie sie zuerst nur immer stärker geweint, dann aber stiller und stiller geworden sei, und ihren Kopf zuletzt für einen Augenblick an seine Brust gelehnt habe. Ja, rief er aus, es war nur ein Augenblick, aber wenn ich hundert Millionen Jahre lebe, ich würde ihn nicht vergessen! Und da sollte ich einem solchen Affen, einem solchen grinsenden Pavian das Feld räumen! Ich will es zufrieden sein, wenn er findet, daß er mit den Schlägen, die er erhalten, sehr gnädig weggekommen sei; läßt er sie aber noch nicht in Ruhe, wagt er, seine frechen Hundeaugen noch immer zu ihr zu erheben, nun dann, so schieße ich ihn todt wie einen Hund, und ich glaube nicht, daß meine Gewissensbisse hinterher sehr groß sein werden.

Ich kannte Egbert hinreichend, um zu wissen, daß dies seine ganz eigentliche Meinung von der Angelegenheit sei, und daß es mir gar nichts helfen würde, wollte ich versuchen, ihn für den Grafen milder zu stimmen. Ich wußte, daß von dem Augenblicke an, wo das schöne Mädchen ihm ihre Liebe zu erkennen gegeben, er sie als die Seine betrachtete, und, wie er selbst niemals von ihr lassen, so sie auch gegen eine Welt vertheidigen würde. Bescheiden in seinen Ansprüchen, aber mit felsenharter Festigkeit auf dem bestehend, was er einmal für sein gutes Recht erkannt, sich selbst und seinen Worten treu durch alle Schwankungen der Verhältnisse und alle Launen des Zufalls — so hatte ich ihn gekannt, als wir noch zusammen auf der Schulbank saßen, so hatte ich ihn damals geliebt; so fand ich ihn, so liebte ich ihn auch in diesem kritischen Augenblick.

Wir kamen auf alte Zeiten zu sprechen; er schien ganz vergessen zu haben, was mich noch so spät auf sein Zimmer geführt; nur an der liebevollen Pietät, mit der er bei jenen Erinnerungen weilte, an der ungewöhnlich großen Wärme, mit welcher er sodann über meine Verhältnisse, Aussichten, Pläne, über meine Frau und meine Kinder sprach, erkannte ich die tiefinnere Erregung seines edlen Herzens. Es war spät geworden, als wir uns endlich die Hände schüttelten und ich ihn verließ, um meine Mansarde aufzusuchen.

Als ich über den Platz schritt, der die beiden Flügel des Kurhauses trennte, sah ich zwei Männer in eifrigem Gespräch, das, als ich in die Nähe kam, verstummte. Auch drückten sie sich auf die Seite. Trotzdem und trotz der Dunkelheit hatte ich in den beiden Gestalten Mr. Cunnigsby und den Grafen erkannt.

Was hatten die Beiden jetzt die Köpfe zusammenzustecken? und noch dazu hier, auf dem windigen Vorplatz, in dunkler Nacht?

Diese Frage war ebenso einfach, als die Antwort schwierig. Etwas Gutes war es sicher nicht, über dem diese edlen Seelen brüteten. Das war mein letzter Gedanke, bevor der Schlaf auf die Wimpern des von mancherlei Strapazen dieses ereignißreichen Tages gänzlich Erschöpften sank.

Neuntes Capitel.

Ich hoffe, Sie haben gut geschlafen, Werthgeschätzter! sagte Doctor Kühleborn.

Ich rieb mir die Augen, denn mein Schlaf war sehr fest gewesen und ich konnte mich nicht gleich in die Situation finden. Da saß der Doctor, in derselben Position wie gestern Morgen, den Stockknopf an die dünnen Lippen gedrückt, mich mit sorgenvoller Miene betrachtend.

Ach so! sagte ich.

Ja wohl, sagte der Doctor; ich mußte leider gestern Abend noch einmal nach dem Nonnenkopfe hinauf. Der Zustand der Kleinen war mir beunruhigend erschienen, glücklicherweise hat sich die Natur geholfen; ich habe Alle schon heute Morgen wieder hierher zurückbringen können. Aber kaum bin ich dieser Sorge lebig, als sich bereits eine zweite meldet. Ich höre mit inniger Betrübniß von der gräulichen Scene, die gestern Abend in dem, wenn ich mich so ausdrücken darf, geheiligten Raume des Kursaales stattgefunden hat. Bester, Werthgeschätzter! beruhigen Sie mich, wenn Sie können! Nicht wahr, es wird keinen Skandal geben! Mein Gott, ja! junge Leute sind eben junge Leute, man ist heftig, man wird ausfallend, es kommt zu Worten, oder, wie diesmal zu Real=

Injurien, aber so etwas läßt sich doch auch wieder bei=
legen, wenn man will. Und hier bleibt doch gar nichts
Anderes übrig, als es zu wollen. Ich bitte Sie, Werth=
geschätzter! was wird der Herzog sagen! wie kann ich
wagen, jemals wieder vor den Augen meines gnädigsten
Herrn zu erscheinen, wenn er hört, daß einem seiner
Gäste, den er morgen in seiner eigenen Equipage nach
Malepartus abholen lassen wird, unter meinem Dach eine
solche Unbill angethan ist! Ich bin außer mir. Das
Wenigste, was geschehen muß, ist, daß Ihr Freund den
Grafen in aller Form um Verzeihung bittet. Sie müssen
Ihren ganzen Einfluß aufwenden, daß dies in aller
Kürze, wo möglich heute Morgen noch geschieht. Nicht
wahr, Werthgeschätzter, ich habe nicht vergeblich auf Ihre
Unparteilichkeit, Ihre Klugheit, Ihre Discretion, Ihre
Humanität gerechnet?

Doctor Kühleborn nahm eine Prise und blickte mir
über die Gläser seiner Brille weg fragend in die Augen.
Ich hielt diesen durchbohrenden Blick mit der nöthigen
Ruhe aus und sagte:

Darf ich wissen, ob Sie im Auftrage des Grafen zu
mir kommen, Herr Sanitätsrath?

Wie können Sie glauben, Werthgeschätzter! rief der
Doctor unwillig, indem er einige verstreute Schnupf=
tabakskörner sorgfältig von seiner Chemisette klopfte.

Um so besser, sagte ich; denn nach meiner Erfahrung
thut man in diesen Dingen um so mehr, je weniger
man thut. Zwischenträger pflegen den Handel nur zu
verwirren. Aus diesem Grunde haben Lindau und ich
für heute Morgen eine Wagenpartie verabredet; wir

hätten gern Egbert mitgenommen, aber er muß nothwendig Briefe an seinen Verwalter und seinen Rechtsanwalt schreiben, so daß er uns erst gegen Mittag nachfolgen kann. Auf den Grafen habe ich natürlich keinen Einfluß. Diesen Theil der diplomatischen Aufgabe muß ich Ihnen überlassen. Und nun erlauben Sie, daß ich mich erhebe, Herr Sanitätsrath; sonst bekomme ich Schelte von Lindau.

Sie sind mein guter Engel, rief der Doctor, indem er sich erhob. Sie verdienen einen Orden. Im Ernst! Soll ich Ihnen einen verschaffen? Ich gelte etwas bei Sr. Hoheit. Er ist freilich mehr Jäger, als Gelehrter, mehr Krieger, als Beförderer der Künste und Wissenschaften, aber —

Lassen Sie es gut sein, Herr Sanitätsrath, ich nehme Ihren guten Willen für die That.

Nun denn, adieu, adieu! kommen Sie wohlbehalten wieder!

Und der Doctor tänzelte, mir Kußhände zuwehend, aus dem Zimmer.

Gott sei Dank! dachte ich, während ich mich schneller als gewöhnlich ankleidete; den wäre ich los! Er würde die Polizei in zehnmeiligem Umkreise aufbieten, wenn er wüßte, wie weit die Sache schon gediehen ist. Freilich, vom Standpunkte jener Tugenden, die er mir angedichtet, sollte man Alles thun, was man kann, ein solches Attentat gegen die gesunde Vernunft zu verhindern; aber Egbert würde schöne Augen machen, wenn ich ihm damit käme.

Ich seufzte tief, indem ich das Nöthige in meine kleine Reisetasche packte, und seufzte abermals, als ich an den Thüren der Amerikaner, hinter denen Alles still war, vorüberschritt. Ich hatte schon einen Fuß auf der ersten Treppenstufe, als plötzlich die taube Alte hinter mir stand, mir einen Zettel in die Hand gab, und dann mit wunderlichen Geberden, die vermuthlich ausdrücken sollten, daß ich um Gottes und aller Heiligen Willen sie nicht verrathen solle, in derselben Thür, aus der sie so plötzlich gekommen, verschwand.

Da der Zettel offen und nicht adressirt war, so konnte er eben so gut auch an mich gerichtet sein. Er war sehr kurz, nichtsdestoweniger brauchte ich einige Zeit, bevor ich ihn entziffern konnte, denn er war mit Bleifeder, sehr flüchtig, und — gestehe ich es nur! — wieder sehr unorthographisch, wenngleich diesmal deutsch geschrieben. Er lautete (corrigirt) so: Ich bleibe Dir treu, Geliebter, bis in den Tod!

Und wiederum seufzte ich. Armes Kind! es ist gewiß keine Phrase bei ihr. Sie denkt an den Tod in dieser seligen Maienzeit der ersten Liebe, wo andere junge Mädchen mit Fug und Recht nur Lebensgedanken haben!

Mir wurden die Augen feucht, als ich noch einmal, langsam die Treppe hinabschreitend, auf die kindische Handschrift blickte. Wie hilflos war diese Hand! wie mochte sie gezittert haben, als sie dies Bekenntniß von dem klopfenden Herzen riß! und doch, welche Energie lag in den einfachen Worten! welche stille Kraft, die zerreißbar scheint, wie ein Florband, und doch fest hält bis in den Tod!

Und wüßte sie nun gar erst, was im Werke ist! daß, wenn es das Unglück will, ihre Liebe bis über den Tod sich wird schwingen müssen in eine dunkle trauervolle Zukunft —

Ich verscheuchte diese bösen Gedanken so gut es gehen wollte, und eilte über den Platz vor dem Kurhause, wo der Einspänner, der uns nach S. bringen sollte, schon bereit stand, zu Egbert hinauf.

Wie geht es, Egbert?

Gut.

Und Du bist Deiner Sache, bist Deiner Hand sicher?

Da sieh' selbst, erwiederte Egbert lächelnd, indem er mir seine Hand reichte.

Sie lag so ruhig in der meinen. Ich drückte sie herzlich und sagte: Hier ist auch noch Etwas für Dich, und nun gehab' Dich wohl!

Ich verließ ihn eilends; er sollte sein Entzücken für sich haben.

Als ich nach unten kam, fand ich Lindau, wie er eben auf den Wagen stieg. Ich stieg von der andern Seite herein, wir reichten uns, indem wir uns setzten, die Hände; das leichte Fuhrwerk rollte schnell davon, zum Dorfe hinaus, hinein in die sonnige morgenfrische Welt.

Wir hatten schon beinahe eine Meile zurückgelegt, ohne daß ein Wort gesprochen wurde. Ich hing meinen eigenen Gedanken nach, und Lindau schien gänzlich von seiner Cigarre in Anspruch genommen. Mit einem Male schnellte er die Asche heftig fort und sagte, sich zu mir wendend:

Es ist doch nichts unleiblicher, als wenn man eine echte Havannah angebrannt zu haben glaubt, und nach den ersten paar Zügen in Zweifel geräth, ob es nicht eine ganz gemeine Pfälzer ist.

Passirt Ihnen das eben? fragte ich.

Ist mir wenigstens heute morgen passirt, erwiederte Lindau verdrießlich.

Es wäre indiscret von mir, wollte ich Sie mit Fragen belästigen, sagte ich, da ich zu bemerken glaubte, daß der Dichter zu weiteren Mittheilungen aufgefordert zu sein wünsche.

O nein, erwiederte er, es belästigt mich gar nicht, wenn Sie wissen wollen, was es ist. Im Gegentheil! es entlastet mein Gemüth, das sich von der Sache bedrückt fühlt. Ich habe, trotz meines Skepticismus, von Zeit zu Zeit katholisch-naive Anflüge, in denen man nach einem Beichtiger verlangt. Sie sind zu diesem ehrwürdigen Amt besonders geschickt, denn Sie sind, als Novellist, wenigstens der Halbbruder des Dichters, um mit Schiller zu reden, und können sich, in Folge dieser nahen Verwandtschaft, hoffentlich ungefähr in dem Labyrinth eines Dichterherzens zurecht finden. Folgen Sie mir in einen besonders dunklen Gang. Was sehen Sie! nichts! aber, nachdem sich Ihr Auge an die Dämmerung gewöhnt, welches Bild erblicken Sie, anfangs in undeutlichen Umrissen, dann immer farbenbestimmter, farbenprächtiger? Sie täuschen sich nicht! ich bin es! und die Dame, die eben an meinen Busen sinkt, ist Miß Virginia, oder genauer Frau Virginia Lindau-Cunnigsby, denn die Trauung hat eben stattgefunden. Der stattliche Herr, der die Hände segnend über uns ausstreckt, ist mein Schwiegervater, Mr. Augustus Lionel Cunnigsby. Im Mittelgrund bemerken Sie meine corpulente Schwiegermama, meine schöne Schwägerin, Ellen, seit vier Wochen Gräfin Saros, in einer reizenden Familiengruppe. Der Hintergrund: eine vornehme Villa irgendwo in einer anmuthigen Gegend. Sie sehen das Bild ganz deutlich? Gut. Genau so deutlich sah ich es gestern Abend, als wir den schändlichen Berg von dem Waldrand in dem grausamen Wetter herunterkletterten, und die kleine Pflanzerhexe sich so verführerisch fest auf meinen Arm, auf meine Schulter lehnte. Es waren himmlische Momente! ich glaubte, ganz Louisiana und Texas da an mein Herz zu drücken! Was soll ich weiter sagen! ich hätte kein Dichter sein müssen, und ich hätte das treulose Käthchen nicht eben erst verloren haben müssen, wenn diese glorreiche Eroberung, die mir, wie alles Gloriose, im Traum geschenkt war, mir nicht den Kopf hätte verrücken sollen. Der Realisirung dieses Traumes hätte ich eine Welt geopfert, weshalb sollte ich ihr nicht Ihren Freund opfern! Ich that es, that es mitleidslos. Man muß in großen Augenblicken groß handeln können.

Ich verstehe Sie nur halb, sagte ich.

Wie das von dem Halbbruder des Dichters auch nicht anders zu erwarten ist, entgegnete Lindau ruhig; aber ich gebe die Hoffnung nicht auf, mich Ihnen ganz verständlich zu machen. Um also ganz offen zu sein: der Graf war, als wir ihn auf sein Zimmer gebracht hatten, streng genommen, in einem unzurechnungsfähigen Zustande. Ich nahm die Verantwortung auf mich, die Duellbedingungen zu dictiren. Seine Antworten waren unklar, man spricht nicht eben deutlich mit einem nassen Schwamm auf dem Gesicht. So kam das Duell zu Stande.

Sie sehen mich voller Entsetzen an, aber hören Sie weiter. Was Sie mir sagen wollen, habe ich mir Alles noch während der Nacht gesagt. Ich stand auf mit dem festen Entschluß, das Duell, das ich gestern so eifrig zu Stande gebracht, heute, wenn es irgend möglich sein würde, zu verhindern.

Ich ging zum Grafen und that, als ob noch Nichts beschlossen, Alles noch in der Schwebe sei, es noch jeden Augenblick bei ihm stände, die Sache in Güte beizulegen. Ich brachte alle nur erdenklichen Gründe vor, von denen ich hoffen mußte, daß sie für ihn von Gewicht sein müßten; sein provocirendes Betragen gegen Egbert, Egberts sehr verzeihliche Gereiztheit, die Wahrscheinlichkeit, daß das Duell für ihn einen schlimmen Ausgang nehmen könne, die Verzweiflung Ellens, wenn er fallen sollte, der Schmerz seiner erlauchten Verwandten im fernen Ungarlande bei der Nachricht von seinem Tode — ich war scharfsinnig, gefühlvoll, weise, beredt, ich hoffte das Beste von meiner Beredtsamkeit. Und was war das Resultat? Haben Sie wohl schon einmal eine Hyäne beobachtet in den Augenblicken, bevor der Wärter, der jetzt mit den Fleischstücken noch beim Baribal ist, zu ihr kommt? wie sie den borstigen Rücken sträubt, die Zähne fletscht, vor Wuth und Ungeduld heult, in dem Käfig auf- und abläuft, und an den Wänden hinaufspringt? Nun — das ist das Bild des Grafen, wie ich ihn vor einer Stunde sah. Genau so lief er vor mir in dem Zimmer auf und ab; ja er sprach in seiner Wuth ganz geläufig deutsch und schwur, daß er Ihres Freundes Blut haben müsse. Ich kann Ihnen nicht sagen, welch' abscheulichen Eindruck der Mensch auf mich gemacht hat. Sie wissen, ich habe niemals für ihn geschwärmt und stets gefunden, daß er eher wie ein aufgeputzter Pferdeknecht aussieht, als wie ein Graf; aber heute, wo er gar nicht geputzt war, sondern in einem, nebenbei sehr unsauberen, Schlafrock steckte, — das dicke Haar ungekämmt, der Schnurrbart zerzaust, die kleinen stechenden Augen noch von gestern verschwollen, auf der Wäsche noch Tropfen des Blutes, das gestern seiner erlauchten Nase entflossen — er sah nicht aus wie ein Pferdeknecht, er sah aus wie ein — ja, ich weiß keinen menschlichen Vergleich — er sah aber aus wie eine Bestie, und eine recht gemeine dazu.

Lindau schwieg. Ich hatte — zum ersten Male, seitdem ich ihn kannte — den Eindruck, daß es ihm möglicherweise Ernst war um das, was er sagte. Auch fuhr er nach einer kurzen Pause mit noch erregterer Stimme fort:

Sie können sich denken, daß ich die größte Lust hatte, meine Hand von dem unsaubern Ungethüm abzuziehen und ihm meine Cartellträgerschaft zu kündigen. Wenn ich es nicht that, so war es, um mir nicht die Möglichkeit zu rauben, den schlimmen Handel, den ich hatte einfädeln helfen, zu einem guten Ausgang zu bringen. Und ich habe noch nicht alle Hoffnung aufgegeben. So seltsam es klingen mag: trotz des Wüthens der Bestie hatte ich den ganz bestimmten Eindruck, daß sie feig ist. Ich möchte darauf schwören, und darauf baue ich meinen Plan. Wir müssen den rechten Augenblick abpassen, etwa, wenn sie auf die Mensur treten und ihm der Pistolen=

kolben anfängt in der Hand heiß zu werden. Ich denke, er wird auf jede nur einigermaßen anständig aussehende Bedinguug zurücktreten, und Ihre Aufgabe würde es dann eben sein, Egbert, dessen Gutmüthigkeit mir über jeden Zweifel erhaben scheint, zu einer solchen Bedingung zu vermögen.

Ich weiß nicht, ob wir die Rechnung nicht ohne den Wirth machen, entgegnete ich; ich glaube, die einzige Bedingung, auf die hin Egbert zurücktreten würde, wäre die, daß der Graf die Bewerbung um Ellen in aller Form aufgäbe, und so feig, wie der Graf sein mag, — und ich glaube ebenfalls, daß er feig ist — dazu wird er sich denn doch nicht verstehen wollen.

Lindau zuckte die Achseln: Der Tod ist ein bittres Kraut; und ich möchte wetten, daß der Herr Graf einen ganz ordinären Abscheu vor diesem vulgären Gericht hat.

Er zündete sich eine frische Cigarre an und Jeder von uns versank wieder in Schweigsamkeit. Trotz der Hoffnung auf einen friedlichen Ausgang der Affaire, die Lindau in mir zu erwecken versucht, blieb mein Herz beklommen. So fest ich auch auf Egberts vielerprobte Kaltblütigkeit, auf sein falkenscharfes Auge und seine sichere Hand rechnete — welcher Zufall treibt nicht oft in diesen Dingen sein plumpes Spiel! und wenn die Welt auch nicht viel an diesem ungarischen Grafen verlor, so konnte ich mich doch mit dem Gedanken nicht aussöhnen, daß gerade Egberts freundliches Gemüth für alle Zukunft durch eine so häßliche Erinnerung verdüstert werden sollte. Und dann, würde man ihm je vergeben, daß er die entente cordiale zwischen dem übrigen Theile der Familie

Cunnigsby und dem Grafen so grausam zerstört? war er nicht im günstigsten Falle dem Ziele seiner Wünsche ferner als je? — Ich wetterte im Stillen auf diese böse Welt, in der das Einfache, Natürliche, Selbstverständliche immer und immer auf Hindernisse stößt, und anstatt der Vernunft und Schicklichkeit die Unvernunft und die Unschicklichkeit triumphiren. Selbst das herrliche, mir noch unbekannte Thal, durch das wir fuhren, mit seinen schroffen Tannenhöhen, zwischen denen sich die chaussirte Straße in mäandrischen Windungen bergab schlängelte — das Plätschern des Baches, den wir bald zur Rechten, bald zur Linken hatten, da wir ihn oft auf hölzernen Brücken überschritten — der helle Sonnenschein, der die herbstlich klare Luft durchleuchtete und nach der Sturmesnacht doppelt erquicklich war — Nichts war im Stande, mich aus meinem dumpfen Brüten zu erwecken. Die Schattengestalt der Sorge, die mit auf's Schiff steigt, und sich zu dem flüchtigen Reiter auf's Pferd setzt, hatte eben auch auf unserm Gefährt, so klein es war, einen Platz gefunden.

Das enge Thal erweiterte sich, die Ebene that sich auf; aus der Ebene ragten vor uns die Thürme des Städtchens, das wir erstrebten. Nicht lange, und unser Wägelchen rollte über ein urvorweltliches Pflaster durch ein enges, alterthümliches Thor fast unmittelbar auf den Marktplatz, wo es vor dem Deutschen Hause mitten in einer ansehnlichen Burg von durcheinandergeschobenen Kärrner- und Bauernwagen still hielt. Lindau, den Geschäftsreisen oft nach S. gebracht, wurde von dem jungen Wirth des Gasthofes, der selbst an den Wagen kam, ehrfurchtsvoll begrüßt. Es sei gerade Jahrmarkt und das

Haus überfüllt, für solche Gäste finde sich aber immer ein Platz —

Und ein gutes Mittagsessen, wie es des Deutschen Hauses würdig ist, bemerkte Lindau.

Der Wirth lächelte. Die Herren sollten zufrieden sein und von dem alten Chateau Margaux sei auch noch ein Fläschchen im Keller.

Die Aussicht auf ein gutes Diner versetzte den betrübten Dichter sofort in die behaglichste Laune, die sich noch steigerte, als die Schwester des Wirthes — ein junges, schwarzäugiges, rothbäckiges, schlankes Mädchen — ebenfalls in der Thür erschien und den Herrn Kreisrichter knixend willkommen hieß.

Mein Gott, rief Lindau, ist denn das —

Jettchen, sagte der junge Mann, nun natürlich, Herr Kreisrichter; sie ist ja drei Jahre fort gewesen, um die Landwirthschaft aus dem Grunde zu lernen. Jetzt ist sie hereingekommen, um mir bei meiner Hochzeit zu helfen, die in vier Wochen sein soll.

Lindau war mit einem Sprunge aus dem Wagen, und reichte dem jungen Mädchen mit einer Lebhaftigkeit die Hand, welche deutlich genug bewies, wie empfänglich sein großes Herz für die Schönheit in jeder Gestalt war, und wie erhaben über das engherzige Vorurtheil der Standesunterschiede. Dann wandte er sich zu mir und sagte:

Wenn es Ihnen recht ist, so setze ich mich mit unserer reizenden Wirthin hier über die wichtige Frage des Mittagessens in Vernehmen, und Sie besorgen während der Zeit das Andere, — ein Geschäft, auf das Sie sich auch jedenfalls besser verstehen, als ich Mann des Friedens.

Selig sind die Friedfertigen, dachte ich, als ich mich durch die Wagenburg hindurch und über den Marktplatz weg, in die engen Gassen des Städtchens wandte; und glücklich die Dichter, die, dem Finken gleich, von jedem neuen Zweige lustig das alte Lied singen, während wir prosaischen Kinder dieser Welt die Sorgen und Mühen des Lebens geduldig auf die vielerprobten Schultern nehmen. Meinst Du nicht auch, altes Bäuerlein, das Du Deine drei magern Gänse, die Dir Niemand abnehmen will, wahrscheinlich schon seit dem frühen Morgen durch diese Gassen karrst? und Du, graubärtiger Mann des Handwerks, der Du eben in Deine niedere Hausthür trittst, Dir den sauren Schweiß von der rußigen Stirn zu wischen und für einen Augenblick das rosige Licht zu athmen! Und siehe! Du hast, was ich suche. Da stehen und hängen ja Büchsen, Jagdflinten und Pistolen in Deinem bescheidenen Schaufenster. Dir lieber, als jedem Andern will ich das Sündengeld zu verdienen geben.

Ich trat auf den bärtigen Mann zu, und trug ihm mein Verlangen vor.

Damit kann ich dienen, Herr, sagte der Bärtige, indem er mit mir aus der Hausthüre in den Flur trat, der zugleich der Laden war; ich habe keine große Auswahl, da wir kleinen Handwerker den großen Fabriken darin keinen Widerpart halten können, aber es findet sich schon, was Sie suchen, und gute Waare ist Alles — darauf können Sie sich verlassen.

Der Mann hatte mehrere Pistolen aus dem Schaufenster und dem Schranke genommen und zeigte mir dieselben. Die Arbeit war, so weit ich es beurtheilen konnte, ausgezeichnet, und ich fühlte die Wärme, mit welcher der Meister sich über die Einzelnheiten der Construction und Ausschmückung verbreitete, und die Mordwaffen so liebevoll handhabte und so sorgsam wieder auf die Seite legte, als ob es seine Kinder wären. Und waren sie es denn nicht? hatte er nicht in innerem Herzen gespürt, was er mit seiner Hand erschuf? hatte er nicht Vaterfreude empfunden, wenn es ihm gut gerathen, und den Schmerz eines Vaters, wenn Fleiß und Mühe und Zeit vergebens gewesen war?

Wir waren schon längst über ein Paar schöner gezogener Pistolen Handels einig, als wir noch immer — er hinter dem Ladentisch, ich vor demselben — in eifriges Gespräch verwickelt waren. Des Meisters biedere Art gefiel mir ungemein; die hohen Begriffe, die er von seinem Handwerk hatte, seine altfränkische Weise, die Dinge und Menschen von heute zu sehen, selbst mancher Urväterausdruck, der ihm im Laufe des Gespräches, als müßte es nur so sein, von den bärtigen Lippen kam, dazu die sonderbare Umgebung — der enge Waffenladen, in den durch die blinden, in Blei gefaßten Scheiben des schmalen hohen Fensters das Licht der Sonne nur gedämpft fiel, — von dem Hofe her, nach welchem die Thür offen stand, das Gackern von Hühnern und das Pochen des Hammers aus der Werkstatt — das Alles gab mir das köstlichste Bild einer längst vergangenen Zeit, als wär's ein Capitel aus der Geschichte Gottfriedens von Berlichingen mit der eisernen Hand, von ihm selbst geschrieben. Auch sagte mir der Meister, daß er nur selten aus seinem Städtchen herausgekommen sei, und es seit zehn

Jahren nicht ein einziges Mal verlassen habe, höchstens des Sonntags Nachmittags einmal, mit seinen Kindern einen Spaziergang vor das Thor zu machen. Er schäme sich fast, es zu sagen, aber er habe in Tannenburg, von wo ich heute Morgen gekommen, eine kranke Schwester, die nun schon so viele Jahre da sei, daß sie es nun kaum wohl lange noch treiben werde, und die so sehr verlange, ihn noch einmal vor ihrem Tode zu sehen. —

So heißen Sie König? fragte ich, da mir der Name einfiel, den mir die arme Kranke in dem Rollstuhl genannt hatte.

Ja wohl, Christian König, versetzte der Meister, hat der Herr vielleicht meine Schwester einmal gesehen?

Gewiß, erwiederte ich, und ich theilte ihm mit, wie ich seine Schwester getroffen an jenem Morgen, als Ellen ihr das Kopfkissen zurecht rückte, und wie sie mir von ihrem Bruder erzählt habe, und wie es mir allerdings, wenn er sie noch einmal sehen wolle, hohe Zeit scheine, daß er sich nach Tannenburg auf den Weg mache.

Der Meister seufzte und sagte: Ja, ja, es muß nun auch geschehen. Es ist immer ein verlorener Tag, und das ist viel, wenn man vierzehn Kinder hat, aber das arme Wurm soll nicht sterben, ohne daß ihr Wunsch in Erfüllung gegangen ist.

Wissen Sie was, Meister, sagte ich; frische Fische, gute Fische; auf meinem Wagen ist noch ein Platz, fahren Sie mit mir; ich habe freilich noch ein Geschäft in Fichtenau, aber von Fichtenau ist es nur eine kleine Stunde bis nach Tannenburg. So können Sie noch zu guter Zeit da sein. In Tannenburg sind Sie mein Gast, und morgen, oder wann Sie wollen, gehen Sie wieder zurück, falls Sie nicht erlauben, daß ich Sie zurückfahren lassen darf.

Der Meister kraute sich in dem dichten grauen Haar. Der Herr ist sehr gütig, und ich würde es schon annehmen, aber was wird meine Alte dazu sagen?

Das können wir sogleich von ihr erfahren, erwiederte ich, als jetzt eine kleine, resolut aussehende Frau mit einer großen Suppenschüssel von dem Hofe, wo die Küche liegen mochte, hereintrat, hinter ihr her ein paar halbwüchsige Bursche und Mädchen, welche der wichtigsten Angelegenheit des Tages bis zu ihrem geheimnißvollen Ursprung auf dem heiligen Feuer des Heerdes nachgespürt hatten.

Erst muß er vor allen Dingen essen, sagte die resolute Frau König, als ich ihr meinen Wunsch vortrug, komme der Herr mit herein: so was muß man bei Tisch abmachen; da verliert man keine Zeit, und die Jungen müssen auf's Feld, um die Kartoffeln aufzuheben.

Ich sah, daß ohne meine Vermittelung der Meister schwerlich Urlaub von seiner gestrengen Ehehälfte erhalten würde, und folgte mit den Anderen der Suppenschüssel in das ärmliche und niedere, aber ungemein saubere Wohngemach, wo auf einem tischtuchlosen massiven Tannentisch sieben irdene Teller (mit obligaten zinnernen Löffeln) standen, die alsbald aus der dampfenden Suppenschüssel bis an den Rand gefüllt wurden. Ich setzte mich, nachdem das Gebet gesprochen, in bescheidener Nähe des Tisches nieder, und sah mit Vergnügen, wie Vater, Mutter, Kinder und Lehrbursche es sich schmecken ließen.

Unterdessen wurden die Verhandlungen über das von mir angeregte tollkühne Project lebhaft fortgesetzt, unter dem Vorsitz der resoluten Frau Meisterin, die auch sonst die Kosten der Debatte mit großer Zungenfertigkeit fast allein bestritt.

Ja sehen Sie, lieber Herr: Reisen kostet Geld und wo nichts ist, da hat der Kaiser sein Recht verloren. Kinder sind ein Segen, aber viele Hunde sind des Hasen Tod. Zwar geht es uns jetzt, wo unsere acht ältesten aus dem Hause sind, besser, und könnte noch besser gehen, wenn er — mit einem Seitenblick auf den Meister, der ehrbar seine Suppe aß — in eine der großen Fabriken als Werkführer gehen wollte, was sie ihm oft genug angeboten haben, und das mit Grund, denn einen besseren Büchsenschmied finden sie nicht, aber, jung gewohnt, alt gethan; wer nicht wagt, nicht gewinnt; wie ich mich bette, so liege ich, und wer sich grün macht, den fressen die Ziegen. Der — abermals mit einem Blick auf den Meister, welcher eben jedem der Kinder ein großes Stück Brot zum Dessert abschnitt — ist viel zu gut. Wenn der könnte, er schnitte sich selbst entzwei und fütterte die schlechten Menschen mit seinem eigenen Fleisch und Blut!

Frau, sagte der Meister, dem bei diesem kannibalischen Gedanken der Bissen im Munde stecken zu bleiben schien.

Nun marsch', Ihr Buben, rief die Meisterin, ja so, der Vater muß erst noch das Gebet sagen; man vergißt noch wahrhaftig den lieben Herrgott über all' den Geschäften! — So, nun macht, daß Ihr fortkommt; Liesel kann auch mitgehen, Dörthe bleibt hier und hilft mir beim Flachs.

Die kleine Frau verließ mit den Kindern die Stube, der Meister schüttelte den Kopf: Das geht wie ein Mühlrad, und mahlt Alles ohne Unterschied, grob und fein, wie's eben kommt.

Da kam die mit dem Mühlrad schon wieder in's Zimmer. Sie hatte einen alten Ranzen in der Hand, den der Meister als Handwerksbursche auf der Wanderschaft getragen haben mochte. So, sagte sie, das wird ausreichen, ein paar Strümpfe und ein Hemde habe ich schon hineingepackt. Und nun mach' Du auch, daß Du fortkommst, damit der Herr hier nicht ewig und drei Tage auf Dich zu warten hat. Und für die alte Grete habe ich eine Flanelljacke eingepackt, sie sollte sie erst zu Weihnachten haben, aber wer weiß, ob sie den noch erlebt. Na, Mann, brauchst nicht so finster d'rein zu sehen. Ich meine es nicht bös mit der Grete, trotzdem ich auch nicht viel Liebes von ihr erlebt habe; besser ist sie immer, als Dein Bruder, der schlechte Mensch, dem Gott verzeihen möge, was er an uns gethan hat; ich kann's nicht. Und nun Gott befohlen, Christian, und das bindest Du um den Hals — dummes Zeug! was gut gegen die Kälte ist, ist auch gut gegen die Wärme; und komm gesund wieder!

Bei diesen Worten hatte die Meisterin ihrem Eheherrn einen dicken, wollenen Shawl um den Hals gewickelt, den fast Erstickten umarmt, mir die harte, schwielige Hand gereicht, und uns im eigentlichen Sinne des Wortes zum Hause hinausgeschoben.

Als ich mich noch einmal umblickte, sah ich sie in der Thüre stehen und sich mit der Schürze die Augen

wischen. Der Meister — dieser kluge Odysseus — sah sich
nicht um. Vielleicht konnte er vor dem wollenen Shawl
den Kopf nicht bewegen; vielleicht traute er der Festigkeit
seiner Entschließungen nicht und fürchtete, er werde ganz
und gar umwenden, sobald er nur erst den Kopf nach
seiner weinenden Penelope zurückgewandt.

Zehntes Capitel.

Es war mittlerweile ein Uhr geworden, und die höchste Zeit, daß wir uns auf den Rückweg machten. Ich fürchtete schon, daß Lindau mich mit Ungeduld erwartet haben würde, und begab mich sogleich, in dem Gasthof ange=
kommen, nach dem Garten hinter dem Hause, in den man ihn hatte gehen sehen. Der Garten war nicht sehr groß, doch konnte ich den Dichter nicht entdecken, und wollte eben wieder umkehren, nachdem ich wiederholt seinen Namen gerufen, als ich seine Gestalt plötzlich hinter einer dichten Rebenpflanzung auftauchen sah. In dem=
selben Augenblicke wurde auch eine weibliche Gestalt sicht=
bar — die dunkeläugige Wirthsschwester, deren sonnen=
geküßte, rundliche Wangen noch von einer dunkleren Gluth überzogen wurden, als ich grüßend herantrat.

Sehen Sie, lieber Freund! sagte der Dichter mit der reizendsten Unbefangenheit, wie wir uns in Ihrem Inter=
esse abgemüht haben. Weintrauben! delikate Weintrauben! Sie lieben sie sicher; jeder Dichter muß ein Freund dieser duftigen Kinder des Herbstes sein.

Ich entgegnete, daß ich Weintrauben sehr liebe, und daß wir binnen zehn Minuten unterwegs sein müßten.

Machen Sie Fräulein Jettchen nicht unglücklich, sagte Lindau; sie würde es Ihnen nie vergeben, wenn Sie ein Diner, dem sie jetzt eben mit diesen zarten Früchten den poetischen Segen geben wollte, mit barbarischer Eile, wie ein Eisenbahnstationsbeefsteak behandelten.

Es war nicht schwer zu sehen, woher des Dichters zärtliche Besorgniß für die rechte Würdigung von Fräulein Jettchens Kochkunst stammte, aber wie gern ich auch sonst, sobald Amor sich in's Spiel mischt, durch die Finger sehe — diesmal war ich unbarmherzig. Hatte ich doch innerhalb der letzten fünf Tage fünfmal gesehen, wie bald sich der poetische Freund über verlorene Liebesmüh' zu trösten wußte! und auf jeden Fall vertrug das leidige Geschäft, dem wir obzuliegen hatten, keinen Aufschub.

So hatte ich denn über Tisch kein Ohr für des Dichters Klage über die Flucht der Zeit und die Süßigkeit des Augenblicks, kein Auge für die beredten Blicke, die unter seinen gesenkten Lidern nach der schönen Kellnerin flogen, und von dieser aufgefangen, und, wie mir schien, gelegentlich zurückgegeben wurden — nur seinen Abschied von der Holden ließ ich ihn allein nehmen, während ich mit dem Meister das Pistolenkästchen im Wagen befestigte: eine Minute darauf rollten wir wieder durch das dunkle Thor; Lindau steckte das weiße Batisttuch, mit dem er Fräulein Jettchen einen graziösen Abschied zugeweht hatte, in die Tasche und nahm statt dessen das Perlenbuch zur Hand, um zu versuchen, ob Apoll ihm die Ruhe wiedergeben könne, welche Amor ihm entwendet hatte.

Ich störte ihn nicht in seinem Versuche. Der Meister,

der vornübergebeugt auf seinem Sitze saß, schien ganz versunken in die Betrachtung der Welt, die er seit zehn Jahren nicht gesehen hatte, und unterhielt sich nur von Zeit zu Zeit leise mit dem Kutscher; ich fühlte mich ernst, ja traurig gestimmt, und je näher wir unserem Ziele kamen, um so mehr. Auch die Gegend, durch die uns heute Nachmittag der leichte Wagen trug — es war eine andere, als die von heute Morgen, da wir über Fichtenau zurück mußten — auch diese Gegend, so wunderbar lieblich sie aus bunten Wiesen unter Baum- und Buschwerk, munter zum Thal plätschernden Bächen, dunklen Tannenwäldern und stillen herbstlichen Feldern zu mir herübergrüßte — sie konnte mir keinen Trost, keine Heiterkeit bringen. Ich wurde nur melancholischer, je schöner die Erde prangte, je leuchtender der Himmel hernieder blauete. Wer konnte wissen, ob der Freund meiner Jugend, mein guter, lieber Kamerad diese Erde, diesen Himmel nicht zum letzten Male sah!

Mein Fuß stieß an den Pistolenkasten, den wir unten in den Wagen gestellt hatten. Da waren die Mordwerkzeuge, und der, der sie gefertigt, saß da so still und friedlich, und dachte nicht an Blut und Mord, sondern an seine Frau und vierzehn Kinder und vielleicht an die Schwester in Tannenburg. Wie lebhaft mir die Scene wieder vor die Seele trat, als Ellen die alte Person in den Armen hielt und das hellblaue Band von ihrem Strohhut auf den Schultern der Alten lag. Ach! diese selbe schöne, sanfte Ellen — sie war die Ursache all' dieses Unglücks; an dem milden Licht ihrer blauen Augen hatte sich dieser unselige Streit entzündet, der vielleicht nun so bald in

Blut gelöscht werden sollte! — Wie würde sich meine Frau ängstigen, wenn sie dies wüßte? Wie traurig würde sie sein, wenn das Duell für Egbert einen üblen Ausgang nimmt!

Ich seufzte tief.

Ja, sagte Lindau, der Wagen stößt entsetzlich, ein wahrer Seelenverkäufer von einem Fuhrwerk, und dabei so unregelmäßig, daß man beständig aus dem Rhythmus herausgestoßen wird. Ich hatte ein reizendes Thema: eine Pflanzertochter an den Ufern des Mississippi, die sich lässig in einer Hängematte schaukelt, während schwarze Sclavinnen ihr mit Palmenblättern Kühlung zuwehen, und ein deutsches Bürgermädchen, welches geschäftig die Gäste des Hauses bedient. Der Dichter sieht beide, und indem sich nun sein Blick von der einen zur anderen wendet, entstehen die geistreichsten Beziehungen und effectvollsten Lichter; aber, wie gesagt, wer kann denn bei dem Gepolter im Versmaß bleiben! Gott sei Dank, da ist endlich Fichtenau!

In der That tauchten eben die ersten Häuser des Städtchens in den Tannen auf; die Berge traten auseinander und ließen bunten Wiesen Raum, durch welche die Fichte, müde von ihren tollen Sprüngen in den Bergen, gelassener dahinzieht. Ich war in früheren Jahren einmal in Fichtenau gewesen, und hatte mir von dem idyllischen Städtchen und seinem immergrünen Thal eine schöne, durch klassische Reminiscenzen geheiligte Erinnerung bewahrt. Während der Tannenburger Tage hatte ich wiederholt gewünscht, diese Erinnerung durch erneuerten Besuch aufzufrischen; aber Egberts Angelegenheiten hatten

mich so in Athem erhalten — und jetzt brachten mich
diese Angelegenheiten noch hierher!

Wir hielten an dem Kurhause still. — Auf der
Veranda vor demselben saßen zwei Herren, die sich als=
bald erhoben und uns entgegenkamen. Es waren Egbert
und Herr Bergfeld (letzterer noch immer in dem groß=
carrirten Costüm). Lindau machte sich sogleich auf den
Weg nach der Goldenen Henne, wo, der Verabredung ge=
mäß, der Graf um diese Zeit bereits abgestiegen sein
mußte. Eine Viertelstunde später sollten die Parteien
von der Goldenen Henne und dem Kurhause zugleich auf=
brechen, um sich auf einer schon vorher bezeichneten Stelle
des Waldes, dicht hinter dem Städtchen, zu treffen.
Meister König wollte, während der Knecht das müde
Pferd fütterte — ich hatte ihn gebeten, den Einspänner
weiter nach Tannenburg zu benutzen; wer konnte wissen,
wann und wie wir zurückkehren würden! — einen Ge=
vatter besuchen; ich blieb mit Egbert und Bergfeld vor
dem Kurhause sitzen.

Ich habe Herrn Bergfeld, auf dessen Discretion wir
uns verlassen können, mit unserem Vorhaben bekannt ge=
macht, sagte Egbert, als Antwort auf einen fragenden
Blick von mir.

Der im carrirten Costüm erröthete heftig, schüttelte
Egberts Hand, dann die meine, und rief mit großer
Wärme:

Ich weiß diese Ehre zu schätzen, meine Herren! es
wird stets zu den angenehmsten Erinnerungen meines
armen Lebens zählen, daß ich eines solchen Vertrauens
von solchen Männern gewürdigt wurde.

Ich mußte lächeln, so trüb mir zu Muthe war. Ich dachte an den „Laffen", mit welchem wenig schmeichel=haften Ausdruck Egbert in den ersten Tagen den jungen Mercurssohn stets bezeichnet hatte, und dachte, wie ge=meinschaftliches Leid einstige Nebenbuhler doch so schnell unter einen Hut bringt!

Ach! fuhr der Carrirte fort; Sie können gar nicht ahnen, welche Wohlthat Sie mir durch Ihre Freundschaft beweisen, denn Sie wissen nicht und können nicht wissen, was ich gelitten habe und noch leide. Es ist schrecklich, der Erfüllung seiner heißesten Wünsche sich so nah zu glauben und dann auf einmal — an die Luft gesetzt zu werden, wie man zu sagen pflegt, ohne zu begreifen, weshalb. Er kann sie doch nicht Beide heirathen wollen —

Hier machte Egbert eine ungeduldige Bewegung, stand auf und begann in der Veranda hin= und herzu=gehen, Herr Bergfeld nahm in Ermangelung von zwei Zuhörern mit einem vorlieb, und fuhr, ohne sich zu unterbrechen, fort: obgleich ich dem Menschen faktisch Alles zutraue, aber faktisch Alles! Denken Sie doch nur — ich habe das Herrn Egbert noch gar nicht erzählt, weil ich ihn nicht noch mehr aufbringen wollte — er hat ja hier schon eine ähnliche Geschichte gehabt, während der drei Tage, die er hier zugebracht: ein Fräulein Libbeke aus Hamburg, Firma F. A. Libbeke — die große Colonial=waarenhandlung — Sie müssen die Firma ja kennen, wenn Sie auch nicht in Hamburg weiter bekannt sind — F. A. Libbeke, der im vorigen Jahre, als die Rosinen so aufschlugen, blos in diesem Artikel binnen zwei Tagen achtzigtausend Thaler verdiente — nicht? merkwürdig:

F. A. Libbeke ist ja ein Schwager von dem Bremer
A. B. Meier, der übrigens heute mit den Pusterhausen'schen
Damen hier war — alle Welt nennt ihn ja mit Fräulein
Käthchen verlobt — ja, was ich sagen wollte: der Graf
hat denn sogleich mit Fräulein Libbeke angeknüpft und
die Sache war auch richtig in den drei Tagen so weit
gediehen, daß blos noch das Jawort von dem alten
Libbeke fehlte. Na, das wäre schon zu haben gewesen,
denn Grafen, und besonders ausländische mit einem recht
langen Namen stehen im Hamburger Cours sehr gut
notirt, gleich hinter Mark Banco; leider aber hatte sich
Fräulein Libbeke schon an einen preußischen Artillerie=
Offizier verplempert von dem Schleswig=Holsteinischen
Kriege her, wissen Sie — der hört von der Geschichte,
macht sich auf, kommt her, und — na, das Uebrige können
Sie sich denken. Aber zu einem öffentlichen Scandal.ist
es nicht gekommen; unsere preußischen Offiziere, wissen
Sie, wenn sie auch wie der Lieutenant Schulze nicht
adelig sind, haben Haare auf den Zähnen; der Herr
Graf hat vorgezogen, klein beizugeben, und da gerade an
dem Tage die Amerikanerinnen hier waren, ist er denn
nach Tannenburg übergesiedelt. Gott, und das ist noch
nicht das Schlimmste! Er hat ja auch der Tochter von
dem Kurhauswirth, der nebenbei ein reicher Mann ist
— wir machen auch mit ihm Geschäfte in Braunstein —
na, der hat er ja auch einen Heirathsantrag gemacht,
aber der alte Joël ist eine wunderliche alte Schraube,
dem so leicht nicht beizukommen ist, und der soll ihm
geradezu gesagt haben: Hören Sie, Guter, soll er gesagt
haben, ich kann wohl eine Harzer Kuh von einer Algäuer

unterscheiden, aber einen ungarischen Grafen von einem Schwindler, wenn der Schwindler nun mal Graf spielen will, das kann ich nicht. — Na, so arg wird es nun nicht gewesen sein, obgleich man von dem Joël curiose Dinge zu hören bekommen kann, aber das steht fest —

Es ist Zeit, aufzubrechen, sagte Egbert, der herantrat.

Höre, Egbert, sagte ich, mir hat hier unser Freund soeben diverse Geschichten von dem Grafen erzählt, die mich zweifeln lassen, ob man sich überhaupt anständigerweise mit ihm schlagen kann.

Um Gottes willen, rief der Carrirte, Sie wollen mich doch nicht noch auch in diese Geschichte verwickeln!

Ich glaube, Herr Bergfeld, daß Sie als Mann von Ehre —

Aber was giebt es denn nur? rief Egbert ungeduldig.

In diesem Augenblicke sah ich Lindau in für ihn ganz ungewöhnlicher Eile unter den Linden, welche die Straße überwölben, daher kommen. Ein paar Schritte hinter ihm ging Louis, der Engländer; ich eilte, von der Ahnung getrieben, daß Lindau Nachrichten von Wichtigkeit bringen müsse, ihm entgegen: Was giebt's, Lindau?

Seltsame Dinge, sagte Lindau, stehen bleibend, und nach Louis sich umblickend, der zögernd herankam. Nur immer heran, mein vortrefflicher Freund! es kurz zu sagen: Der Graf ist nicht gekommen und Louis hier behauptet, daß er auch nicht kommen werde, und behauptet ferner, den Grund zu wissen, weshalb er nicht kommen wird, will sich aber blos Ihnen anvertrauen.

Auch Egbert und Bergfeld waren jetzt herangetreten.
Reden Sie, Louis, rief ich, was giebt's?

Ach, meine Herren, sagte Louis kläglich, ich kann wirklich nicht — und er warf so scheue, verwirrte Blicke um sich, daß ich alles Ernstes fürchtete, der arme Mensch habe den Verstand verloren.

Louis, sagte ich in väterlichem Tone; ich habe Sie immer für einen treuen, ehrlichen Menschen gehalten. Die Sache ist von höchster Wichtigkeit, und Sie können vor uns ganz offen reden. Was ist's mit dem Grafen?

Ach, meine Herren, er ist Sie ja gar kein Graf nicht! rief Louis, indem er die Hände vor der Brust zusammenschlug.

Wir standen ganz starr vor Erstaunen ob dieser seltsamen Kunde.

Sie sind toll, Louis, sagte ich endlich, während Egbert ungläubig den Kopf schüttelte, Lindau sich lächelnd den Bart strich und Herr Bergfeld in einem plötzlichen Anfall von Kampfeswuth Louis am Kragen faßte und schüttelte.

Ruhig, Ihr Herren! sagte ich; die Sache muß genauer untersucht werden. Kommen Sie, Louis, trinken Sie ein Glas Wein, und erzählen Sie, was Sie wissen.

Ich hatte dem armen Menschen, der sich in seiner Angst und Verwirrung fortwährend die trockenen Lippen mit der trockenen Zunge zu feuchten versuchte, von dem Tisch, an dem wir gesessen hatten, ein Glas eingeschenkt. Glücklicherweise war Niemand in der Nähe, der diese sonderbare Conferenz hätte beobachten können. Louis leerte das Glas auf einen Zug und sagte:

Ich weiß Sie es ja auch erst seit vorgestern Morgen. Er hatte sich ja so herausstaffirt, daß ihn seine eigene Mutter nicht wieder erkannt hätte. Aber vorgestern Morgen, als Karl nicht gleich da war und ich für ihn am Billard markirte — wissen Sie, Herr Lindau, Sie standen am Fenster und lasen die Illustrirte — Gott strambach! ich sage Sie, es fährt mir noch durch alle Glieder, wenn ich daran denke — macht er Sie ein Quadruplé, daß ich beinahe vor Schreck aufgeschrieen hätte. Herr du mein, sage ich bei mir, so ein Quadruplé! — und indem ich das noch so denke — richtig, da macht er Sie wieder dasselbe Quadruplé — na! und da wußte ich, daß er es war.

Wer? riefen wir Alle wie aus einem Munde.

Der Billardcaspar aus dem Café Stephan, mit dem ich ja ein ganzes Jahr im Kaiser Franz Hotel in Wien servirt habe.

Wir sahen uns Einer den Andern der Reihe nach an, und brachen dann sämmtlich, wie von einem elektrischen Funken durchzuckt, in ein schallendes Gelächter aus.

Sie können es mir glauben, meine Herren, sagte Louis, der den Sinn unserer Heiterkeit mißverstand, das Quadruplé macht ihm Keiner nicht nach, und wenn der Kaiser Franz Joseph selber mit der Krone auf dem Kopfe gekommen wäre und gesagt hätte: das ist ein Graf, ich hätte doch gesagt: es ist der Billardcaspar; und er hat es ja auch selber eingestanden.

Hat er das? rief ich.

Nun gewiß! rief Louis: ich war zuerst ganz wie närrisch und wußte gar nicht, wo mir der Kopf stand, so daß ich wohl ein wenig unaufmerksam gewesen sein mag, obgleich mich der Herr Director deshalb noch nicht hätte fortzuschicken brauchen. Na, er hatte mich gestern Morgen fortgeschickt und ich war hierher gegangen, weil ich glaubte, ich würde in der Goldenen Henne ankommen können. Aber damit war es Sie nichts, und ich habe eine alte Mutter, meine Herren, die ich erhalten muß, und —

Der arme Junge wischte sich die Augen; ich schenkte ihm noch ein Glas ein; er trank es unter vielen dankbaren Verbeugungen und fuhr dann fort:

Da dachte ich denn heute: willst einmal zu ihm gehen und ihm in's Gewissen reden. Denn es ist ja doch zu arg, dachte ich, daß der Billardcaspar in Tannenburg den Grafen spielt, und du hier in Fichtenau auf das Pflaster gesetzt bist. Ich also hin nach Tannenburg gemacht, so gegen zehn Uhr heute Morgen und werde dann gleich auf sein Zimmer gehen und ihn auch richtig treffen, wie er eben seinen Koffer packt. Guten Tag, Caspar Weher, werde ich sagen, denn so heißt er eigentlich, meine Herren. Es hilft Dir nichts mehr, denn ich kenne Dich. So? sagt er, kennst Du mich? nun, ich habe Dich längst gekannt, und wenn Du nicht den Mund hältst, so soll Dir das den Mund stopfen, und damit hält er mir eine Pistole vor das Gesicht. Aber, meine Herren, ich war Sie mittlerweile nun auch ganz rabiat geworden. Oho! sagte ich, Caspar, so leicht geht das hier zu Lande nicht, und wenn Du mir jetzt nicht auf der Stelle fünfzig Thaler giebst, so gehe ich hin und sage es dem Director, und gehe hin und sage es dem Herrn Egbert, und dem Mr. Cunnigsby, und Allen will ich es sagen, und — Still, sagte er, Louis, ich habe ja nur gespaßt. Und Du sollst das Geld auch haben, oder höre, Louis, sagte er, Du kannst noch viel mehr verdienen, wenn Du mir helfen willst. Ich weiß schon, sagte ich. Nichts weißt Du, heute Abend entführe ich sie.

Egbert sprang auf: Was soll das heißen?

Ruhig, Egbert, rief ich; laß ihn ausreden. Und Sie, Louis, beeilen Sie sich; was meint er damit?

Ach Gott, sagte Louis, es ist ja wirklich wahr; er hat Alles mit Mr. Cunnigsby verabredet. Die Miß Ellen will ihn ja nicht, und nun soll er sie entführen.

Aber das ist ja zu toll, Louis, sagte ich.

Ja, das ist es auch, rief Louis, eine richtige Schand=geschichte; aber es ist ganz gewiß wahr. Er soll so thun, als ob er die jungen Damen spazieren fahre, und dann soll er sie nicht wieder zurückbringen, und die junge Dame, meinen sie, würde schon Ja sagen, wenn sie sieht, daß es nicht anders geht. Und ich soll ihn um acht Uhr auf dem Nonnenkopf erwarten, und soll so gleichsam als Be=dienter mit ihm reisen, und ich armes Menschenkind habe auch zu Allem ja gesagt, aber wenn ich Sie es so recht bedenke, so kann einen die Geschichte doch an den Galgen bringen —

Um Himmelswillen, rief Egbert; laß uns machen, daß wir fortkommen!

Aber wohin? rief ich, der ich mich ebenfalls voller Unruhe erhoben hatte; wenn sich dies Alles so verhält, treffen wir ihn sicher nicht mehr in Tannenburg. Wir müssen —

Direct nach dem Nonnenkopf, das versteht sich von

selbst. Es ist jetzt sechs Uhr. Wir können von hier aus über den Falkenstein, die Helenenquelle, in zwei Stunden dort sein.

Da müssen Sie aber sehre schnell machen, sagte Louis bedenklich.

Kommst Du mit, oder nicht? rief Egbert, der schon auf der Straße stand.

Nun natürlich, rief ich.

Ich auch, sagte Bergfeld, den langen Gebirgsstock, den treuen Begleiter auf seinen Fahrten durch die weite, weite Welt, muthig ergreifend.

Sie müssen auch mit, Louis! sagte ich.

Gleich, Herr! sagte Louis.

Lindau war ruhig sitzen geblieben. Ich komme nicht mit, lieber Freund, sagte er, denn ein solcher zweistündiger Dauerlauf wäre für einen Herzleidenden, wie ich, mit Selbstmord identisch.

So bleiben Sie hier und fahren Sie mit Meister König in dem Einspänner nach Hause. Es muß auch Einer von uns in Tannenburg sein, um Mr. Cunnigsby im Auge zu behalten, der nach Allem, was scheint, in diese Schurkerei verwickelt ist.

Bergfeld, Louis und ich erreichten Egbert im Trabe, und nun ging es zusammen, halb im Trabe, halb im Schritt, die staubige Hauptstraße von Fichtenau entlang, zu nicht geringer Verwunderung der Kurgäste, die gemächlich von ihrem Abendspaziergange aus den reizenden Anlagen zurückkamen.

Dicht hinter Fichtenau führt ein Fußweg rechts ab in den Wald auf den Falkenstein, unsere erste Station.

Niemand von uns kannte den Weg außer Egbert, der ihn aber auch nur einmal gegangen war, so daß ich, als wir in den Wald gelangten, wo es unter den hohen Bäumen schnell zu dunkeln begann, und bald rechts, bald links die Pfade in den dichten Tann liefen, eingedenk der gestern und neulich gemachten Erfahrung als sicher annahm, wir würden uns verirren.

Aber ich vergaß, daß an unserer Spitze ein Waid= mann marschirte, dessen eigentliche Heimath Wald und Feld war, und der sich in dieser seiner Heimath mit einer Leichtigkeit und Sicherheit zurecht fand, wie der Schiffer auf dem Meer. Bergauf, bergab, jetzt rechts, jetzt links, bald auf geebnetem Pfad, bald querwaldein, wo ein Stück Weges abzuschneiden war, ging es, als gälte es das Leben, Egbert immer voran, Felsenstufen hinunterspringend oder erklimmend, durch die Büsche brechend, mit der Kraft eines verfolgten Hirsches, wir Anderen hinterdrein, athem= los, keuchend, jeden Augenblick glaubend, die tolle Jagd aufgeben zu müssen, und immer wieder durch Egberts Beispiel und Zuruf angefeuert, versuchend, weiter mit ihm gleichen Schritt zu halten.

Am besten gelang das im Anfang noch Louis, dessen kleine, krumme Beine eine überraschende Schnelligkeit ent= wickelten, und der trotz alles Stöhnens und Schnaufens seinen redseligen Mund öffnete, sobald er an meine Seite kam. So erfuhr ich denn in abgebrochenen Sätzen noch Eines und das Andere aus der privaten Geschichte des Herrn Hernad George Grafen Saros=Patac, alias Billard= caspar: wie er ein Wiener Kind sei, und auch dort schon immer den großen Herrn gespielt und seinen schlanken

Wuchs, sein Bischen Französisch zu allen möglichen Schwindeleien ausgebeutet habe. Nun sei er ein paar Jahre in Pesth Kellner gewesen, und da sei ihm jedenfalls der Gedanke gekommen, als ungarischer Graf sein Glück zu versuchen. Louis berichtete weiter, daß sein ehemaliger Collage viel Geld habe blicken lassen, und gesagt habe, der Aufenthalt in Tannenburg allein hätte ihm über zweihundert Thaler eingebracht. Das Leben, das er führe, sei das lustigste und leichteste Leben von der Welt, sein Hauptplan aber sei immer gewesen, ein reiches Mädchen zu heirathen, wenn auch nur, um sie sich hernach von den betrogenen Eltern mit einer möglichst großen Summe ablaufen zu lassen. Ein paar Mal sei er schon dicht daran gewesen, aber immer sei etwas dazwischen gekommen; hier aber, denke er, soll es ihm endlich glücken. Mr. Cunnigsby zweifle nicht im mindesten, daß er ein reicher Graf sei, und Mr. Cunnigsby könne Miß Ellen gar nicht leiden und sei froh, sie — wie er denke — auf gute Weise los zu werden. Er habe aber eine große Summe versprochen, sobald die Heirath einmal vollzogen sei, und deshalb solle nun eben das Mädchen entführt werden, weil man daran zweifle, sie im Guten überreden zu können.

Und die andere Tochter soll dabei helfen? fragte ich.

Ach Gott, sie wird Sie wohl müssen, leuchte Louis, dieser Mister soll ein schrecklicher Mensch sein.

Egbert unterbrach diese stoßweisen Mittheilungen, indem er uns abermals zurief, wir möchten uns sputen; es sei jetzt kein Grund mehr, langsam zu gehen. Die Sache war, daß wir allerdings die Höhe des Berges erreicht hatten und jetzt auf dem breiten Rücken fortschritten, aber der Weg — derselbe, den wir gestern in Sturm und Regen von dem Nonnenkopfe gekommen waren, eine uralte Fahrstraße, über welche die Cimbern und Teutonen schon ihre Karren geschleppt haben mochten — war überaus steinig, und die Dunkelheit mittlerweile so groß geworden, daß, wer nicht Egberts stählerne Muskeln und falkenscharfe Augen hatte, bei der Eile, mit der wir vorwärts stürmten, fortwährend Gefahr lief, den Hals, wenigstens die Beine zu brechen. Ich traute mir zu, noch weiter mit Egbert Schritt halten zu können, aber die beiden Andern, das sah ich wohl, mußten wir zurücklassen. Uebrigens waren wir längst auf dem Wege, den jeder Tannenburger kannte, und es kam nicht so viel darauf an, ob die Andern ein paar Minuten später eintrafen; die Hauptsache, den edlen Grafen festzuhalten, konnte jedenfalls von uns allein ausgeführt werden. So machte ich denn Egbert den Vorschlag, mit ihm weiter zu gehen, während die Andern langsamer nachkämen, was denn Egbert zufrieden, und Bergfeld und Louis sehr zufrieden waren. Wenige Minuten später hatten wir sie schon so weit zurückgelassen, daß wir nichts mehr von ihnen hörten.

Ich theilte unterdessen, so weit mir der Athem es verstattete, Egbert mit, was ich eben von Louis gehört. Es ist ein unerhörter Gaunerstreich, sagte ich, und wie gut der Schurke die Zeit gewählt hat! Jetzt verstehe ich auch, weshalb er heute Morgen durchaus auf das Duell bestanden: er wollte uns Alle aus dem Wege haben. Und morgen sollten sie ja zu dem Herzog abgeholt werden!

Das ist ein zweiter Grund gewesen, die Sache zu beschleunigen, denn er mußte mit Recht fürchten, bei dieser Gelegenheit doch über kurz oder lang entlarvt zu werden! O, über den Hallunken! aber der edle Mr. Cunnigsby ist nicht um ein Haar besser.

Das arme Mädchen, das arme, arme Mädchen! murmelte Egbert und verfiel jetzt, wo der Weg plötzlich ganz sanft und glatt wurde, in einen Trab, daß auch ich hätte zurückbleiben müssen, wären wir nicht eben, ehe ich es gedacht, auf den freien Platz, der das Försterhaus auf dem Nonnenkopf umgab, herausgetreten.

Ein Wagen hielt vor der Thür: sie sind's, sie sind's! schrie Egbert und stürzte in mächtigen Sätzen, wie ein Schweißhund, der die Beute endlich vor sich sieht, über die Wiese auf das Haus zu. Ich nahm meine letzte Kraft zusammen, und erreichte es fast zugleich mit ihm. Der Knecht bei den Pferden war ein Mensch, den ich nicht kannte, der Wagen war ein verdeckter Wagen — doch sah ich das Alles nur so im Vorbeifliegen, denn wir eilten in den dunklen Flur und stießen die Thür zu dem Gastzimmer rechter Hand auf, durch dessen Fenster wir hatten Licht schimmern sehen.

Welch' eine Scene bot sich unsern Augen dar!

Mitten im Zimmer erblickten wir den Elenden, der mit einem Arm die unglückliche Ellen umfaßt hielt und im Begriff schien, sie mit Gewalt aus dem Zimmer zu ziehen, während sie sich aus allen Kräften sträubte. Einen Schritt davon stand Virginia, sehr bleich und schien der Schwester zuzureden. In dem Moment, als wir hereinstürzten, stieß der Graf, oder, wie ich ihn wohl jetzt bei seinem rechten Namen nennen muß: Caspar — die Aermste im ersten Schreck von sich, so daß sie Egbert geradezu in die Arme flog. Virginia schrie laut auf, und Caspar rief, indem er einen Revolver, den er unter den Kleidern hervorgezogen haben mußte, auf Egbert richtete: Ich schieße Euch todt, ich schieße Euch todt!.

Da ein Revolver immerhin ein Ding ist, das mit Vorsicht behandelt sein will, und der Mensch mit seinen aus dem grauen Gesicht glitzernden schwarzen Augen, starrenden Schnurrbart und vor Wuth grinsenden Zähnen desperat genug aussah, so hielt ich es für das Beste, ihm mit einem geschickt geführten Schlage den Revolver aus der Hand zu schleudern, daß derselbe weit fortflog, glücklicherweise, ohne sich zu entladen. Caspar sprang nach seiner Waffe, ich ihm nach, im nächsten Moment hatten wir uns umfaßt, Jeder bemüht, den Andern zu Boden zu ringen. Zu gleicher Zeit war der Knecht bei den Pferden — aufmerksam gemacht durch unser Erscheinen und durch den plötzlich in der Wirthsstube entstehenden Lärm, hereingekommen, und war, um seinen Patron zu befreien, über Egbert hergefallen. Die Frauen — zu denen wir jetzt auch die Frau Kreiserin rechnen müssen, die aus der Küche herbeigelaufen kam — schrieen, die Männer kämpften — es war eine Scene gräulicher Verwirrung. Wunderbarer Weise blieb der wackelige Tisch, auf welchem das einzige Licht stand, das den Kämpfenden leuchtete, unberührt; und das war für mich speciell ein großes Glück, denn ich sah in dem Scheine desselben, während ich mit Caspar rang, plötzlich über mir etwas aufblitzen, wonach ich instinctmäßig griff, ehe ich mir noch bewußt wurde, daß es ein Dolch war, den der Verzweifelte über mir schwang. Der Stoß fiel in meine ausgestreckte Hand, und da ich das Handgelenk erfaßt hatte, gelang es mir, ihn daran festzuhalten, während er wie ein Rasender seinen Arm wieder frei, oder doch wenigstens die Waffe in die andere Hand zu bekommen suchte.

Ich weiß nicht, welchen Ausgang dieser Kampf für mich genommen hätte, wenn Egbert nicht unterdessen mit seinem Gegner fertig geworden wäre, der, hätte er Egbert gekannt, ebenso gut einen Bären zum Kampf herausgefordert haben würde, und jetzt, von den Schlägen der Bärentatze niedergeschmettert, unfähig sich zu regen, am Boden lag; dasselbe Schicksal wurde denn auch binnen der nächsten halben Minute dem Caspar zu Theil, und es fehlte nicht viel, daß Egbert, der nun einmal im Zuge war, mich, da ich ihm in den Arm fiel, damit er dem Elenden nicht den Garaus mache, nicht ebenfalls so unsanft gebettet hätte.

Glücklicherweise wurde Ellen in diesem Moment ohnmächtig und der zornige Bär mußte für den Augenblick die Wahlstatt räumen, um den ohnmächtigen Preis seines Kampfes und Sieges hinüber in das Wohnzimmer der Familie Winzig zu tragen, gefolgt von Frau Winzig, die heulte, und von Miß Virginia, die weinte, und, ihrem Aussehen nach zu schließen, ebenfalls nicht weit von einer Ohnmacht war. Unterdessen hatte Caspar sich wieder so weit erholt, daß er aufspringen und nach der offen stehenden Thür stürzen konnte, wo er auf eine Person prallte, die genau in diesem Augenblicke die ganze Höhe und Breite derselben ausgefüllt hatte. Diese Person war niemand Geringeres als der Kreiser, Herr Hans Winzig, der den ganzen Nachmittag im Dienste ausgewesen war, und jetzt zu seiner höchsten Verwunderung sein friedliches Haus als den Schauplatz solcher Scenen wiederfand.

Doch ließ ich ihm nicht Zeit, sich lange zu wundern, sondern hieß ihn, nachdem ich ihn mit wenigen Worten über den Sachverhalt aufgeklärt, die Gefangenen beobachten, während ich hinüberging, zu sehen, was aus Ellen geworden sei.

Das arme Kind war noch immer ohnmächtig.

Als Gatte und Vater (von vier Kindern) glaubte ich das Recht und die Pflicht zu haben, die Frauen zu bitten, der Ohnmächtigen die Kleider zu lösen, und diesem Liebeswerk in den allerersten Stadien zu assistiren, dann ergriff ich Egbert am Arm und führte ihn zu unseren Gefangenen zurück, über deren Schicksal doch etwas festgesetzt werden mußte.

Mittlerweile hatte sich auch der Bauer so weit erholt, daß wir ihn, nachdem er Urfehde geschworen, zu seinen Pferden, die ungeduldig zu werden anfingen, entlassen konnten. Nicht so einfach war die Sache mit dem „Grafen".

Er hatte sich an den Tisch gesetzt und den Kopf in beide Hände gestützt. Unseren Fragen, Anschuldigungen, Drohungen setzte er nur ein hartnäckiges Schweigen entgegen. Nur als fünf Minuten später Bergfeld und Louis anlangten und als Beisitzer in den Gerichtshof eingereiht wurden, blickte er auf den Letzteren mit Augen, aus denen ein so wölfischer Haß sprühte, daß ich froh war, den Revolver und den Dolch in Sicherheit gebracht zu haben.

Da aus dem Menschen schlechterdings nichts herauszubringen war, so gab ich den Andern ein Zeichen. Wir verließen das Zimmer, das wir hinter uns abschlossen, und begaben uns auf den Flur, um über das, was demnächst zu geschehen habe, mit gedämpfter Stimme Berathung zu pflegen. Die Hauptsache schien, sich bis auf Weiteres der Person des Verbrechers zu versichern; hier wußte der Riese sofort Rath. In dem Hintergebäude war ein kleines, mit eisenvergittertem Fenster und starker eichener Thür versehenes Gelaß, in welches renitente Waldfrevler gesteckt wurden, oder doch wenigstens gesteckt werden konnten, da ein solches Ereigniß während der zehnjährigen Dienstzeit des Riesen noch immer nicht eingetreten war und er in Folge dessen das Gelaß als Rumpelkammer zu benutzen pflegte. Eine aus mir bestehende Deputation überzeugte sich unter Begleitung des Riesen von dem augenblicklichen Zustand dieses Gewahrsams, und als die Deputation den Aufenthalt, für eine Nacht wenigstens, erträglich fand, und nachdem sie angeordnet, daß ein Strohsack als Lager herbeigeschafft werde, wurde der Gefangene, der es für das Gerathenste hielt, sich nicht länger zu sträuben, dahin abgeführt, nachdem der Förster, der sich auf dergleichen vollkommen verstand, nach Waffen bei ihm visitirt und keine gefunden.

Wir hatten eben Hernad George Grafen Saros-Patac in die Rumpelkammer gesperrt, und wandten uns wieder nach dem Hause, als ich mich von Jemand am Rockschoß festgehalten fühlte. Es war Bergfeld. Sein kleines Gesicht war sehr ernst, seine schmalen Aeugelein mit ängstlicher Spannung auf mich gerichtet:

Wenn es nun aber doch ein Graf wäre! sagte er.

Ich glaube nicht, erwiederte ich, jedenfalls müssen wir es darauf ankommen lassen.

Und, fuhr der Aufgeregte fort, wenn er kein Graf, sondern wirklich ein weggelaufener Kellner ist, glauben Sie nicht, daß ich wieder einige Chancen habe?

Wie? rief ich, Herr Bergfeld, nach der Behandlung, die man Ihnen hat zu Theil werden lassen!

Sehen Sie, sagte der Carrirte vertraulich, daraus mache ich mir nun nicht viel. Ich bin drei Jahre lang für unser Geschäft gereist, da lernt man Einiges ertragen; und dann, sie liebt mich; ich bin überzeugt, sie liebt mich, aber sie hat nur nicht gedurft, das ist es! sie hat nur nicht gedurft!

Dann kehren Sie auch wohl mit uns nach Tannenburg zurück!

Wenn Sie es gütigst verstatten, rief der junge Mann, indem er meine beiden Hände ergriff und wieder und wieder drückte, ich würde Ihnen ewig, ewig, ewig dankbar sein.

Ich denke, wir benutzen den Wagen, um zurückzukommen; die beiden Damen und Sie und Egbert können d'rin sitzen, ich werde mich zu dem Menschen auf den Bock setzen. Louis kann hier bleiben, und Herrn Winzig den Delinquenten bewachen helfen.

Gleich, Herr, sagte Louis.

Ich klopfte an die Thür der Stube, in welcher sich die Mädchen befanden. Virginia öffnete.

Wie geht es Miß Ellen? fragte ich englisch.

Besser, antwortete die junge Dame.

Glauben Sie, daß sie stark genug ist, die Rückfahrt antreten zu können?

Die Antwort von Miß Virginia war ein Strom von Thränen, der unaufhaltsam aus ihren dunkeln Augen brach. Sie ergriff, gerade wie es eine Minute vorher Bergfeld gethan hatte, meine beiden Hände und murmelte, in, wie es schien, fürchterlicher Angst, Worte, die ihr Weinen und Schluchzen vollkommen unverständlich machten.

Unterdessen war auch Miß Ellen an die Thür gekommen. Sie sah noch sehr blaß aus, aber war viel ruhiger und gefaßter als ihre Schwester. Ihre Augen suchten an mir vorüber Egbert, der hinter mir stand. Ich bat die Damen, sich fertig zu machen. Miß Ellen that dies ruhig, Miß Virginia unter fortwährendem Schluchzen und Weinen, das dem jungen Merkurssohn durch die Seele schnitt, und das er vergeblich durch leises Zureden zu beschwichtigen suchte. Es schien mir wiederholt, als ob die junge Dame mich unter vier Augen zu sprechen wünschte, aber ich hatte mit den Anordnungen unseres Rückzuges so viel zu thun, daß ich ihrem Wunsche nicht willfahren konnte. Es zeigte sich, daß die Sitze des Wagens noch verschiedene mit Damensachen angefüllte hölzerne Laden bargen. Einen Reisesack, der offenbar dem „Grafen" gehörte, gab ich dem Riesen in Verwahrung. Endlich konnten wir abfahren.

Es war nicht natürliches Wohlwollen und Ueberschwang von Nächstenliebe allein, weshalb ich die beiden jungen Paare in die trauliche Gemeinschaft eines engen viersitzigen Wagens gepackt hatte — ich hoffte, auf der Heimfahrt von dem Bauer, dem Wagen und Pferde gehörten, etwas Näheres über den durch unsere Dazwischenkunft zerstörten Schurkenplan des „Grafen" zu hören. Auch hatte ich mich in meiner Hoffnung nicht getäuscht. Leichtlebig, gewinnsüchtig und gewissermaßen abenteuerlustig, wie es die Art dieses Völkchens ist, war er von dem „Grafen" durch eine Summe Geldes gewonnen worden, ihn und die Mädchen quer durch das Gebirge nach dem Städtchen F. am Fuß desselben zu fahren, von wo man in einer Stunde die Eisenbahn erreichen konnte. Um was es sich handelte, darnach behauptete der leichtsinnige Mensch nicht gefragt zu haben, konnte aber nicht leugnen, daß ihm die ganze Sache einigermaßen verdächtig geworden sei, da die eine junge Dame so traurig ausgesehen und beim Aussteigen auf dem Nonnenkopf so geweint habe. Freilich, wenn er gewußt hätte, daß der Graf gar kein Graf, sondern ein Kellner sei, würde er sich nicht in den Streit der Herren gemischt und sich die Prügel erspart haben, die er von Herrn Egbert erhalten.

So schwatzte der Mensch; ich ließ ihn schwatzen, und sammelte die Körner Wahrheit, die ohne allen Zweifel in der Lügenspreu steckten. Unerklärlich blieb mir nur, wie Mr. Cunnigsby — ein so großer Schurke, wie er sein mochte — zu diesem Bubenstück seine Einwilligung habe geben können. Hatte er geglaubt, das arme Mädchen in dieser unerhörten Weise in eine ihr verhaßte Verbindung zu zwingen? vielleicht zu gleicher Zeit durch diese Flucht den erwünschten Schwiegersohn vor der Ge-

fahr des Duells mit dem gefährlichen Egbert zu retten?
und hatte er hernach das Ganze für eine wirkliche Ent=
führung ausgeben wollen, in die dann auch die älteste
Tochter verwickelt worden sei? Es gab kaum eine andere
Erklärung; aber dann — welcher Abgrund von Schlech=
tigkeit war die Seele dieses Mannes! Freilich, freilich!
was weiß ein Sclavenzüchter von Ehre und Rechtlichkeit?
Hat ein solches Scheusal Eingeweide wie ein anderer ehr=
licher Mensch? war es nicht Longfellow, der in einer klei=
nen, schauerlich schönen Ballade einen ähnlichen Stoff be=
handelt: wie ein Pflanzer seine Tochter an einen Scla=
venschiffcapitän verkauft?

>   But the voice of nature was too weak;
>   He took the glittering gold!
>   Then pale as death grew the maiden's cheek,
>   Her hands as icy cold . . .

Ja, ja! die Stimme der Natur! es wird bei ihm
nicht großen Kampf gekostet haben, die zu übertönen mit
dem Klang des glänzenden Goldes; und die todtbleiche
Wange des Mädchens hatte ich ja nur eben erst gesehen,
hatte eben erst, als ich ihr in den Wagen half, ihre eis=
kalten Hände in den meinen gehabt! Und jener Pflanzer
hatte doch noch einen Schimmer von einem Grunde für
seine Unthat; er war ein armer Teufel und mußte viel=
leicht das Geld haben; aber dieser Mr. Cunnigsby, der
selbst ein reicher Mann ist, — freilich! wer weiß, wie
es mit seinen Verhältnissen steht! Die Anleihen, die er
von allen Seiten contrahirt, lassen wenigstens auf eine
bedenkliche augenblickliche Verlegenheit schließen. Unter
allen Umständen werden wir einen schweren Stand mit

dem ehrenwerthen Gentleman haben; er wird den freien Amerikaner und den Jaguar nach Möglichkeit herauskehren, obgleich er, wenn er nicht ganz toll ist, uns dankbar sein muß, daß wir ihn von dem „Grafen" befreiten. Da muß man die Schraube ansetzen, und für die arme Ellen so viel als möglich herauszupressen suchen; vielleicht auch für die Andere, die möglicherweise mehr leichtsinnig als schlecht ist, und jedenfalls ganz unter der Furcht vor ihrem Jaguar-Vater steht.

So sann und calculirte ich, während ich oben auf dem Bock neben dem Kutscher saß, und unter andern Befürchtungen auch noch die hatte, mir den grausamsten Schnupfen zu holen. Denn der Abend war kalt geworden, in dem Walde nebelte es, und der Nebel wurde dichter, je mehr wir uns auf unserer raschen Fahrt bergab Tannenburg näherten. Das war eine unverhältnißmäßige Abkühlung nach unserem zweistündigen Dauerlauf über Stock und Stein, und einem Kampf auf Tod und Leben! Aber aus dergleichen dürfen wir braven Stallmeister uns freilich nichts machen, während unsere Ritter im wohlverschlossenen Wagen an der Seite ihrer Dulcineen ein reizendes Capitel in dem Roman ihrer Liebe lesen. O, dieser mühseligen, schweißtriefenden, zähneklappernden Stallmeisterei! Endlich — endlich — da ist Tannenburg!

Elftes Capitel.

Auf der Seite, von welcher wir kamen, hat man nur wenige Schritte durch das Dorf bis zum Kurhaus; aber schon auf dieser kurzen Strecke nahm man wahr, daß etwas Außerordentliches vorgefallen sein mußte. Es standen Leute in Gruppen beisammen, die immer dichter wurden, je mehr wir uns dem Kurhause näherten. Vor dem Flügel, wo die Amerikaner und ich wohnten, und wo wir vorfahren mußten, hielt eine große Chaise, angespannt. Ein Haufen Neugieriger umgab sie, der auch sofort unsern Wagen umdrängte.

Da sind sie, da sind sie! riefen verschiedene Stimmen durcheinander.

Ich sprang vom Bock und wäre beinahe über Doctor Kühleborn gefallen, der eben auf unseren Wagen zugestürzt kam.

Sind Sie es, sind Sie es wirklich! rief der kleine Mann. Der Himmel sei gelobt! welche Angst haben wir ausgestanden! Wo um Alles in der Welt haben Sie denn gesteckt, meine Damen! Und wo ist der Graf? und wie kommen Sie Alle zusammen?

Auf einen Augenblick, Herr Sanitätsrath, raunte ich dem Eifrigen zu, indem ich ihn, während Egbert und Bergfeld den Damen beim Aussteigen halfen, am Arm ergriff und einen Schritt auf die Seite zog; hat Ihnen Lindau gesagt —

Aber Lindau ist noch gar nicht wieder hier.

Unmöglich. Und der alte Meister König —

Ist vor einer halben Stunde zu Fuß gekommen, sitzt oben auf Ihrem Zimmer und erwartet Sie. Aber lassen Sie uns zu den Damen!

Diese waren mittlerweile ausgestiegen. Der Doctor stand wie auf Kohlen. Und Sie wissen gar nicht, was hier vorgegangen ist? rief ich, ihn noch immer am Arm festhaltend.

Nun natürlich, entgegnete der Doctor; wir glaubten Alle, den Damen und dem Grafen sei oben in den Bergen ein Unfall begegnet; Mr. und Mrs. Cunnigsby wollten ihnen eben auf gut Glück nachfahren. Aber um Himmelswillen, wo ist denn der Graf?

Sie sollen es sogleich erfahren, murmelte ich, indem ich seinen Arm losließ und mich zu den Andern wandte, die noch immer von dem Haufen umdrängt waren. Kommen Sie, meine Damen, und Sie, Herr Sanitätsrath, begleiten uns wohl gefälligst.

Ich hatte Ellens Arm genommen und drängte mich, ohne viel Umstände zu machen, durch die Gaffer. Miß Virginia (der Herr Bergfeld treu an der Seite blieb), Egbert und der Doctor folgten. So schritten wir in das Kurhaus, die Treppe hinauf. Ich fühlte, wie das gute arme Mädchen zitterte und schwankte. Muth, Muth, liebes Kind, flüsterte ich; er soll Ihnen nichts zu Leide thun dürfen. Es wird noch Alles gut werden.

Mit diesen Worten öffnete ich die Thür zu dem Salon der Amerikaner, in welchen ich schon einmal so unerlaubt und unerwünscht eingedrungen war.

Mr. Cunnigsby stand mit dem Hut auf dem Kopf, vollständig zur Reise fertig da. Als er uns erblickte, fuhr er einen großen Schritt zurück, mit einem unverständlichen Ausruf, der jedenfalls kein Segen war, und einem Ausdruck des Schreckens in dem erbleichenden Gesicht, der meinen schlimmsten Verdacht vollauf bestätigte. Mrs. Cunnigsby trat eben aus dem Nebenzimmer mit einer Schachtel in der Hand, die sie mit einem lauten Kreischen fallen ließ. Sie war also ebenfalls im Complot.

Ich ließ die arme Ellen, die sich nicht mehr auf den Füßen halten konnte, sich in einen der Fauteuils setzen, und ging auf den Jaguar zu, der in dem Maße, als ich mich ihm näherte, vor mir zurückwich, bis er an den großen runden Tisch stieß, an dem er nothgedrungen, aber nicht ohne die zitternde Hand auf die Platte zu stützen, stehen blieb.

Wir kommen, mein Herr, sagte ich auf Deutsch, uns Ihren Dank zu erbitten. Wir, das heißt, die Herren Egbert und Bergfeld dort und ich, haben Ihre Fräulein Töchter soeben von einem Schurken befreit, von dessen Schurkerei Sie wohl keine Ahnung hatten?

Ich sah, während ich sprach, wie der Mann mit einer Anstrengung, die einer besseren Sache würdig gewesen wäre, nach Fassung rang, und wie diese Anstrengung keineswegs vergeblich war. Die Blässe der Angst wich aus seinen Zügen, um einer zornigen Röthe Platz zu machen; er schnellte sich wie mit einem Ruck empor, schlug sich den Hut fester auf den Kopf und sagte durch die zusammengeklemmten Zähne, englisch:

Dies ist ein gemeines Complot, dessen Urheber Sie sind. Aber ich werde Ihre Unverschämtheit nicht dulden. Zuerst ersuche ich Sie, mitsammt Ihren Helfershelfern sofort mein Zimmer zu verlassen!

Und dabei wies er auf die Thür mit einer Hand, die so befehlshaberisch deutete, und einem Blick, der so drohte, daß Herrn Bergfeld, wie er mir hernach anvertraute, der Muth entsank, und auch ich mich auf einen Moment betreten fühlte.

Aber auch nur für einen Moment. Die Miene der Frau, die sich dicht hinter ihrem Gatten hielt, war zu kläglich und zeigte deutlich, was jener durch seine Frechheit zu verhüllen suchte.

Ich werde nicht gehen, wenigstens jetzt noch nicht, erwiederte ich, und zweitens ersuche ich Sie, im Interesse dieser Herren deutsch zu sprechen, wenn Sie nicht wollen, daß ich als Dolmetscher diene, was aber diese uns Allen peinliche Scene nur verlängern würde. So sage ich Ihnen denn in aller Kürze, daß der Mann, den Sie für einen Grafen gehalten haben, nichts ist, als ein ganz gemeiner Schwindler, nebenbei gewesener Kellner, und daß Ihnen das unbegrenzte Vertrauen, welches Sie diesem Menschen schenkten, um ein Haar sehr theuer zu stehen gekommen wäre.

Das ist eine Lüge, eine verdammte Lüge, donnerte Mr. Cunnigsby, erfunden von Ihnen und jenem Herrn da (er deutete auf Egbert), aber es soll Ihnen wenig helfen. Ich werde mir vor Ihren Nachstellungen Ruhe zu verschaffen wissen, und Sie — er fuhr auf Doctor Kühleborn los — Sie könnten auch etwas Besseres thun, als hier stehen und ruhig zusehen, wie diese jungen Leute einen alten respectablen Mann und Fremden, der kaum Ihre Sprache sprechen kann, beschimpfen.

Mein werther Herr, sagte der Sanitätsrath; ich versichere Sie, ich bin so verwirrt, so paralysirt von diesem Auftritt, — von Allem, was ich hier höre und sehe, daß ich mich in einer tödtlichen Verlegenheit befinde. Dies Alles muß ja zweifellos auf gröblichen Mißverständnissen beruhen. Ich bitte, ich beschwöre Sie, verehrtester Herr — fuhr er, sich zu mir wendend, fort; sehen Sie wohl zu, was Sie thun! Es ist mir unbegreiflich, wie Sie so etwas denken, geschweige denn sagen können!

Einem alten, respectabeln Mann! wiederholte Mr. Cunnigsby; es ist eine Schande, es ist unerhört. Aber ich werde mich an unsern Gesandten wenden. Ich will doch sehen, ob ein Bürger der Vereinigten Staaten in Deutschland so straflos verleumdet und beschimpft werden kann.

Mr. Cunnigsby hatte das so pathetisch, so salbungsvoll gesagt, so ganz mit der Stimme und Miene eines gekränkten Ehrenmannes, dazu klang sein gebrochenes Deutsch so schutz- und schonungsbedürftig, daß Herr Bergfeld abermals unsere Sache als hoffnungslos aufgab; Egbert verlegen dastand; der Sanitätsrath nicht wußte, ob er jetzt nicht seine Autorität als Arzt, Director und Familienfreund aufbieten und dieser Scene auf jeden

Fall ein Ende machen müſſe; und ich ſelbſt in Verlegen=
heit war, wie ich meiner feſten Ueberzeugung, daß der
Amerikaner ſein Kind habe verkaufen wollen, Geltung
verſchaffen ſollte, ohne, was mir unwürdig ſchien, die
Tochter ſelbſt gegen den Vater zum Zeugen aufzurufen.

Mr. Cunnigsby glaubte dieſen Augenblick, der für
ihn vielleicht ſo günſtig nicht wiederkam, benutzen zu
müſſen. Er ſchritt hocherhobenen Hauptes nach der Thür,
öffnete dieſelbe und ſagte mit einer majeſtätiſchen Hand=
bewegung: Darf ich die Herren jetzt erſuchen —

Guten Abend, Mr. Jones, ſagte eine Stimme von
draußen.

Mr. Cunnigsby fuhr, wie vom Blitz getroffen, von
der geöffneten Thür zurück, durch die jetzt ein kleiner
ſchwarzbärtiger, brillentragender Herr und ein anderer,
großer, breitſchultriger, dem der zugeknöpfte Rock und
der ſtarke Schnurrbart etwas Militäriſches gaben, in das
Zimmer traten. Der letztere Herr ſchloß die Thür und
blieb in der Nähe derſelben ſtehen. Der kleine ſchwarze
Herr kam heran, und war in die Nähe des Tiſches, auf
dem die Lichter brannten, gelangt, als Mrs. Cunnigsby
ebenfalls ihn erkannte und einen noch viel gelleren Schrei
ausſtieß, als vorhin, und auch die jungen Damen durch
mannichfache Zeichen ihre Beſtürzung zu erkennen gaben.

Ah, ſagte der kleine ſchwarze Herr; ich ſehe zu mei=
ner großen perſönlichen Genugthuung, daß mich die
verehrten Damen noch nicht ganz vergaßen! — Sehr
gut! — Herr Hockelheim, wollen Sie gefälligſt ein ſcharfes
Augenmerk auf die Thür haben! Unſer lieber Miſter
Jones entſchlüpft einem oft, wo man es am wenigſten

erwartet. Erlaube mir, mich den werthen Herren persönlich vorzustellen: Willibald Scherzer, Verlagsbuchhändler aus Berlin. Sie, verehrter Herr, (sich zu mir wendend) habe ich die Ehre, wenigstens von Ansehen zu kennen, abgesehen selbstverständlich von der intellektuellen Kenntniß aus Ihren Werken, die ich verehre — Sie haben mir durch Ihre Briefe an unsern gemeinschaftlichen Freund und Hausarzt, Doctor Tiger, über jenen Herrn da (auf Mr. Cunnigsby deutend) einen sehr großen Dienst erwiesen, indem Sie mich auf die Spur dieses schlauen Herrn brachten, die mir gänzlich verloren gegangen.

Die Erscheinung des kleinen schwarzen Fremden war (da er mit seinem Begleiter bereits an der Post ausgestiegen, wir ihn mithin nicht einmal hatten vorfahren hören) für uns Alle so überraschend, daß wir Einer den Andern ansahen, als ob immer der Andere im Alleinbesitz der Erklärung dieser seltsamen Geschichte sein müßte. Für den weiblichen Theil der Familie Cunnigsby — von dem Hausvater ganz abgesehen — schien dieselbe eines erläuternden Commentars allerdings weniger zu bedürfen, denn die corpulente Mama (die übrigens auch in Reisekleidern stak) war in einen Stuhl gefallen und rang die Hände, wobei ihre Augen fortwährend starr auf Mr. Cunnigsby gerichtet blieben, und die beiden jungen Damen waren sich, offenbar getrieben von demselben Gefühle derselben Gefahr, in die Arme gesunken und schluchzten still eine an dem Busen der andern.

Dieser Anblick brachte mich zuerst wieder zur Besinnung.

Ich vermuthe, daß wir die Verhandlungen auch ohne die Damen fortführen können? sagte ich zu Herrn Willibald Scherzer.

Ohne Zweifel, ohne Zweifel, erwiederte dieser mit großer Höflichkeit. Im Gegentheil! ich bin Ihnen sehr verbunden, daß Sie mich auf die Unschicklichkeit, eine derartige Verhandlung vor Damen zu beginnen, aufmerksam gemacht haben. Allerdings, wenn Madame die Güte haben wollte —

So lassen Sie uns wenigstens die jungen Damen entfernen. Darf ich Sie bitten, — nur hier herein; wir werden Sie hoffentlich nicht lange allein zu lassen brauchen.

Mit diesen Worten führte ich die beiden Mädchen mit sanfter Gewalt in das Nebenzimmer, in welchem bereits Lichter brannten, und welches, so weit ich in der Eile sehen konnte, das Schlafgemach derselben war, und drückte die Thür hinter ihnen in's Schloß.

So, sagte Herr Scherzer, indem er sich einen Reiseshawl von dem Hals wickelte, denselben in seinen Hut that, den Hut auf den Tisch setzte, und sich mit sichtlicher Befriedigung die Hände rieb; wir sind jetzt in der That ungenirter und können freier reden. So bin ich Ihnen vor Allem, meine Herren — ich habe gewiß die Ehre, in Ihnen Doctor Kühleborn vor mir zu sehen — sehr angenehm, Ihre schätzenswerthe Bekanntschaft zu machen! — die Erklärung schuldig, daß dieser Herr, der sich, wie ich höre, hier Mr. Cunnigsby aus Louisiana nannte, im verflossenen Winter bei mir in Berlin als Mr. Jones aus Virginia, durch den Secessionskrieg aus seiner Heimath vertrieben, introducirt, mir die Hälfte der Beletage eines meiner Häuser für, nebenbei, achthundert Thaler abgemiethet, für ungefähr dieselbe Summe Meubel gekauft und mich verleitet hat, dafür bei dem Verkäufer Bürgschaft zu übernehmen, sodann dieselben Meubel an einen Dritten verkauft, das Geld eingesteckt und schließlich, wie ich wohl kaum hinzuzufügen brauche, ohne von mir oder dem Meubelhändler Abschied zu nehmen, in einer stürmischen Frühlingsnacht dieses Jahres aus Berlin sich entfernt hat, mit Zurücklassung einiger sehr großer schwarzer Koffer — ganz eben solcher, wie ich da einen stehen sehe, die sich aber bei nachträglicher Untersuchung mit Stroh, Steinen und anderem ebenso nützlichen, wie werthlosen Material angefüllt fanden. Da, wie Sie ganz richtig vermuthen, Mr. Jones die Vorsicht gebraucht hatte, uns seine demnächstige Adresse nicht einmal anzudeuten, geschweige denn aufzugeben, und er das Geheimniß versteht, sein Incognito vortrefflich zu bewahren, so würden ich und seine übrigen Geschäftsfreunde wohl noch lange ohne diese wünschenswerthe Auskunft geblieben sein, wenn dieser Herr (mit einer Verbeugung nach mir hinüber) nicht, wie ich schon vorhin anzudeuten mir erlaubte, durch einen Zufall, den ich als einen glücklichen bezeichnen muß, uns den verlorenen Faden gleichsam wieder in die Hand gedrückt hätte. Seine Schilderung des Mannes war — wie man aus solcher Feder nicht anders erwarten kann — so treffend, daß ich, sobald mir unser gemeinschaftlicher Freund und Hausarzt Einsicht in den betreffenden Brief verstattet, nicht einen Augenblick an der Identität des sehr ehrenwerthen Mr. Augustus Lionel Cunnigsby mit dem nicht minder ehrenhaften Mr. Charles Jones und noch einem dritten Herrn, auf den ich gleich zu sprechen kommen werde, zweifeln konnte, um so weniger, als eine sofort bei T. Grauröber angestellte Recherche ergab, daß ein Mr. Cunnigsby, zum wenigsten in den Büchern von T. Grauröber, nicht existirte. Ich machte mich also heute Morgen mit dem Frühzuge in Begleitung jenes Herrn, in welchem ich Ihnen den Polizeiwachtmeister Hockelheim vorzustellen mir erlaube, auf den Weg, und schätze mich glücklich, meinen Gastfreund aus Berlin in einer so angenehmen Lage wiedergefunden zu haben.

Der schwarze Herr nahm hier seine Brille ab, rieb, während er uns freundlich anlächelte, die Gläser, setzte die Brille wieder auf, und blickte dann, plötzlich ein sehr ernstes Gesicht machend, auf Mr. Cunnigsby, als erwarte er, daß dieser Herr sich demnächst äußern werde.

Der Amerikaner hatte während der langen Auseinandersetzung des schwarzen Herrn ruhig dagestanden, den Hut immer noch auf dem Kopfe, die Finger der rechten Hand in seinem bis oben zugeknöpften Paletot, die buschigen Brauen so fest zusammengezogen, den Mund in so energische Falten gelegt, daß Herr Bergfeld (wie er mir ebenfalls hernach mittheilte) noch in diesem Augenblicke geschworen haben würde, das Ganze beruhe auf einer heillosen Verwechselung der Personen, und wir Andern wenigstens nicht wußten, was wir denken und glauben sollten. Mit Ausnahme von Mrs. Cunnigsby, die ihr fettes Gesicht in die fetten Hände gedrückt hatte, waren unser Aller Augen auf den so arger Dinge Angeklagten gerichtet, der jetzt die rechte Hand aus dem Rocke nahm,

eine wegwerfende Bewegung machte und im wegwerfendsten
Tone und seinem gebrochensten Deutsch sagte: Well! dies
mag sein oder es mag auch nicht sein; aber ich habe die
Ehre zu sein ein amerikanischer Bürger und Gentleman;
und als Gentlemen zu Gentlemen fordere ich Sie jetzt
zum letzten Male auf, zu verlassen dieses Zimmer, welches
ist mein Zimmer. Was diesen Herrn hier angeht, der
die hilflose Lage eines Fremden auszubeuten gedenkt, so
ist er ein Schwindler und Lügner, upon my word and
honour, a swindler and liar, der mir schuldet tausend
Dollars, wie ich vor Gericht beweisen werde. Und nun,
— good evening, gentlemen!

Er ging auf die Thür zu, als wollte er sie uns
öffnen. Der Constabler-Wachtmeister aber, der dort postirt
war, mußte die Sache anders auffassen, denn er stellte
sich mit seinem breiten Rücken gegen die Thür und rief
in dröhnendem Basse: Zaruck!

Lassen Sie ihn ja nicht hinaus, schrie der kleine
schwarze Herr, den die letzten ehrenrührigen Aeußerungen
des Amerikaners einigermaßen aus der Fassung gebracht
zu haben schienen; lassen Sie ihn um's Himmelswillen
nicht hinaus; wir könnten lange auf sein Wiederkommen
warten. Wie? Mr. Jones, ich bin ein Schwindler und
Lügner? ich bin Ihnen tausend Dollars schuldig? ist die
Frechheit erhört? Wissen Sie, Herr, daß wir allen Grund
zu vermuthen haben, daß sie ebensowenig Mr. Charles
Jones aus Virginia als Mr. August Lionel Cunnigsby
aus Louisiana, sondern ein deutscher Schneider aus
dieser Gegend sind, der im Jahre Achtzehnhundertsieben=
undfünfzig ausgewandert, zuletzt in der zehnten Avenue

in New-York gewohnt hat und Gottlieb Lebrecht König heißt?

Die schwarzen Augen des schwarzen Mannes funkelten ordentlich durch die Brillengläser, während er so keck auf Mr. Cunnigsby, alias Mr. Jones zuschritt, als ob derselbe nie in seinem Leben die Sclavenpeitsche und den Revolver, sondern nur immer Nadel und Scheere gehandhabt hätte. Dieser seinerseits brach, als Herr Scherzer jene neue unerhörte Anschuldigung vorbrachte, in ein schallendes Gelächter aus; aber dies Gelächter klang so hohl und röchelnd, daß, wer Ohren hatte, zu hören, die schuldige Seele des Mannes daraus hervorhören mußte. Wenigstens hatte ich durchaus diese Empfindung; und zugleich fuhr mir, als Herr Scherzer den Namen König nannte, mit der Schnelligkeit des Blitzes ein Gedanke durch den Kopf, der von dem Mittagstische in der Wohnung des ehrlichen Waffenschmiedes in S. ausging, und bei der Person desselben ehrlichen Waffenschmiedes, die gerade über unsern Häuptern in meiner Stube auf mich warten sollte, endete. In demselben Moment war ich auch an dem schnurrbärtigen Wachtmeister, der mir willig Platz machte, vorüber, die Hühnerstiege hinauf, in meine Mansarde hinein, wo denn richtig der würdige Meister an einem Tische saß und sich mit der Lectüre irgend eines meiner Bücher die Zeit vertrieb, die ihm allerdings lang genug geworden sein mochte.

Den trefflichen Mann bitten, mir zu folgen, ihn bei der Hand ergreifend die Hühnerstiege hinab, in das Zimmer, daß ich so eben verlassen, ziehen — das Alles war so schnell geschehen, daß sich die Situation in diesem Zimmer noch nicht im mindesten verändert hatte.

Ich ergriff eines der Lichter, leuchtete damit dem Amerikaner in's Gesicht und rief, zu dem Meister gewandt: Kennen Sie diesen Mann?

Lebrecht, rief der Meister, die Hände im Uebermaß des Erstaunens emporstreckend, Lebrecht!

Und zum dritten Male kreischte die arme Frau in ihrem Lehnstuhl auf — diesmal aber so grell, daß die Mädchen aus dem Nebenzimmer weinend und schreiend hervorstürzten und die unglaubliche Verwirrung, welche nach der letzten großen Katastrophe im Zimmer herrschte, nur noch vermehrten.

Aber selbst in diesem entscheidenden Augenblicke bewahrte Mr. Cunnigsby-Jones-König die Kaltblütigkeit, die ihn schmückte.

Who is this man? sagte er, mit einer verächtlichen Handbewegung nach dem Meister.

Ach, Lebrecht, Lebrecht, rief hier seine Gattin, indem sie sich aus ihrem Fauteuil erhob und mit gefalteten Händen und thränenüberströmten Augen auf ihn zuschritt. Laß es sein! es hilft Dir doch nichts mehr!

Ein Wuthgeheul brach aus der breiten Brust des zu Tode gehetzten Jaguars. Verdammtes Weib! knirschte er; ich wußte es ja, daß Du mich verrathen würdest.

Die arme Frau bebte vor dem Wüthenden zurück. Ich unterstützte die ganz Geknickte und rief: Nun meine Herren, ich dächte, dies löste jeden Zweifel. Es bedarf wahrhaftig keines großen Scharfblicks, um zu sehen, daß diese Zwei Brüder sind!

In der That war die Aehnlichkeit zwischen den beiden hochgewachsenen, breitschultrigen, grauhaarigen bärtigen Männern unverkennbar, so unverkennbar, daß ich kaum begriff, wie sie mir nicht im ersten Momente aufgefallen war. Zwar, wer hätte in dem ehrlichen deutschen Handwerksmeister und Kleinbürger den Bruder des Sclavenzüchters und Baumwollenjunkers aus Louisiana suchen sollen!

Doch an Dies und Aehnliches zu denken, war jetzt keineswegs Zeit. Zweierlei schien für den Augenblick vor Allem geboten, einmal: im Interesse des Herrn Scherzer uns der Person des Delinquenten zu versichern, sodann: ihn von seiner Familie zu trennen, für die nach meinem Gefühl und nach dem, was ich bis dahin und jetzt eben beobachtet und gesehen, von dem bösen und jetzt so schwer gereizten Menschen das Schlimmste zu befürchten stand. Meine Kenntniß des Lokals kam mir in diesem Dilemma zu Statten. Das Zimmer links neben dem Salon, in welchem wir uns befanden, war ein Eckzimmer, und konnte außer der Thür in den Salon nur noch eine auf den Corridor haben. Ich theilte Herrn Scherzer mit wenigen Worten meinen Plan mit, den dieser Herr mit schnellem Verständniß durchaus billigte. Dann schritt ich auf Herrn Lebrecht König, der sich jetzt, da er sich rettungslos von allen Seiten umgarnt sah, in einen Stuhl geworfen hatte und in dumpfem Brüten vor sich hinstarrte, zu und fragte ihn höflich, ob er sich gutwillig in jenes Eckzimmer begeben und sich dort einschließen lassen wolle? Er erhob sich schweigend, und schritt mit mir und dem Wachtmeister, der sich uns auf einen Wink von mir anschloß, nach jenem

Zimmer, die Augen auf den Boden geheftet, ohne auch nur einen Blick auf seinen Bruder, oder seine Frau oder seine Töchter zu werfen. Das Eckzimmer war, wie ich vermuthet hatte, sein Schlafzimmer. Es sah sehr wüst in demselben aus; eine Menge Sachen lagen durcheinander= gestreut auf dem Bett, den Stühlen, auf der Erde, wie wenn Jemand in aller Eile das Nothwendigste zu einer Reise zusammengesucht und das Andere den Zurückbleiben= den aufzuräumen gelassen hätte. In einer Ecke stand noch einer jener schwarzen riesenhaften Koffer, deren Bedeutung nach Herrn Scherzers scharfsinniger Analyse mir nun ebenfalls klar war. Ich entzündete an dem mitgebrachten Licht eines der beiden, die auf dem Tische standen, wäh= rend der Herr Wachtmeister einen technischen Blick über das Lokal gleiten ließ, und sodann, auf Herrn Lebrecht König zutretend, im Tone väterlicher Ermahnung also sprach: Nun will ich Ihnen was sagen, Männeken, machen Sie keine Fisematenten nicht, sondern verhalten Sie sich hübsch ruhig und ordentlich, sonst kriegen Sie es directe mit mir zu thun, und das könnte sehr eklig für Sie werden.

Darf ich noch ein paar Worte mit diesem Herrn hier reden? fragte hier Herr Lebrecht König, indem er plötz= lich das stattliche, jetzt so tief gebeugte Haupt hob, und mich fixirte.

Wenn der Herr mit Ihnen reden will, warum nicht? sagte der Wachtmeister, indem er eines der Fenster öffnete und die Entfernung desselben von dem Erdbo= den maß.

Der Ex=Sclavenzüchter trat an mich heran und sagte

mit gedämpfter Stimme und zum ersten Male sehr fließend deutsch sprechend:

Können Sie mir Ihr Ehrenwort geben, daß es sich mit dem Grafen wirklich so verhält, wie Sie gesagt haben?

Ich gebe Ihnen mein Ehrenwort darauf, erwiederte ich.

Und ich habe mich von diesem Schurken täuschen lassen! murmelte er, ich!

Er versank für ein paar Augenblicke in Nachdenken; plötzlich hob er den Kopf wieder und sagte mit einem cynischen Lächeln:

Ich will Ihnen reinen Wein einschenken, Herr. Jener alte Mann ist wirklich mein Bruder. Wie er plötzlich von S. hierher geschneit ist, will ich nicht fragen; er hat mir immer im Wege gestanden. Ich bin aus Amerika nach Deutschland gekommen, um auf Kosten meiner Landsleute, deren Gutmüthigkeit und Leichtgläubigkeit ich von früher her kannte, zu leben; vielleicht auch durch meine Töchter eine Fortune zu machen. Meine Töchter sind unschuldig. Da mich der Graf so unerhört beschwindelt hat, mögen die beiden andern Herren sie heirathen. Es kann Ihrem Freund nicht daran liegen, den Vater seiner Frau im Zuchthause zu wissen; Herr Bergfeld ist ein grüner Junge, aber wie der Fall nun liegt, mag er passiren. Vor Allem werden Sie sich mit Herrn Scherzer auseinandersetzen müssen. Was mich selbst betrifft, so sollen Sie mich billig finden, wenn man mir billige Bedingungen stellt. Und nun gehen Sie in — Gottes Namen! Sie sind es, der mich in diese Lage brachte; Sie haben die Pflicht, mich wieder herauszureißen. Auf Wiedersehen also!

Er nahm den Hut, den er bis dahin noch immer auf dem Kopfe gehabt, ab und machte mir eine stattliche Verbeugung, die ich — vermuthlich in Anerkennung der unvergleichlichen Geistesgegenwart und Kaltblütigkeit dieses kostbaren Hallunken, der meiner Klugheit und meinem Einfluß noch eben ein so schmeichelhaftes Compliment gemacht hatte, — ebenso höflich erwiederte. Dann verließen der Wachtmeister und ich das Zimmer, jener durch die Thür nach dem Corridor, die er hinter sich abschloß, ich durch die in den Salon, wo ich die Gesellschaft in verschiedenen Situationen fand, die einem Genremaler die kostbarsten Motive geliefert haben würden.

Nicht weit von dem runden Tisch, und noch im vollen Lichte der Kerzen, das von ihren dicken thränenüberströmten Wangen reflectirte, saß Mrs. Cunnigsby-Jones-König, die mit dem Reisehute, der nun nicht mehr nothwendig war, in der Eile auch die ehrwürdigen grauen Locken abgenommen hatte, und in Folge dessen einen mit blondem, bereits ergrauendem Haar spärlich bedeckten Kopf präsentirte. Sie hatte mit beiden Händen die Hände ihres Schwagers, des ehrwürdigen Meisters, der auf dem Rande eines Stuhles vor ihr saß, erfaßt und schüttete ihm mit von Thränen vielfach unterbrochener Stimme ihr übervolles Herz aus.

Neben ihnen, den kahlen Kopf nachdenklich auf die eine Seite geneigt, den goldenen Knopf seines Stockes an die dünnen Lippen gepreßt, stand der Sanitätsrath, die wunderbare Mär von dem Betrug, den man ihm gespielt, mit durstigen Ohren einsaugend. An dem Tische selbst auf der anderen Seite saß Herr Willibald Scherzer, der mit einem Bleistift sehr eifrig in seinem Taschenbuche Zahlen schrieb — möglicherweise diejenigen, welche die Summe, um die ihn der „Gastfreund" betrogen, ausdrückten — und nur von Zeit zu Zeit seine funkelnden Brillengläser auf Mrs. Cunnigsby-Jones-König wandte, die jetzt, die amerikanische Lady gänzlich aufgebend, im reinsten Dresdener Dialect erzählte, wie sie unter dem Vorwande, die Vermißten aufzusuchen, Tannenburg hätten verlassen wollen, um nicht wieder zurückzukehren; wie sie nichts besäße, als das schwarzseidene Kleid, das sie trage (die dicke Kette sei unächt), und wie ihre Töchter ihre paar Fahnen immer wieder auseinandergetrennt und wieder zusammengenäht hätten, daß es nach was aussehe. In den großen schwarzen Koffern sei nichts als —

Stroh und Steine, Stroh und Steine, murmelte Herr Scherzer, der sich wieder über seine Zahlen beugte.

Nu eben! sagte die arme Frau; aber ich bin ja nicht schuld daran, und meine armen Kinder sind nicht schuld daran! Ach herrcheses! meine armen Kinder!

Meine Blicke richteten sich auf die beiden andern Gruppen im Zimmer, von denen die eine, in der Nähe des Fensters, mich innig rührte. Es waren Ellen und Egbert. Das schöne Mädchen saß da, bleich, mit verweinten Augen, die in diesem Momente mit einem rührenden Ausdrucke der Liebe und Dankbarkeit zu dem Geliebten erhoben waren, der, eine ihrer Hände in der seinen haltend, über sie gebeugt stand, und mit jener Beredtsamkeit, die nur die Liebe lehren kann, eifrig und leise zu ihr sprach. Die zweite Gruppe befand sich in der Tiefe des andern Fensters, zum Theil von dem Vorhange bedeckt, so daß ich von der Dame nur den Saum des Kleides, und von dem Herrn nur die carrirten Beinchen sehen konnte und einen carrirten Arm, der fortwährend eine Bewegung von einer Stelle, wo unter der unsichtbaren carrirten Weste das Herz sitzen mochte, in die Luft und wieder zurück nach der besagten unsichtbaren Stelle machte.

So leid es mir that, die Herzensergießungen so vieler Menschen auf einmal zu unterbrechen, war ich mir doch der Dringlichkeit des mir soeben zu Theil gewordenen Auftrages zu sehr bewußt, als daß ich nicht mit einem energischen Räuspern die Aufmerksamkeit auf mein Wiedererscheinen hätte lenken sollen. Herr Scherzer schloß sein Notizbuch und erhob sich, der Sanitätsrath nahm den Stockknopf von den Lippen; beide traten auf mich zu.

Meine Herren, sagte ich; diese wunderbare Angelegenheit erfordert unsere ganze Umsicht und Energie. Dazu kommt, daß wir die Schritte, über die wir uns hoffentlich einigen werden, bald thun müssen.

Die beiden Herren sahen mich, weiteren Aufklärungen entgegen harrend, fragend an.

Lassen Sie uns, sagte ich, zu einer Conferenz zusammentreten, an welcher auch dieser würdige Mann — ich deutete auf den Meister — Theil nehmen muß. Unterdessen mag der Diener der irdischen Gerechtigkeit — Herr Hockelheim trat eben wieder in den Salon — hier Platz nehmen und unsern Gefangenen bewachen, während die Damen sich in ihr Zimmer —

Ihre Zimmer, verbesserte der Sanitätsrath; die Unglücklichen haben ja vier Zimmer nun schon über vier Wochen gehabt!

Desto besser, sagte ich; also in ihre Zimmer zurück=
ziehen, wohin wir ihnen sofort das Abendbrod schicken
wollen, lieber Sanitätsrath — die armen Mädchen müssen
ja vor Aufregung, Hunger und Kummer beinahe ohn=
mächtig sein.

Offen gestanden fühlte ich selbst meine Kräfte nach
den gewaltigen Strapazen des Tages fast erschöpft, in=
dessen hier mußte gehandelt sein; das Glück der beiden
lieben Menschenkinder, die sich unter so sonderbaren Um=
ständen gefunden, und dort in der Ecke sich versicherten,
daß sie sich liebten und nie, nie wieder von einander
lassen wollten, mußte sicher gestellt werden, trotz aller
Müdigkeit in den Gliedern. Die weinende Mutter, diese
entthronte Königin, die jetzt ihre graue Lockenkrone be=
müthig in der Hand trug und noch immer versicherte, daß
sie keine Schuld und daß sie es ja immer gesagt habe —
die weinende Mutter und die weinenden Töchter, die beide
von der Schönheit waren, welche durch Thränen nur noch
schöner wird — wurden von dem Sanitätsrath in ihre
Zimmer — auf der andern Seite des Salons — geführt;
der Wachtmeister, Herr Hockelheim, nahm in dem Salon
selbst neben einer Flasche Rothwein Platz, und wir, das
heißt: Kühleborn, Herr Scherzer, der Meister, Egbert,
Bergfeld und ich begaben uns eine Treppe tiefer in das
Sprechzimmer des Sanitätsraths, um uns vorerst einmal
an schnell herbeigeschaffter kalter Küche und einem paar
Gläser Champagner zu restauriren und dann, oder viel=
mehr schon während dessen, gemeinsam zu berathen, was
nun geschehen solle?

Zwölftes Capitel.

Eine sichere Basis der Verhandlungen war glücklicherweise bereits vorhanden. Noch während wir die Treppe zusammen hinunterschritten, hatte Egbert, mir seinen Arm um die Schulter legend, zugeflüstert: Sieh zu, wie Du den Schwarzen zufrieden stellst, und wie wir den Vater los werden; ich bin zu Allem und Jedem bereit, und sollte es mich mein Vermögen kosten, worauf ich in demselben Tone: just so viel wird's wohl nicht sein, und daß es Dir auf ein paar Tausend in diesem Falle nicht ankommt, weiß ich. — Sodann hatte mich Herr Bergfeld, als wir kaum das Zimmer betreten, in eine Ecke gezogen, mir die Hände gedrückt und mir zugeraunt: Sehen Sie, ich habe doch recht gehabt: sie liebt mich, sie will mich heirathen. Ich mache mir gar nichts daraus, daß ihr Vater ein Schneider ist; mein Vater — hier räusperte sich der junge Mann und wurde sehr roth — mein Vater ist selbst Kammerdiener gewesen.

Ich drückte dem braven Jungen von Herzen die Hand. Es war ihm schwer geworden, dies Bekenntniß, um so schwerer, als er bisher immer von seiner Familie in Ausdrücken gesprochen hatte, die dunkel auf ein uraltes, in letzter Zeit in seinen Vermögensverhältnissen allerdings etwas zurückgekommenes Patriziergeschlecht hindeuteten. Aber die Liebe fällt in gute Herzen wie ein befruchtender Regen auf gutes Land, und der goldene Samen, der verborgen schlief, geht auf und bringt Früchte hundert= und tausendfältig.

Meine Herren, sagte ich, als der Kellner, der die Erfrischungen gebracht, uns wieder verlassen hatte, und der Rauch aus einem halben Dutzend Cigarren — auch der Meister war mit einer Havannah — wohl der ersten in seinem Leben — versehen worden — zur Decke des hohen Gemaches stieg — während Alle auf einmal sprachen und Jeder dem Anderen seine individuelle Ansicht von den merkwürdigen Ereignissen begreiflich zu machen suchte — Meine Herren! in Erwägung, daß die so höchst complicirten Fragen, welche uns zur Beantwortung vorliegen, wie vorauszusehen war, bereits eine ungemein animirte Debatte hervorgerufen haben, möchte ich, der ich, wie ich glaube, fester als einer von Ihnen die verwirrten Fäden dieser verwickelten Angelegenheit in der Hand halte — (Hört! hört! von dem Platze des Herrn Scherzer, der sein Taschenbuch bereits wieder geöffnet hatte) — mir erlauben, mich Ihnen — mit allem schuldigen Respect vor den älteren und erfahreneren Herren der Versammlung — als Präsidenten in Vorschlag zu bringen. Da von keiner Seite ein Widerspruch erhoben wird, nehme ich an, daß die Versammlung meine Wahl billigt, und ertheile demnächst Herrn Büchsenschmied Christian König das Wort, indem ich ihn bitte, uns aus dem Leben seines unglücklichen Bruders, so weit er es selbst kennt, Einiges mitzu=

theilen, und uns so in den Stand zu setzen, besser, als wir es jetzt vermögen, diesen seltsamen und beklagenswerthen Charakter zu beurtheilen.

Aller Augen wandten sich auf den ehrlichen Meister, der ohne alle Verlegenheit, wenngleich sichtlich ergriffen, also anhub:

Das will ich gern thun, liebe Herren, obgleich ich nicht viel zu erzählen habe. Unser Vater war Büchsenschmied, wie es auch mein Großvater gewesen. Wir waren unser drei Geschwister: ich, als der älteste, sollte Büchsenschmied werden, um das Geschäft übernehmen zu können, Lebrecht wurde zu einem Schneider in die Lehre gethan, die Schwester, die jetzt hier ist, und von dem guten Doctor da nun schon so lange erhalten wird — was ihm der liebe Gott vergelten möge, da ich es nicht kann — war damals schon kränklich, und mußte im elterlichen Hause bleiben, ohne eben helfen zu können. Vielleicht war das für den Lebrecht ein Unglück, daß ihn der Vater just ein so stilles Handwerk lernen ließ. Er war ein starker, wilder, muthiger Knabe, der sich lieber in Feld und Wald umhertrieb, als in der engen Stube hockte, und aus dem man wohl einen rechten Jägersmann oder dergleichen hätte machen können, der aber zum Schneider verdorben war. So hatten denn sein Meister und der Vater viel mit ihm abzusetzen, aber er lernte doch das Seine, denn er war von jeher sehr geschickt, und es gelang ihm eigentlich Alles, was er in die Hand nahm. Dann ging er auf die Wanderschaft und blieb lange fort, kam auch überall herum, bis nach England, wo er ein paar Jahre blieb, und wo er leicht sein Glück hätte machen können, denn die Wittwe seines Meisters hatte ein Auge auf ihn geworfen, da er denn, wie obbemeldet, ein gar stattlicher Bursche war, und begehrte ihn zu ihrem Ehegatten, aber er hatte ja wohl eine andere Liebste — wie er sich denn immer mit den Weibern was zu schaffen machte — die Frau kam dahinter, Summa: er setzte ihr den Stuhl vor die Thür und kam wieder nach Deutschland. Da hat er denn gearbeitet hier und dort, überall nur kurze Zeit, zuletzt in Dresden, wo er seine jetzige Frau kennen lernte, so die Tochter seines Brodherrn und ein gar schönes Mädchen war. Die heirathete er denn vom Fleck weg, und das war gut, weil er es sonst nimmer gethan hätte, und auch nicht gut, denn so ein Gesell, wie der Lebrecht — das giebt mein Tage keinen guten Ehemann. Item: sie waren Mann und Frau, und kamen nach S., eigentlich nur zum Besuch; dann blieben sie da, weil just ein alter Meister gestorben war und ein junger sich setzen konnte, hauptsächlich aber, weil der Lebrecht doch keine bessere Aussicht hatte.. Nun ging das Leid für mich an. Unsere Eltern waren gestorben, ich hatte das Geschäft übernommen, war schon so lange verheirathet, daß ich bereits sechs Kinderchen zu ernähren hatte und die Schwester, die immer kränker geworden, mußte ich auch erhalten. Just zu der Zeit fing das auch mit den Fabriken an; wir kleinen Handwerker konnten nicht so billig arbeiten; da war denn der Verdienst schlecht; es ging knapp zu, und manchmal schaute gar der Hunger zur Thür hinein. Das war schon schlimm genug, aber schlimmer wurde es, als der Lebrecht jeden Tag kam und sagte, ich solle ihm helfen und ich müßte ihm helfen, es fehlte ihm dies und es fehlte ihm das in der Wirthschaft, im Laden. Ich half, wo ich konnte, es war freilich blutwenig, aber wenn's auch viel gewesen wäre — ihm würde es doch nichts geholfen haben, denn er konnte das Seine nicht zusammenhalten, es war, als ob er an jedem Arm statt der Hand ein Sieb hätte und ein großlöchriges dazu. So ging das Elend mehrere Jahre, und wurde immer größer, als er nun noch zwei Kinder in die Ehe bekam, die schönsten Kinderchen, die man sehen konnte. Die Leute im Ort hätten ihn gern unterstützt, schon der Frau und der Kinderchen wegen, aber zuletzt wurden sie es müde, weil sie sahen, daß er sich nicht helfen lassen wollte, denn, je schlechter es ihm ging, desto höher wollte er hinaus, und je mehr er den Leuten schuldig war, um so hochmüthiger sah er sie über die Achsel an und schimpfte über das Lumpenvolk und Krämerpack, dem er noch einmal zeigen werde, was er für ein Kerl sei.

Da kam er eines Tages zu mir und sagte, er wolle nach Amerika; ich sollte ihm das Geld dazu geben. Ich hatte es nicht, aber ich dachte auch, daß es das Beste wäre, wenn er fort ginge, und so sammelte ich denn für ihn und bekam endlich die Summe zusammen. Er nahm das Geld, ohne zu danken. Meine Alte hatte für die Frau und die armen Würmer, die damals so ein sieben und acht Jahr zählen mochten, die Bündel zurecht gemacht, und da fuhren sie eines Morgens — ich weiß es noch wie heute; es war ein kalter Februarmorgen und meine Frau war in der Nacht in ihr achtes Wochenbett gekommen — ja da fuhren sie eines Morgens mit dem Hauderer fort — nach Amerika.

Der Meister schwieg und rieb sich die buschigen Augenbrauen.

Hat er denn nie wieder von sich hören lassen? fragte ich.

Ein paar Mal noch, im Anfang, erwiederte der Meister, um Geld zu fordern, das ich ihm nicht geben konnte, beim allerbesten Willen nicht. Dann schrieb er nicht wieder; aber von Andern, die hinüber geschifft waren, um ihr Glück drüben zu versuchen, und nach Hause berichteten, erfuhren wir, daß es ihm nicht schlecht gehe; er habe einen Kleiderladen etablirt und ein Putzgeschäft, das vielen Zuspruch habe, da die Töchter, die unterdeß herangewachsen, durch ihr schmuckes Aussehen viel Käufer herbeilockten.

Die Sache hat seine Richtigkeit, rief hier Herr Scherzer, der seine Ungeduld, zu Wort zu kommen, nicht länger zügeln konnte; stimmt ganz mit dem Resultat der Nachforschungen, die ich in New-York habe anstellen lassen. Sie müssen nämlich wissen, meine Herren, daß durch einen Zufall — aber ich bin Ihnen zuvor eine kurze Relation des Verhältnisses schuldig, in welchem ich selbst mit dem — ehem! — mit dem Manne gestanden habe. Er kam Anfang Februar dieses Jahres nach Berlin, stieg in einem der ersten Hotels ab, suchte nach einer passenden Wohnung; ein Commissionär wies ihn in eines meiner Häuser, wo gerade eine Wohnung leer stand. Ich nahm ihn, wofür er sich ausgab: einen reichen secessionirten Pflanzer, den der Krieg vertrieben, um so mehr, als er sofort auf meine Forderung einging, so daß es mir schon leid that, nicht mehr gefordert zu haben. Der Contract wurde in seinem

Hotel abgeschlossen, wo mir die großen Koffer, mit denen der ganze Flur verbarrikabirt war, besonders imponirten Die Frau war sehr angenehm, die Töchter sehr schön — ich bin sonst ein vorsichtiger Mann, meine Herrschaften, aber ich wäre ein ungläubiger Thomas gewesen, wenn ich in diesem Falle Mißtrauen gehabt hätte. Der sogenannte Mr. Jones erkundigte sich nach meiner Frau, indem er den Wunsch ausdrückte, der Gattin seines Wirthes seine Damen zuführen zu dürfen. Später erfuhr ich freilich, daß er schon damals recht gut gewußt hat, daß ich nicht verheirathet sei. Ich erbot mich natürlich nichts destoweniger zu allen Diensten, besonders auch dazu, die Damen in der Stadt herumzuführen; und unter uns, meine Herren, darauf hatte man es gerade abgesehen. Wir wurden sehr bekannt mit einander, trotzdem ich nicht in demselben Hause wohnte — wäre sonst doch wohl früher hinter die Schliche gekommen. Ich machte mir ein Vergnügen daraus, die Bürgschaft für die gekauften Meubel zu übernehmen, da der sogenannte Mr. Jones vorgab, daß seine Creditbriefe ausgeblieben seien.

Hier seufzte Doctor Kühleborn sehr tief; die Phrase schien ihm bekannt.

Was soll ich Sie lange aufhalten, meine Herren, fuhr der schwarze Mann fort; ich übernahm die Meubel, ich bezahlte die Rechnungen bei G. Herson, ich bezahlte den Restaurant, von dem man das Essen holen ließ. Die Bekanntschaft dieser Damen ist mir sehr theuer zu stehen gekommen.

Der schwarze Mann lächelte ein sauersüßes Lächeln,

indem er einen summirenden Blick über die einzelnen Items in seinem Notizbuch gleiten ließ..

Sie wollen doch nicht etwa behaupten, daß diese Damen, wie Sie sich auszudrücken belieben, Sie zu diesen Ausgaben verleitet haben, rief hier Egbert, der schon während der ganzen Rede des Herrn Scherzer Zeichen großer Erregtheit hatte blicken lassen.

Herr Scherzer schaute verwundert von seinem Notizbuche auf.

Ich habe nicht das Vergnügen, Sie zu verstehen, sagte er.

Die Sache ist, sagte ich —

Laß mich! rief Egbert, dem bereits die Röthe des Zornes in die Stirn gestiegen war; ich wollte dem Herrn nur bemerken, daß ich kein Wort dulden werde, welches auch nur den leisesten Zweifel an der Ehrenhaftigkeit „dieser Damen" (letztere beiden Worte mit großer Emphase) durchblicken läßt; und was besonders Miß Ellen, oder Fräulein Ellen —

Lenchen, sagte hier der Meister.

Egbert warf dem Meister einen wüthenden Blick zu.

Oder Lenchen — gleichviel! — betrifft, so habe ich die Ehre, Ihnen zu erklären —

Aber, geehrter Herr, rief hier der schwarze Mann, ich begreife gar nicht, was Sie von mir wollen! ich habe ja keine Sylbe gesagt, welche die Ehre der Damen compromittirte; aber Sie werden mir doch zugeben, daß, — abgesehen von dem ganzen amerikanischen Schwindel, den wir einmal dem Manne allein in Rechnung setzen wollen, obgleich der stillschweigende Consens der Damen strafrechtlich einen dolus involvirt, ich sage: Sie werden mir zugeben, daß, wenn ein vorsichtiger Geschäftsmann, wie ich, sich zu der Höhe einer nicht unbedeutenden Summe für fremde Damen in Kosten setzt, er dies nicht thun wird, ohne eine Hoffnung —

Es kommt gar nicht darauf an, was Sie gehofft, oder wie theuer Sie sonst Ihre Großmuth zu verkaufen gedacht haben, donnerte Egbert; sondern ob man Ihnen Hoffnungen gemacht hat; und hier erkläre ich noch einmal, daß ich kein Wort dulden werde, welches Fräulein Ellen —

Lenchen, sagte der Meister zur Steuer der Wahrheit, aber offenbar ohne Hoffnung, in dem Lärm gehört zu werden.

Und ich erkläre ebenfalls nochmals, schrie der kleine schwarze Herr heftig, daß ich Fräulein Ellen, oder Fräulein Lenchen weder genannt, noch gemeint habe; aber ich sehe nicht ein, weshalb ich leugnen soll, daß die Avancen, welche mir die ältere der jungen Damen —

Wenn Sie damit Miß Virginia meinen sollten, sagte hier Herr Bergfeld, der sich, vor Aufregung zitternd, von seinem Stuhle erhob, so bin ich meinerseits in der Lage, Sie ersuchen zu müssen, in Ihren Ausdrücken über Fräulein Virginia —

Luischen, sagte der Meister in resignirtem, aber festem Ton.

Der schwarze Herr fuhr sich mit beiden Händen an den Kopf.

Aber meine Herren, meine Herren, schrie er; ich weiß wahrhaftig nicht mehr, was ich denken soll. Ich glaubte, das Opfer eines schändlichen Humbugs, Schwindels und Betruges zu sein, und sehe mich hier einer Behandlung ausgesetzt, stoße auf ein Mißtrauen, eine Feindseligkeit, deren Motive auch nur zu ahnen ich weit entfernt bin. Ich —

Niemand konnte verstehen, was Herr Scherzer vielleicht noch sagte, denn Alle sprachen jetzt wieder durcheinander. Egbert und Bergfeld — diese geschworenen Freunde — waren aufgesprungen und redeten und gesticulirten auf Herrn Scherzer ein. Ich zog sie an den Rockschößen zurück und erklärte ihnen auf das Bestimmteste, daß ich sofort gehen und mich zu Bett legen würde, wozu ich überdies die größte Lust hätte, wenn sie mir von diesem Augenblick an nicht die Verhandlung mit Herrn Scherzer ganz allein überließen, und auf ihrem Zimmer das Resultat des Congresses abwarteten. —

Dies wirkte. Die beiden Heißsporne sahen ein, daß ihre Gegenwart hier nur vom Uebel war, und entfernten sich, mit dem Bemerken, daß sie auf Egberts Zimmer meiner harren würden.

Und wäre es bis zum ersten Hahnenschrei! rief Bergfeld.

Gott sei Dank, daß diese jungen Herren fort sind, sagte Herr Scherzer, dessen Muth, sobald Jene das Zimmer verlassen, außerordentlich gewachsen war, ich gestehe, daß ich nur noch mit Mühe an mich gehalten habe. Aber, geehrter Herr, sagen Sie mir nur, was wollten die jungen Leute, daß sie bei jedem Worte, das ich sagte, wie toll auf mich losfuhren?

Ich erklärte nun mit aller möglichen Discretion dem

schwarzen Herrn die Lage der Dinge. Er, aber auch der Sanitätsrath, der bei dieser Gelegenheit bemerken mußte, wieviel unmittelbar unter seinen Brillengläsern passirte, wovon sich seine Philosophie nichts träumen ließ, und der gute Meister, dem es, nach dem gespannten Ausdruck seiner ehrlichen Züge zu schließen, blutsauer wurde, sich in den verwickelten Combinationen und Permutationen des Gesellschaftslebens zurecht zu finden — Alle hörten sie mir mit der größten Aufmerksamkeit zu. Als ich zu Ende war, sagte Herr Scherzer mit einem Blick in sein Notizbuch:

Wenn ich Sie recht verstanden habe, geehrter Herr, so würde Herr Egbert aus Gründen, die sich, wie Sie eben so fein wie richtig bemerkten, einer genaueren Erörterung entziehen, geneigt sein, für Herrn König — König, Königsby, Cunnigsby! sehr gut! — also für Herrn König aufzukommen, so weit überhaupt die Sache mit Geld gut zu machen ist.

Verzeihen Sie, unterbrach ich ihn, das ist die conditio sine qua non. Wollten meine Clienten den gerichtlichen Weg eingeschlagen wissen, hätte unsere Verhandlung keinen Sinn. Wer geschädigt ist, soll entschädigt werden — damit aber sei es genug.

Sehr wohl, sagte Herr Scherzer, es kommt also nur darauf an, ob Ihr Freund oder Ihre Freunde im Stande sind, zu leisten, wozu sie sich verpflichten. Ich bin ein Geschäftsmann, und —

Sie sollen jede Sicherheit haben, die Sie wünschen; mein Freund ist sehr vermögend —

Ich zweifle nicht daran; aber die Schadenrechnung

wird etwas lang werden. Ich habe vorhin schon die einzelnen Items hier untereinander gestellt; wenn Sie gütigst einen Blick auf dieses Blatt werfen wollen: 400 Thaler erstes Quartal; 400 Thaler, da nicht contractmäßig gekündigt ist — der Contract liegt zu Ihrer Einsicht jeder Zeit bereit, — ich habe die Wohnung freilich noch rechtzeitig vermiethet, aber sie hätte doch eben so gut leer bleiben können — also 400 Thaler zweites Quartal, Meubel 800 Thaler, Restaurateur 180 Thaler, Modehändler 400 Thaler.

Gott du Gerechter! rief der Meister, die Hände über dem Kopfe zusammenschlagend.

Baar 200 Thaler, dito 24. März — Notabene den Tag vor ihrer Abreise — 100 Thaler. Summa 2480 Thaler. Dazu Reise nach Taunenburg und zurück für zwei Personen —

Sie gehen sehr in's Detail, sagte ich.

Geehrter Herr, man muß wohl — ein Geschäftsmann — ein Verlagsbuchhändler wenigstens muß wohl — Ihr Herren Schriftsteller freilich —

Freilich, freilich! sagte ich; aber um so mehr wundere ich mich, daß, wenn auch die jungen Damen noch so schön und liebenswürdig waren, Sie so große Summen einem Manne creditiren konnten, den Sie nicht kannten —

Lieber Freund, ist es mir denn anders gegangen? sagte der Sanitätsrath seufzend; auch ich bin das Opfer einer beklagenswerthen Leichtgläubigkeit geworden; und dieser Graf — er hat freilich bezahlt; aber wenn diese Geschichte ruchbar wird, und — Herr des Himmels, daran habe ich ja noch gar nicht gedacht!

Doctor Kühleborn sprang vom Stuhle, als hätte man ihm eine volle Ladung der elektrischen Batterie, die hinter ihm in einer Ecke des Zimmers stand, in den Nacken geleitet, und fing an, mit kurzen Schritten auf- und abzulaufen.

Morgen sollen die Wagen kommen, die sie nach Malepartus holen! Was soll man sagen? was thun? Se. Hoheit wird außer sich sein, und hat er nicht Ursache? eine solche heillose Mystification einer allerhöchsten Person ist ja noch nicht dagewesen, so lange die Welt steht. Ich bin um den Titel, um Reputation, die Tannenburger sind um die Eisenbahn, — es ist entsetzlich, entsetzlich! Der Kerl — verzeihen Sie, lieber Meister, aber er verdient wirklich keinen besseren Namen, — er muß exemplarisch bestraft werden; das ist die einzige Genugthuung, die wir Sr. Hoheit geben können!

Ich sehe nicht, daß die Sache dadurch besser wird, sagte ich; im Gegentheil! Wir müssen Alles thun, den Scandal zu verdecken, zu vertuschen. Warum soll ein Reisender nicht eine Nachricht erhalten, die ihn zwingt, über Nacht abzureisen, selbst wenn er für den nächsten Tag bei einer Hoheit eingeladen ist? Unser Gefangener aber muß noch heute Nacht fort. — Noch heute Nacht, wiederholte ich; noch in dieser Stunde. Ich habe meinen Entschluß gefaßt.

Ich erhob mich, wie ein Richter, wenn die Sache spruchreif ist.

Meine Bestimmtheit hatte nicht verfehlt, den gewünschten Eindruck zu machen. Der Meister kraute sich in dem buschigen Haar, der Sanitätsrath führte eine sehr bedächtige Prise in seine lange Nase, Herr Scherzer nahm seine Brille ab, und fing an, die Gläser zu putzen.

Denn sehen Sie, meine Herren, sagte ich, auch angenommen, ja zugegeben, daß noch ein oder der andere Hotelwirth in Baden=Baden, oder wo unser Freund sich noch sonst aufgehalten haben mag, von ihm mystificirt ist, — wir wissen es nicht, und wo kein Kläger ist, da ist kein Richter, und wenn sich nun auch wirklich die Gerichte in die Sache mischten, zu ihrem Gelde können sie den Betrogenen doch nicht verhelfen. Im Gegentheil erweisen wir Allen, die noch betrogen werden könnten und sehr wahrscheinlich betrogen werden würden, einen Dienst, wenn wir den vielgewandten Mann nach Amerika zurück= schicken, denn daß er sofort Europa verläßt, wäre natür= lich die erste Bedingung, die wir ihm auferlegen.

Man kennt ihn in Amerika auch schon, sagte Herr Scherzer, und das hat mich ja eben auf die richtige Spur gebracht. Ich fand nämlich, als er fort war, in dem Secretär einen Brief, der sich unter andere unwichtige Papiere verirrt hatte, und seine, wie ich jetzt weiß und damals gleich ahnte, richtige New=Yorker Adresse trug. In diesem Briefe drohte ein Mr. Smith in Ausdrücken, die ich hier dieses guten Mannes wegen nicht wiederholen will, mit einer Wechselklage, und deutete auf andere Un= regelmäßigkeiten hin, die den geschäftlichen Charakter des Herrn in dem bedenklichsten Lichte zeigten. Der Brief liegt in meinem Koffer, ich kann denselben sofort pro= duciren, wenn Sie sich nur ein paar Minuten —

Ich denke, wir lassen das bis morgen, unterbrach ich den Eifrigen. Vorläufig wollen wir uns einmal, wenn es Ihnen recht ist, zu unserem Gefangenen verfügen, und ihn mit unserem Beschlusse bekannt machen. Das Weitere findet sich dann schon.

Herr Scherzer und der Doctor schienen noch immer gewichtige Bedenken gegen meinen Plan zu haben; aber der ehrliche Meister sagte, indem er treuherzig meine Hand ergriff: Gott segne Sie, lieber Herr, daß Sie dem Unglücklichen forthelfen wollen. Vielleicht bessert er sich, wenn er sieht, daß es noch Menschen giebt, die sich des Sünders erbarmen. Und wenn er ja auch wohl was Schlimmeres verdient hat — es ist hart für einen ehrlichen Kerl, seinen leiblichen Bruder im Zuchthaus zu wissen —

Die Stimme des braven Mannes zitterte, ich drückte ihm die Hand und sagte:

Kommen Sie, meine Herren!

Ich ergriff ein Licht und ging voran; die Anderen folgten; zwei davon mehr mechanisch, glaube ich, als aus Ueberzeugung. In dem Kurhause war schon Alles still, die Treppe knarrte unter unseren Schritten, als wir Einer hinter dem Anderen hinaufstiegen. Die Thür aus dem Salon nach dem Corridor war weit geöffnet, vermuthlich von Herrn Hockelheim in der Absicht, sich sein Wächteramt zu erleichtern, da die Eckstube, in welcher der Gefangene saß, nur nach dem Salon und dem Corridor je eine Thür hatte, so daß der Verbrecher, falls er ja hätte ausbrechen wollen; jenen oder diesen passiren mußte.

Herr Hockelheim richtete sich, als wir in den Salon traten, so strack aus dem Fauteuil, in welchem er gesessen hatte, auf, und öffnete seine Augen so weit, daß die Ver=

muthung, der Brave sei nach der anstrengenden Reise bei der Flasche (die übrigens leer war) ein wenig eingenickt, nahe lag.

Nun, wie steht's, Hockelheim? fragte Herr Scherzer mit leiser Stimme.

Alles in Ordnung, brummte der Wachtmeister und räusperte sich. Er hat sich seit einer Stunde nicht gerührt.

Ich unterdrückte die Bemerkung, daß diese zarte Rücksicht für die gegenseitige Ruhe auch wohl von Herrn Hockelheim gewissenhaft beobachtet sei, und ersuchte ihn, uns die Thür zu dem Gefangenen zu öffnen.

Ich glaube, er schläft, sagte Herr Hockelheim, den Schlüssel umdrehend und die Thür aufstoßend.

Die Lichter brannten auf dem Tisch in der Mitte, das Zimmer war nicht eben groß, man konnte es also sehr gut mit einem Blick übersehen, aber obgleich zehn Augen (worunter vier mit Brillen und zwei durch ein Pince-nez) auf einmal hineinschauten, konnte doch keines derselben sich rühmen, Herrn Cunnigsby-Jones-König zu entdecken.

Donnerwetter! sagte Herr Hockelheim.

Wir Anderen sagten nichts, sondern blickten uns mit Mienen an, die eben nicht viel, dafür aber alle dasselbe ausdrückten.

Donnerwetter! sagte Herr Hockelheim noch einmal.

Ich ging an das Giebelfenster, es war geschlossen; ich ging an das Fenster in der Fronte — es war nur zugedrückt. Ich stieß es auf — der Nachtwind rauschte in den Pappeln, von denen die eine ihre schlanken, elastischen Zweige beinahe in's Fenster streckte.

Glauben Sie, daß er da hinaus ist? fragte der Sanitätsrath, der mir über die rechte Schulter schaute.

Meinen Sie, daß man da hinab kann? fragte Herr Scherzer, der mir über die linke Schulter blickte.

Das sieht ihm ähnlich, sagte der Meister.

Donnerwetter! sagte Herr Hockelheim zum dritten Male.

Hier liegt ein Papier — an Sie, rief Herr Scherzer, der wieder an den Tisch getreten war.

Es war ein Blatt, das aus einem Portefeuille gerissen schien. Die Handschrift war, obgleich nur mit Bleifederzügen, deutlich, ja kühn. Die Zeilen lauteten:

Herrn . . . . .
Geehrter Herr!

Wenn dieses Ihnen zu Händen kommt, bin ich hoffentlich schon einige Meilen von hier. Ich habe geschwankt, ob ich Ihre Rückkehr abwarten, oder Tannenburg verlassen solle, mich aber bei reiflicher Ueberlegung zu dem Letzteren entschlossen. Nach meinem Gefühl kann die Angelegenheit besser in meiner Abwesenheit arrangirt werden, als wenn ich zugegen bin, um so mehr, als ich mich überzeugt halte, daß Sie meinen Vortheil nicht minder gewissenhaft wahren werden, als den Ihrer Freunde, mit deren Interessen ja, genau besehen, die meinigen zusammenfallen. Lassen Sie mich Ihnen nur noch wiederholen, daß ich zu der Verbindung meiner Kinder mit Ihren Freunden zum Voraus meinen Segen gebe. Ich bin noch hinreichend mit Geld versehen, um bis nach Hamburg zu gelangen, wo ich unter der Adresse Mr. Philip Phillips aus Boston, zur Zeit Hamburg, Hotel de l'Europe,

weiteren Nachrichten, vor Allem einer Anweisung auf
einen dortigen Banquier, behufs der Deckung der Hotel=
rechnung und der Ueberfahrt nach New=York, binnen hier
und drei Tagen entgegensehe. Sie werden zugeben müssen,
ich gehe ganz loyal zu Werke, und ich hoffe zuversichtlich,
daß Sie ebenso handeln werden. Ich wünsche nicht, daß
meine Frau mir nachkommt. Sie wird bei einem ihrer
Kinder eine friedlichere Heimath finden, als ich ihr be=
reiten kann. Ich höre die Post von Fichtenau kommen.
Leben Sie wohl, empfehlen Sie mich meiner Frau und
meinen Kindern, meinem Bruder, sowie den übrigen
Freunden, Se. Durchlaucht nicht zu vergessen, und lassen
Sie sich nicht durch eine übel angebrachte Milde verleiten,
jenen schlechten Mann, der uns in einer so grausamen,
eines Gentleman vollständig unwürdigen Weise getäuscht
hat, die ganze Strenge unseres gerechten Zornes empfin=
den zu lassen. Ihr,
 sehr ergebener
 Philip Phillips.

Grüßen Sie auch den braven Constabler, der in dem
Zimmer nebenan so gesund schnarcht.

Wie finden Sie das? sagte Herr Scherzer.

Ganz im Styl des Mannes, erwiederte ich, das Blatt
zusammenfaltend; übrigens glaube ich, daß er wirklich
uns Allen durch seine Entfernung einen großen Gefallen
erwiesen hat.

Mir nicht! brummte Herr Hockelheim.

Ich mußte unwillkürlich lachen; Doctor Kühleborn,
der in seiner Eigenschaft als Badedirector einen feinen
Sinn für Humor hat, stimmte mit ein, Herr Scherzer ließ

sich durch unsere Heiterkeit anstecken; der brave Meister lachte, weil er uns Andere lachen sah; wir Alle lachten, nur Herr Hockelheim nicht, den ich aber gleich in Verdacht hatte, ein hoffnungslos prosaisches Gemüth zu sein.

Wir gingen durch den Salon leise zurück, um die Damen, falls sie schliefen, nicht zu wecken. Sie würden, was heute Nacht geschehen, morgen auch noch früh genug erfahren.

Dafür suchte ich versprochenermaßen noch Egbert auf, der, gewaltig rauchend, auf seiner Stube in dem Lehn=stuhl saß, und Herrn Bergfeld, der auf dem Sopha ein=geschlafen war, mit seinem Plaid zugedeckt hatte.

Ich theilte ihm das eben Erlebte mit. Er wollte es anfangs gar nicht glauben, dann brach auch er in ein Ge=lächter aus, das ihn um so mehr erschütterte, als er, des Schläfers auf dem Sopha wegen, nicht in sein gewöhn=liches schallendes Stentor=Gelächter ausbrechen wollte. Plötzlich wurde er wieder ernsthaft und sagte flüsternd:

Das arme Mädchen! es ist doch furchtbar, einen solchen Vater zu haben.

Vollkommen ist nichts unter der Sonne, lieber Freund! erwiederte ich; ihr wird dafür ein desto besserer Mann, wie es in Don=Juan heißt: Der Gatte wird Vater nun ihr sein.

Wir drückten uns kräftiglich die Hände.

Soll ich unsern Freund dort mitnehmen? fragte ich.

Laß ihn schlafen, erwiederte Egbert; den armen Kerl! seine Beinchen mögen ihm müde genug geworden sein; aber er hat sich wie ein Mann gehalten. Ich werde ihm noch eine Decke überdecken.

Nochmals ein Händedruck; dann ging ich.

Meine Glieder waren wie zerschlagen, ich hatte Mühe, die Hühnerstiege hinauf zu kommen; aber in meinem Kopf war es ganz licht und in meinem Herzen wogte es, wie lauter freundlich schöne Melodien.

Sonderbar, sagte ich, während ich mich auf mein hartes Lager streckte, höchst sonderbar! fast unglaublich! wenn ich das in einer Novelle brächte, sie würden sagen: wie übertrieben! wie unwahrscheinlich! welche Verletzung der Bescheidenheit der Natur!

Meine Geschichte ist zu Ende, denn was noch kommt, das versteht sich ja von selbst. Oder soll ich noch erzählen, wie wir am nächsten Morgen in aller Frühe den Herrn Grafen aus seiner Polterkammer erlösten und ihn mit der Ermahnung, sich nicht wieder unter anständigen Leuten sehen zu lassen, laufen ließen? Soll ich das Erstaunen Lindau's schildern, als er am anderen Tage in Tannenburg wieder eintraf, das poetische Herz zum Ueberströmen voll von dem Eindruck einer himmlischen, jungen Schwedin — sie hat ungeheure Güter in Dalekarlien und er ist entschlossen, sie zu heirathen! — die er gestern in Fichtenau auf einem Gang durch den Garten des Kurhauses — o, es war die anmuthigste Begegnung von der Welt! — gesehen, d. h. geliebt, d. h. besiegt hatte? was denn nebenbei auch der Grund gewesen war, weshalb er nicht mit dem Meister hatte zurückkommen können? Oder soll ich schildern die mundaufsperrende Verwunderung unserer eigenen Gesellschaft, als, trotzdem wir alle Betheiligten zum strengsten Stillschweigen verpflichtet, die Wundermär von dem amerikanischen Pflanzer, der kein Amerikaner und kein Pflanzer, sondern ein Schneider aus Deutschland, von dem ungarischen Grafen, der kein Ungar und kein Graf, sondern ein Billardkellner aus Wien gewesen, sich verbreitete? wie Fräulein Kernbeißer sagte, die Welt sei absolut zu schlecht und zu verlogen für ein gutes, offenes Herz (womit sie ihr eigenes meinte); wie Frau Herkules seufzend eingestand, ihr Gefühl habe sie von Anfang an vor dem Grafen gewarnt; — wie das englische Kränzchen den „Vicar of Wakefield" still zuklappte und Frau Scher≈ wenzel und Frau von Dinde versicherten, der Accent jener Menschen sei ihnen sofort verdächtig gewesen? wie Frau von Pusterhausen erklärte, in einem Bade, wo so etwas vorfalle, anständigerweise nicht länger bleiben zu können, und mit ihren Töchtern abreiste in Begleitung des Herrn A. B. Meyer aus Bremen, Firma A. B. Meyer u. Co., der sich acht Tage später mit Fräulein Käthchen öffent≈ lich verlobte (heimlich waren sie schon seit dem stürmischen Rückzuge vom Nonnenkopf verlobt gewesen)? Soll ich erzählen, daß die Wagen Serenissimi am folgenden Tage wirklich eintrafen, und nach Malepartus nur mit einem Briefe beschwert, zurückkehrten, in welchem Doctor Kühle≈ born seinem gnädigsten Herrn ich weiß nicht welches X für ein U machen zu müssen in der schauderhaften Lage war?

Dies und anderes der Art könnte ich noch erzählen, aber, es versteht sich das Alles, wie gesagt, von selbst; auch verließen wir — Madame König und ihre Töchter Helene und Louise — Egbert, Bergfeld und ich — Tannen=

burg in aller Kürze, um uns zuvörderst in das Bad zu begeben, wo meine Frau weilte, die, wie Jeder, der sie sah, die liebliche Helene sofort in's Herz schloß, und um ihretwillen auch die andere Schwester und die Mutter in Gnaden aufnahm.

Seitdem ist ein Dreivierteljahr verflossen. Egbert und Bergfeld sind beinahe eben so lange glückliche Gatten. Von dem Letzteren glaube ich, daß er glücklich ist. Wenigstens versichert er es Jedem; er betet seine Frau an, die er stets Virginia nennt und immer nennen wird, und schwört, daß eine wirthschaftlichere, sorgsamere Frau in der ganzen Königsstraße nicht existire. Die Mutter lebt bei ihnen. Bergfeld ist stolz auf sie; er behauptet, die Frau sei ein Schatz, sie verbreite über sein ganzes Geschäft einen Nimbus von Respectabilität; das schwarze Seidenkleid und die goldene Kette seiner Schwiegermutter — dem Guten scheint noch immer keine Ahnung von der Unächtheit — der Kette nämlich — aufgegangen zu sein! — haben seinen Credit um das Doppelte erhöht.

Von Egbert weiß ich, daß er glücklich ist, obgleich er sich weniger geläufig, als sein Schwager (in dessen Geschäft er ein paar tausend Thaler angelegt hat) über sein Glück ausspricht. Selbst der Schatten, der von der Gestalt jenes bedenklichen Mannes, welcher der Vater seiner Helene ist, in sein Glück fällt, ist weniger schwarz, als wir Alle fürchteten. Er zahlt jenem Manne eine jährliche Leibrente, die sofort erlöschen soll, sobald auch nur die mindeste Klage über ihn von dem Rechts-Anwalt in New-York, durch dessen Hände das Geld geht, Egbert zu Ohren kommt. Und dann, sagt Egbert, wenn sie keinen guten

Vater hat — so ist sie doch aus guter Familie, denn einen besseren Mann als ihren Onkel, den braven Büchsenschmidt in S., giebt es nicht. Egbert bezieht seine Jagdflinten nur von ihm, und hat unter den Jägern, seinen Nachbaren und Freunden, so viele Bestellungen zusammengebracht, daß der Meister jetzt mit drei Gesellen arbeitet, und kaum im Stande ist, die Menge der Aufträge auszuführen. Ein Sohn des Meisters, ein prächtiger Bursche von sechszehn Jahren, ist bei Egbert auf dem Gute, die Landwirthschaft zu erlernen. Die alte paralytische Tante ist diesen Frühling in Tannenburg gestorben.

So sagte mir ein guter Bekannter aus Tannenburg, der dieser Tage hier war, um ebenfalls zu Egbert zu gehen, der ihn als Kammerdiener, Hausdiener, was weiß ich, engagirt hat. Es ist Louis. Er war sehr glücklich, denn eine derartige Stellung zu erlangen, sei von jeher der höchste Wunsch seines Lebens gewesen. Während er mir das erzählte, hatte er eines seiner krummen Beine vor das andere gesetzt, ganz wie er in Tannenburg stand, wenn er mir des Morgens den Kaffe gebracht hatte, und mich einer privaten und confidentiellen Unterhaltung würdigte. Englisch habe ich ihn diesmal nicht sprechen hören.

Für diesen Sommer werde ich nicht nach Tannenburg, sondern in ein anderes Bad gehen. Hernach soll ich an die See. Meine Freunde, der Vergnügungs-Commissar und Egbert, streiten sich um die Ehre, mich nebst meiner ganzen Familie beherbergen zu dürfen. Um Niemand zu beleidigen, werde ich die eine Hälfte der Zeit bei dem Einen, die andere Hälfte bei dem Anderen zubringen.

Wenn Du auch hinkommen willst, lieber Leser, verspreche ich Dir, im Falle Du, wie ich voraussetze, ein guter Mensch bist, die beste Aufnahme. Meine Freunde sind die Gastfreiheit selbst. Da sie Gutsnachbarn sind, gilt dieselbe Reiseroute für Beide. Die Reise wirst Du am bequemsten so machen: Du nimmst ein Billet auf der Eisenbahn und fährst, bis Du an's Meer kommst. Dort steigst Du zu Schiff und bittest den Capitän: Nord-Nord-Ost, oder Süd-Süd-West, oder wie der Wind gerade weht, zu steuern, bis Du an eine Bucht kommst, wo rechts und links ein paar stattliche Landhäuser zwischen mächtigen Buchen über grüne Parkwiesen zu Dir herüberschimmern. Da soll er die Segel reffen und den Anker fallen lassen, denn da ist es.

Ende.

Druck von Metzger & Wittig in Leipzig.

www.ingramcontent.com/pod-product-compliance
Lightning Source LLC
Chambersburg PA
CBHW032109230426
43672CB00009B/1681